Luftkrieg und Zivilbevölkerung

# Rechtshistorische Reihe

Herausgegeben von den Professoren Dres.,
H.-J. Becker, W. Brauneder, P. Caroni, B. Diestelkamp, G. Dilcher, F. Ebel,
H. Hattenhauer, R. Hoke, D. Klippel, M. Kobler, G. Köbler, G. Landwehr, G. Lingelbach, H. Nehlsen, W. Ogris,
G. Otte, K. O. Scherner, H. Schlosser, W. Schubert, D. Schwab, H.-W. Strätz, E. Wadle, D. Willoweit

Band 92

Peter Lang
Frankfurt am Main · Bern · New York · Paris

Heinz Marcus Hanke

# Luftkrieg und Zivilbevölkerung

Der kriegsvölkerrechtliche Schutz der Zivilbevölkerung gegen Luftbombardements von den Anfängen bis zum Ausbruch des Zweiten Weltkrieges

Peter Lang
Frankfurt am Main · Bern · New York · Paris

CIP-Titelaufnahme der Deutschen Bibliothek

Hanke, Heinz Marcus:

Luftkrieg und Zivilbevölkerung : der kriegsvölkerrechtliche Schutz der Zivilbevölkerung gegen Luftbombardements von den Anfängen bis zum Ausbruch des Zweiten Weltkrieges / Heinz Marcus Hanke. - Frankfurt am Main ; Bern ; New York ; Paris : Lang, 1991
(Rechtshistorische Reihe ; Bd. 92)
Zugl.: Salzburg, Univ., Diss., 1989
ISBN 3-631-43687-4

NE: GT

Die vorliegende Arbeit wurde von
Prof. Dr. Brauneder
zur Aufnahme in die Reihe empfohlen

ISBN 3-631-43687-4



Printed in Germany 1 2 3 4 6 7

"The hatred which divides nation from nation,
race from race, class from class,
*Father, forgive.*

The covetous desires of men and nations
to possess what is not their own,
*Father, forgive.*"

(Inschrift in der Bombenruine der Kathedrale von Coventry)

# Vorwort

Die vorliegende Arbeit wurde im September 1989 von der Rechtswissenschaftlichen Fakultät der Paris-Lodron-Universität Salzburg als Dissertation angenommen. Sie stellt den ersten Teil einer Untersuchung über die Entwicklung des Luftkriegsrechts bezüglich des Schutzes der Zivilbevölkerung bis 1945 dar. Die Arbeiten am zweiten Teil, welcher die völkerrechtliche Beurteilung der Luftangriffe im Zweiten Weltkrieg in den Mittelpunkt stellt, werden in absehbarer Zeit abgeschlossen sein. Für die Publikation wurde die Darstellung nur soweit überarbeitet, als es die inzwischen verfügbare Literatur notwendig machte.

Den Anstoß zu dieser Untersuchung gab das unermeßliche Leid der Zivilbevölkerung, welche von den Bombardements im Zweiten Weltkrieg besonders betroffen war, und insbesondere die Aussagen dafür verantwortlicher Militärs, es hätte niemals so etwas wie ein Luftkriegsrecht gegeben. Der Nachweis, daß diese Rechtfertigung für Aktionen, welche Millionen Opfer forderten, nicht den Tatsachen entspricht, ist das Ziel meiner Arbeit. Es hat sehr wohl einen kriegsvölkerrechtlichen Schutz der Zivilbevölkerung gegeben, und dieser Schutz war sowohl von Politik als auch vom Militär aller beteiligten Staaten anerkannt. Die Entwicklung dieses Schutzes bis zum Vorabend des Zweiten Weltkrieges ist der Inhalt der vorliegenden Arbeit.

Noch einige Worte zu den Anhängen: Die Diagramme in Anhang A wurden zwar von mir selbst erstellt, beruhen aber auf den Zahlen der darunter angegebenen Autoren. Im Anhang B mußte das Bemühen um eine naturgetreue Wiedergabe der faksimilierten Dokumente gegenüber der Forderung nach guter Lesbarkeit oft zurückgestellt werden. Das bedeutet, daß der Seitenumbruch der Dokumente im Anhang nicht mit jenem der Originale übereinstimmt. Bei Auszügen wird aber in der jeweiligen Dokumentbeschreibung die ursprüngliche Seitennumerierung angegeben.

An der Entstehung dieser Arbeit waren zahlreiche Personen beteiligt, denen ich an dieser Stelle sehr herzlich danke: Besonderen Dank schulde ich meinem Doktorvater, Herrn O.Univ.-Prof.Dr. Arno Buschmann, Vorstand des Instituts für Europäische und Vergleichende Rechtsgeschichte der Universität Salzburg. Weiters bedanke ich bei Herrn Ao.Univ.-Prof.Dr. Henn-Jüri Uibopuu und Herrn O.Univ.-Prof.Dr. Wolfram Karl, beide vom Institut für Völkerrecht und Ausländisches Öffentliches Recht der Universität Salzburg, bei den Mitarbeitern des Bundesarchivs/Militärarchivs in Freiburg/Breisgau, des Public Record Office und des Imperial War Museum in London und des U.S. Air Force Historical Research Center in Maxwell Air Force Base/Alabama, hier insbesondere bei Dr. James H. Kitchens und Mr. Bickerstaff für ihre freundliche Unterstützung bei der schwierigen Suche nach den oftmals verstreuten Archivalien. Ich danke dem österreichischen Luftwaffenattaché in Washington, Herrn Oberst N. Höher, für die Vertretung meiner Interessen gegenüber der USAF, Colonel Michael G. Schredl von der U.S. Air Force University für seine freundschaftliche und spontane Unterstützung sowie Ing. Walter Sarg für die technische Hilfeleistung. Zu Dank verpflichtet bin ich weiters dem Bundesministerium für Wissenschaft und Forschung in Wien, ohne dessen finanzielle Unterstützung die nötigen Forschungsarbeiten im Ausland nicht möglich gewesen wären und insbesondere der Dr.-Walter-Vavrovsky-Stiftung für die Finanzierung der Drucklegung. Darüber hinaus danke ich Herrn O.Univ.-Prof.Dr. Wilhelm Brauneder, Wien, für seine Empfehlung auf Aufnahme meiner Arbeit in die "Rechtshistorische Reihe".

Salzburg, im Januar 1991

Heinz Marcus Hanke

# Inhaltsverzeichnis

Seite

# Verzeichnis der verwendeten Abkürzungen

| | |
|---|---|
| a.A. | anderer Ansicht; |
| a.a.O. | am angegebenen Ort; |
| AJIL | American Journal of International Law; |
| ALR | Air Law Review; |
| Anm. | Anmerkung; |
| BA/MA | Bundesarchiv/Militärarchiv, Freiburg/Br.; |
| BYIL | British Yearbook of International Law; |
| DJZ | Deutsche Juristen-Zeitung; |
| Encycl. | BERNHARDT R. (Hrsg.), Encyclopedia of Public International Law, Amsterdam-New York-Oxford 1981ff.; |
| FWT | Flugwehr und -technik; |
| HLKO | Anlage zum 42. Abkommen, betreffend die Gesetze und Gebräuche des Landkriegs (IV. Haager Abkommen) = sogen. Haager Landkriegsordnung; |
| HRC | U.S. Air Force Historical Research Center, Montgomery/Al.; |
| IKRK | Internationales Komitee vom Roten Kreuz; |
| IWM | Imperial War Museum, London; |
| JBfIR | Jahrbuch für Internationales Recht; |
| LKR | Haager Luftkriegsregeln, 1923; |
| MwR | Militärwissenschaftliche Rundschau; |
| NYLR | New York Law Review; |
| ObdL | Oberbefehlshaber der Luftwaffe; |
| OKW | Oberkommando der Wehrmacht; |
| PRO | Public Record Office, London; |

| | |
|---|---|
| RAF | Royal Air Force; |
| RDPM | Revue de droit pénal militaire et de droit de la guerre; |
| RGBl. | Reichsgesetzblatt; |
| RGDA | Revue générale de droit aérien; |
| RGDIP | Revue générale de droit international public; |
| RICR | Revue internationale de la Croix Rouge; |
| RJILA | Revue juridique internationale de la locomotion aérienne; |
| RLM | Reichsluftfahrtministerium; |
| S. | Seite; |
| s. | siehe; |
| USAAF | United States Army Air Force; |
| vgl. | vergleiche; |
| VGR | Völkergewohnheitsrecht; |
| WBdVR | SCHLOCHAUER H.-J. (Hrsg.), Wörterbuch des Völkerrechts, 3 Bde., Berlin 1960/61; |
| YBWA | Year Book of World Affairs; |
| ZaöRV | Zeitschrift für ausländisches öffentliches Recht und Völkerrecht; |
| ZS | Zeitschrift; |

# Kapitel I

# Vor dem Ersten Weltkrieg

## *Erste Ansätze in der Neuzeit*

Die Geschichte des Luftkriegsrechts ist seit ihren Anfängen eng verknüpft mit der Entwicklung der Luftfahrttechnik und deren militärischer Nutzung. Doch schon lange vor dem ersten tatsächlichen Flug eines Menschen hatte man sich Gedanken über die Fliegerei gemacht[1]. Gleichzeitig erwog man aber auch die Möglichkeiten ihrer Anwendung im Krieg, von welcher sich viele eine entscheidende Wirkung erhofften. So verwundert es nicht, wenn bereits frühe Phantasien vom Fliegen die Möglichkeit erwogen, diese Fähigkeit auch militärisch auszunützen. Der Jesuitenpater Francesco de Lana-Terzi bemerkte schon 1670, als er seine Idee eines "Luftschiffes" vorstellte, welches durch vier vakuumgefüllte Kugeln in Schwebe gehalten werden sollte, die Möglichkeit, "mit Eisenstücken, die man aus dem Schiffe nach unten werfen könnte, die Fahrzeuge zum Kentern bringen, die Mannschaft töten und die Schiffe mit künstlichem Feuer, mit Kugeln und Bomben in Brand stecken, und nicht nur Schiffe, sondern auch Häuser, Schlösser und Städte mit sicherer Gefahrlosigkeit für diejenigen, welche aus ungemessener Höhe solche Sachen herabwürfen."[2] Gleichzeitig erkannte er auch das Ausmaß dieser Gefahr, beruhigte sich aber damit, daß Gott eine solche Störung des menschlichen Zusammenlebens gar nicht zulassen würde[3]. Solche Phantasien fanden ihre reelle Grundlage im ersten bemannten Flug am 21. November 1783, als die Franzosen Pilâtre und

---

1) Siehe dazu STRATFORD A.H., Air transportation, in: Encyclopædia Britannica 1988, Bd. 28, S. 821;

2) Zit. bei: KISTNER A., Die geschichtliche Entwicklung des Bombenwurfs aus Luftfahrzeugen, in: Geschichtsblätter für Technik und Industrie 1918, S. 91;

3) STRATFORD, a.a.O. (Anm. 1), S. 823;

d'Arlandes in ihrer Montgolfière ca. 16 Kilometer zurücklegten. Nur zehn Jahre später wurde das erste Ballonkorps der französischen Armee aufgestellt und die Idee der Ausweitung des Krieges in die Luft gewann mehr Anhänger[4]. Vorerst war die Rolle der Luftfahrzeuge beim Militär eine passive, denn die leichten Ballons waren zu sehr abhängig von den unbeständigen Winden, sodaß ein gezielter Einsatz gar nicht in Frage kam. Sie konnten lediglich als erhöhte Beobachtungsplattform dienen, solange man ihr Abtreiben durch ein am Boden befestigtes Seil verhinderte. Diese Aufgabe erfüllten sie in mehreren Kriegen zufriedenstellend. Der Wunsch nach aktiver Ausübung militärischer Macht aus der Luft wurde damit aber in keiner Weise befriedigt, so begann man mit der Erprobung von Bombenabwürfen aus Ballons[5]. Trotz mehrfacher Testerfolge kamen Ballons als Bombenträger erst 1849 anläßlich der Belagerung Venedigs durch österreichische Streitkräfte zum Einsatz. Da die oberitalienische Stadt durch ihre Lagunenlage von der Belagerungsartillerie nicht erreicht werden konnte, beschloß man, diesem Zustand durch die Verwendung der von Franz Freiherr von Uchatius entwickelten "Ballontorpedos" abzuhelfen. Am 22. Juni ließ man etwa 200 kleine Heißluftballons, von denen jeder eine durch Lunte gezündete Bombe von ca. 15 kg Gewicht trug, auf Venedig los. Zu dieser Zeit herrschten meistens auflandige Winde, so mußte man die Ballons auf See von einem Boot aus starten. Der Effekt war allerdings, daß die meisten Bombenträger von dem unbeständigen Wind zerstreut und zum Teil sogar zu den österreichischen Stellungen zurückgetrieben wurden[6]. Dieser erfolglose "Luftangriff" demonstrierte nur

---

4) Zur Geschichte der militärischen Ballonfahrt s. KISTNER, a.a.O. (Anm. 2), S. 89ff.; MOEDEBECK H., Handbuch der Luftschiffahrt, Teil 2, Leipzig 1886, S. 159ff.; TERVEEN F., Die Ballonfahrt in den Heeren des 18. und 19. Jahrhunderts, in: Wehrwiss. Rundschau 1957, S. 447ff.;

5) Detaillierte Angaben bei KISTNER, a.a.O. (Anm. 2), S. 92ff.;

6) Siehe dazu ALLMAYER-BECK J.C./LESSING E., Die K.(u.)K.-Armee 1848-1914, München-Gütersloh-Wien 1974, S. 97f.; ANONYM, Erinnerungen eines österreichischen Veteranen aus dem italienischen Kriege der Jahre 1848 und 1849, Stuttgart-Tübingen 1853, S. 385f.; KISTNER, a.a.O. (Anm. 2), S. 96ff.; MOEDEBECK, a.a.O. (Anm. 4), S. 185f.;

zu deutlich die technischen Unzulänglichkeiten der Luftfahrzeuge, insbesondere was die Lenkbarkeit betraf.

Trotz der zum Teil sehr intensiven Versuche, Luftfahrzeuge als Waffe einzusetzen, fanden diese in internationalen Abmachungen und Verhandlungsprotokollen jedoch lange Zeit keinen Niederschlag. Erst während der Friedenskonferenz im Haag 1899 geriet das Luftkriegsrecht in das Blickfeld von Politik und Wissenschaft.

## *Die Erste Haager Friedenskonferenz 1899*

In seinem Programmentwurf zur Ersten Haager Friedenskonferenz[7] hatte der russische Zar in Punkt drei auch die Frage der Entwicklungsbeschränkung neuer Sprengstoffe sowie das Verbot des Abwurfs von Sprengmitteln aus Ballons und ähnlichen Mitteln vorgesehen[8]. Während der Verhandlungen über letzteres kristallisierten sich unter den Delegierten zwei Standpunkte heraus: Die einen, welche sich in der Minderheit befanden, sahen im Bombenabwurf aus Luftfahrzeugen eine perfide Art der Kriegführung und drängten darauf, diesen Gebrauch von "Höllenmaschinen, die vom Himmel zu fallen scheinen"[9] ohne zeitliche Beschränkung zu verbieten. Die anderen, allerdings weitaus zahlreicheren Delegierten, wollten nicht von vornherein ein Kampfmittel verbieten, das sich vielleicht einmal als effektiv erweisen mochte. Entschiedenster Befürworter einer zeitlichen Beschränkung des Abwurfverbots war der amerikanische Delegierte

7) Eine umfassende Darstellung der politischen Voraussetzungen und Hintergründe der beiden Haager Friedenskonferenzen findet sich bei DÜLFFER J., Regeln gegen den Krieg? Die Haager Friedenskonferenzen 1899 und 1907 in der internationalen Politik, Frankfurt/M.-Berlin-Wien 1978; sowie bei TUCHMAN B.W., The proud tower, New York 1966, S. 251ff., 274ff.;

8) Detaillierte Angaben zum Bombenabwurfverbot 1899 bei HEIL E., Die völkerrechtlichen Regeln über den Bombenabwurf aus Luftfahrzeugen in ihrer geschichtlichen Entwicklung, Diss. Gießen 1935, S. 9ff.; MEURER C., Das Kriegsrecht der Haager Konferenz, München 1907, S. 463ff.;

9) So der holländische Bevollmächtigte General Den Beer Portugael, zit. bei: MEURER, a.a.O., S. 463;

Captain Crozier. Er wies darauf hin, daß die eigentliche Schwäche des derzeitigen Luftschiffes in seiner fehlenden Lenkbarkeit liege, was dazu führe, daß es "nur erst auf ungenau bestimmte Punkte, über die hinaus der Zufall entscheidet, eine noch nicht ausschlaggebende Menge von Sprengstoffen werfen" könne, die "wie unnützer Hagel gleichmäßig auf Kombattanten und Nichtkombattanten niederfallen" würde[10]. Unter diesen Verhältnissen sei es durchaus angebracht, die Verwendung des Luftschiffes zu verbieten. Es könne aber sein, daß das Problem der Lenkbarkeit in absehbarer Zeit gelöst werde. In diesem Fall wäre das Luftbombardement schlachtenentscheidend und biete darüber hinaus den Vorteil einer vollendeten Waffe, nämlich "die Vernichtung des Lebens und der Güter örtlich abzugrenzen und nicht über den Kampfplatz hinaus zu wirken." Im Endeffekt würden sich dadurch die Kriegsübel lindern[11]. Das beredte Engagement Croziers als Vertreter des amerikanischen War Department für eine zeitliche Geltungsbeschränkung ist verständlich, hatte doch das War Department erst im Dezember 1898 dem amerikanischen Flugpionier Samuel P. Langley die beträchtliche Summe von $ 50.000 für Entwicklungsarbeiten zur Verfügung gestellt. Langley hatte zwischen 1894 und 1896 bereits mehrere dampfgetriebene Flugmodelle erfolgreich erprobt und sollte nun für das Militär ein größeres Flugzeug bauen, welches durch einen Piloten gesteuert werden konnte[12]. An einem länger geltenden Verbot des Bombenabwurfs konnte die amerikanische Delegation demnach gar nicht interessiert sein. Crozier's Argumentation bot aber die notwendige Grundlage für viele andere Staaten, welche ebenfalls Luftschiffe oder Flugzeuge projektiert hatten[13]. So lautete die am 27. Juli 1899 angenommene endgültige Fassung der Deklaration:

---

10) a.a.O., S. 465;

11) a.a.O.;

12) STRATFORD, a.a.O. (Anm. 1), S. 826; siehe auch WATT D.C., Restraints on war in the air before 1945, in: HOWARD M. (Hrsg.), Restraints on war, Oxford 1979, S. 60;

13) Siehe HEIL, a.a.O. (Anm. 8), S. 11f.; ROYSE M.W., Aerial bombardment and the international regulation of warfare, New York 1928, S. 48f.;

"Die vertragschließenden Mächte sind dahin übereingekommen, daß das Werfen von Geschossen und Sprengstoffen aus Luftschiffen oder auf anderen ähnlichen neuen Wegen für die Dauer von fünf Jahren verboten ist."[14]

Die Erklärung wurde am 29. Juli von 26 Mächten unterzeichnet und später von allen außer der Türkei ratifiziert. Von den bedeutenden Militärmächten enthielt sich lediglich Großbritannien der Annahme. Trotz der damals üblichen Allbeteiligungsklausel, welche auch in Absatz 2 der Deklaration enthalten war, wäre das Abwurfverbot in nahezu jedem größeren Konflikt bindend gewesen, solange England sich nicht daran beteiligte.

Es ist falsch zu sagen, das Verbot sei nur deshalb möglich gewesen, weil der Luftkrieg zu dieser Zeit noch utopisch und in weiter Ferne war[15]. Allein die Tatsache der Aufnahme in das Konferenzprogramm weist darauf hin, daß man sich über die Möglichkeiten der militärischen Luftfahrt durchaus Gedanken machte. Letztendlich beweist auch die Beschränkung auf fünf Jahre, daß mit einer Realisierung des gelenkten Fluges bald gerechnet wurde. Von "Science Fiction"[16] kann also keine Rede gewesen sein. Im Jahre 1899 jedoch bedeutete die Deklaration nicht den Verzicht auf ein effektives Waffensystem[17] und ließ sich nebenbei politisch als Erfolg der Haager Friedenskonferenz verwerten.

## *Die Zweite Haager Friedenskonferenz 1907*

Das Abwurfverbot von 1899 fußte auf der Erkenntnis, daß den Luftschiffen zum damaligen Zeitpunkt die zu ihrer militärischen Effektivität notwendige Lenkbarkeit fehlte. Ursache für diesen Mangel war das An-

---

14) HEIL, a.a.O. (Anm. 8), S. 12; MEURER, a.a.O. (Anm. 8), S. 467; vollständiger Text (engl.) bei: SCHINDLER D./TOMAN J. (Hrsg.), The laws of armed conflicts, Leiden 1973, S. 133ff.;

15) So z.B. KUNZ J.L., Kriegsrecht und Neutralitätsrecht, Wien 1935, S. 192; PICTET J., Das Pendel der Geschichte, in: RICR 26/1975, S. 55;

16) a.a.O.;

17) Vgl. ROYSE, a.a.O. (Anm. 13), S. 46;

triebsproblem, da nur eine ausreichend starke Vortriebskraft die exakte Steuerung ermöglichte. Allerdings hatte es bereits vor der Jahrhundertwende mehrere erfolgreiche Versuche mit angetriebenen Luftschiffen gegeben, jedoch waren die dabei verwendeten Dampfmaschinen und Elektromotoren zu schwach, um bei zufriedenstellender Flughöhe und Beladung eine gesteuerte Fortbewegung auch gegen den Wind zu gewährleisten. Erst mit dem Bau leichtgewichtiger Verbrennungsmotoren konnte sich das lenkbare Luftschiff erfolgreich entwickeln[18]. Im Juli 1900, weniger als ein Jahr nach der Unterzeichnung des Bombenabwurfverbotes im Haag, startete Graf Zeppelin mit seinem LZ-1 vom Bodensee. In den folgenden Jahren wurden in mehreren Ländern Luftschiffe verschiedener Konstruktion gebaut und erprobt. Mit der Leistungssteigerung der Motoren stieg auch die Lastkapazität und insbesondere die Fähigkeit, auch bei starkem Wind auf Kurs zu bleiben. Doch auch die Arbeit an Luftfahrzeugen nach dem Prinzip "schwerer als Luft" hatte mit der Verfügbarkeit von leichten Motoren eine reelle Grundlage: Am 17. Dezember 1903 erhob sich Orville Wright in seinem "Flyer I" für 12 Sekunden vom Boden, damit rückten neben den Luftschiffen auch die Flugzeuge in den Blickpunkt der Allgemeinheit. In Europa beschäftigte sich vor allem Alberto Santos-Dumont mit der Entwicklung von Flugzeugen, allerdings hatte er damit erst 1906 Erfolg.

### Das Bombenabwurfverbot von 1907

In dieser Situation des luftfahrttechnischen Aufbruchs fand - wiederum auf russische Initiative - die Zweite Friedenskonferenz im Haag statt. Der belgische Antrag, das inzwischen abgelaufene Abwurfverbot von 1899 mit demselben Wortlaut, also wiederum auf fünf Jahre befristet zu akzeptieren, traf auf Kritik[19]. Viele große Militärmächte hatten bereits bedeutende Summen in die Entwicklung von Luftschiffen und Flugzeugen investiert

18) Zur technischen Entwicklung der Militärluftfahrt bis 1907 siehe a.a.O., S. 61ff.;

19) Siehe HEIL, a.a.O. (Anm. 8), S. 14ff.;

und deren künftige Wichtigkeit erkannt[20]. Das wußten auch die kleineren Staaten, die in diesem finanziell aufwendigen Wettlauf nicht mithalten konnten und deshalb die Erneuerung des Verbots betrieben[21]. Aber auch England, das 1899 die Deklaration noch abgelehnt hatte, war in seinem großen Vertrauen auf die maritime Schlagkraft der königlichen Marine in der Luft ins Hintertreffen geraten und propagierte die Erneuerung des Abwurfverbotes mit der Änderung, daß sich dessen Geltung bis zum Ende der Dritten Haager Friedenskonferenz, deren Abhaltung für 1915 geplant war, erstrecken sollte[22]. Dagegen richteten sich die Argumente der anderen Großmächte, welche sich wie Frankreich auf die ratio legis der Regelung von 1899 beriefen: Sinn dieser Übereinkunft sei es nämlich gewesen, den Bombenwurf so lange zu verbieten, bis das Problem der Lenkbarkeit von Luftschiffen und der daraus resultierenden unterschiedslosen Gefährdung von Kombattanten und Nichtkombattanten gelöst sei[23]. Dies war inzwischen geschehen, womit ein neuerliches absolutes Verbot unnötig sei[24]. Es reiche demnach völlig aus, wenn man das Luftbombardement denselben Beschränkungen unterwerfe wie die Beschießung durch Landstreitkräfte.[25] Deutschland machte es sich daraufhin leicht, indem es seine Zustimmung an jene aller anderen Militärmächte band, in dem Bewußtsein, daß eine solche offensichtlich nicht zustandekommen würde[26]. Die Entschlossenheit der Delegationen, kein absolutes Verbot des Bombenwurfs mehr zuzulassen, konnte durch die Flugvorführungen, die der Flieger

---

20) ROYSE, a.a.O. (Anm. 13), S. 58f.;

21) a.a.O., S. 59; HEIL, a.a.O. (Anm. 8), S. 17;

22) a.a.O., S. 15f.; dasselbe galt für Amerika und Österreich, siehe insbes. ROYSE, a.a.O. (Anm. 13), S. 66, 87ff.;

23) HEIL, a.a.O. (Anm. 8), S. 15;

24) ROYSE, a.a.O. (Anm. 13), S. 103;

25) a.a.O., S. 100f.;

26) a.a.O., S. 104f.; Frankreich wurde vereinzelt aus diesem Grund beschuldigt, allein für das durch Luftangriffe verursachte Leid verantwortlich zu sein (WILAMOWITZ-MOELLENDORFF, Das Wesen und die völkerrechtlichen Grundlagen des Luftbombenkrieges, in: Die Gegenrechnung 1921, S. 215);

Santos-Dumont unweit des Konferenzortes vorführte, nur bestärkt werden[27].

Als der britische Entwurf schließlich zur Abstimmung kam, wurde er zwar von 28 Staaten angenommen - darunter England und die Vereinigten Staaten - , die bedeutendsten kontinentalen Militärmächte lehnten aber ab (Deutschland, Österreich-Ungarn, Rußland, Italien) oder enthielten sich der Stimme wie Frankreich[28]. Damit existierte zwar ein Verbot des Abwurfs von Geschossen und Sprengstoffen aus Luftschiffen oder ähnlichen neuen Wegen bis zum Abschluß der Dritten Haager Friedenskonferenz, doch durch die wiederum enthaltene Allbeteiligungsklausel war dessen praktische Bedeutung allerdings äußerst gering. Im weiteren Verlauf der Konferenz konnte es demnach nicht mehr um ein Verbot des Bombenabwurfs im allgemeinen, sondern nur noch um dessen kriegsrechtliche Regulierung gehen.

### Das Luftkriegsrecht der Haager Landkriegsordnung

Nach dem de facto Scheitern des absoluten Bombenabwurfverbotes wandte sich die Konferenz einem russischen Vorschlag zu, nach dem das Luftbombardement zur Vermeidung unnötiger Härten lediglich beschränkt werden sollte. Im Zuge der Erneuerung des 1899 beschlossenen Abkommens betreffend die Gesetze und Gebräuche des Landkrieges samt seiner Anlage, der Haager Landkriegsordnung (HLKO), sollte dessen Artikel 25 Mittel einer solchen Beschränkung sein. Diese Bestimmung statuierte das Verbot, unverteidigte Städte und Ortschaften zu beschießen. Bereits anläßlich einer auf russische Initiative zustandegekommenen Staatenkonferenz zur Kodifikation des Landkriegsrechts in Brüssel 1874 war man übereingekommen, unter welchen Umständen eine Örtlichkeit beschossen werden

27) MACDONOGH G., Gutachten, in: HAMMARSKJÖLD A./MACDONOGH G./ROYSE M.W. u.a., La protection des populations civiles contre les bombardements, Genf 1930, S. 60;

28) HEIL, a.a.O. (Anm. 8), S. 16f.;

durfte[29]: Ein Bombardement war nur im Falle einer Belagerung erlaubt mit dem Ziel, den der Einnahme entgegengesetzten Widerstand zu brechen. Artikel 15 der Brüsseler Deklaration lautete:

> "Nur feste Plätze dürfen belagert werden. Offene Städte, Wohnsiedlungen oder Dörfer, die nicht verteidigt werden, dürfen weder angegriffen noch beschossen werden."[30]

Die Formulierung "feste Plätze" zielte auf das Vorhandensein jeglicher Art der Befestigung, wobei sich die Konferenz im klaren darüber war, daß deren Existenz dann nicht zu einem Bombardement berechtige, wenn der Platz tatsächlich nicht verteidigt werde und der Besetzung offenstehe[31].

Die Abgrenzung der Kriterien "befestigt", "offen" und "verteidigt" bereitete in der Folge große Schwierigkeiten, besonders da aufgrund des teilweise sehr schnellen Wachstums der Städte die oftmals noch aus dem 17. und 18. Jahrhundert stammenden Forts, Mauern und Gräben geschliffen wurden, um Platz für Wohnraum zu schaffen. Befestigte Städte im klassischen Sinn existierten kaum noch, sodaß man sich zunehmend auf das Merkmal der Verteidigung als Voraussetzung für Bombardements konzentrierte. Der Artikel 25 der Haager Landkriegsordnung trug dem Rechnung. Mit seinem Verbot, unverteidigte Städte und Dörfer zu beschießen, schränkte der Artikel das militärische Vorgehen an der Front dahingehend ein, daß eine Örtlichkeit, welche kampflos besetzt werden kann, nicht zum Zwecke der Einnahme beschossen werden darf.

Im Zuge der Diskussion um die Beschränkung des Luftbombardements zielten mehrere Vorschläge darauf, den Art. 25 HLKO so abzuändern, daß auch die durch die Luftfahrt eröffneten militärischen Möglichkeiten be-

---

29) Zu dieser Entwicklung siehe KUNZMANN K.H., Die Fortentwicklung des Kriegsrechts auf den Gebieten des Schutzes der Verwundeten und der Beschießung von Wohnorten, Diss. Bonn 1960, S. 87ff.;

30) Zit. bei: a.a.O., S. 98;

31) a.a.O., S. 99f.;

rücksichtigt werden konnten[32]. Die französische Delegation hielt dem entgegen, daß bereits der ursprüngliche Wortlaut der Vorschrift keine ausdrückliche Beschränkung der Geltung auf den Landkrieg enthalte. Es sei im Gegenteil in ihr ein immanentes Verbot auch von Luftbombardements gegen unverteidigte Orte enthalten[33]. Nach längerer Diskussion einigte man sich schließlich darauf, dem Verbot die Worte "mit welchen Mitteln es auch sei" hinzuzufügen, um keine Zweifel über dessen Geltung auch im

---

32) Der russische Vorschlag zur Abfassung des Art. 25 lautete:

"Il est interdit de bombarder ou d'attaquer soit par l'artillerie, soit en lançant des projectiles ou explosifs du haut des ballons, ou à l'aide d'autres modes analogues nouveaux, des villes, villages, habitations ou bâtiments qui ne sont pas des établissements ou des dépôts pouvant être utilisés par l'ennemi pour les buts de la guerre."

Bei diesem Entwurf ist beachtenswert, daß weder auf die Existenz von Befestigungen, noch auf eine tatsächliche Verteidigung abgestellt wurde, sondern auf das Vorhandensein bestimmter Objekte, welche später als militärische Objekte im weiten Sinn bezeichnet wurden. Interessant ist auch der italienische Entwurf, der noch ein absolutes Verbot von Luftangriffen aus ungelenkten und unbemannten Ballons vorsah, was durchaus auf den österreichischen Angriff auf Venedig 1849 zurückzuführen sein dürfte:

"Art. 1er - Il est interdit de lancer des projectiles et des explosifs du haut des ballons qui ne sont pas dirigeables et montés par un équipage militaire.
Art. 2ème - Le bombardement par les ballons militaires est soumis aux mêmes restrictions acceptés pour la guerre terrestre et maritime, en tout ce qui est compatible avec ce nouveau mode de combat."

Schließlich legten die italienischen und russischen Delegierten einen kombinierten Vorschlag vor:

"Il est interdit d'attaquer ou de bombarder, soit par l'artillerie, soit en lançant des projectiles et explosifs du haut de ballons ou par d'autres modes analogues nouveaux, des villes, villages, habitations ou bâtiments qui ne sont pas défendus, et d'enfreindre, en lançant les projectiles ou explosifs sus-mentionnés, les restrictions acceptés pour les bombardements dans la guerre terrestre et maritime, en tant que ces restrictions sont compatibles avec ce nouveau mode de combat." (zit. bei: BELLENGER J., La guerre aérienne et le droit international, Diss. Paris 1912, S. 66ff.; siehe auch KUNZMANN, a.a.O. [Anm. 8], S. 153ff.; ROYSE, a.a.O. [Anm. 13], S. 107, 111);

33) BELLENGER, a.a.O. (Anm.32), S. 67;

Luftkrieg aufkommen zu lassen[34]. Die endgültige und auch heute noch geltende Fassung des Artikels 25 lautete:

> "Es ist untersagt, unverteidigte Städte, Dörfer, Wohnstätten oder Gebäude, *mit welchen Mitteln es auch sei*, anzugreifen oder zu beschießen."[35]

## *Die Entwicklung bis zum Ersten Weltkrieg*

In ganz Europa wurden nach 1907 hohe Summen in die Entwicklung der Militärluftfahrt investiert[36]. Lediglich Großbritannien und die Vereinigten Staaten, die größten Seemächte, schienen sich hinter dem Kanal beziehungsweise dem Atlantik sicher zu fühlen und steckten die Mittel in ihre Seestreitkräfte. Die skeptische Haltung gegenüber der Luftfahrt konnte sich dadurch noch festigen. Zwischen 1907 und 1908 verhandelten die Brüder Wright mit dem amerikanischen War Department über den Bau eines Musterflugzeuges für das Signal Corps, die Aufklärungsabteilung. Ihr Vorschlag wurde nur mit wenig Enthusiasmus aufgenommen, weil man in einem Fluggerät keinen Sinn erkennen wollte. Schließlich wurde eine Ausschreibung vorgenommen, deren Spezifikation durch nahezu unerreichbare Anforderungen offensichtlich dem Zweck dienen sollte, von vornherein alle Anbieter zu entmutigen. Die Brüder Wright schafften es dennoch,

---

34) a.a.O., S. 69; ROYSE, a.a.O. (Anm. 13), S. 113f.; HEIL, a.a.O. (Anm. 8), S. 23;

35) RGBl. 1910, S. 132; HINZ J./RAUCH E. (Hrsg.), Kriegsvölkerrecht, 3. Aufl. Köln-Berlin-Bonn-München 1984, Nr. 1504;

36) Nach einer offiziellen amerikanischen Schätzung investierten die wichtigsten Regierungen von 1908 bis 1913 folgende Summen in die Entwicklung von Luftfahrzeugen:

| | |
|---|---|
| Deutschland | $ 28,000.000 |
| Frankreich | $ 22,000.000 |
| Rußland | $ 12,000.000 |
| Italien | $ 8,000.000 |
| Österreich | $ 5,000.000 |
| Großbritannien | $ 3,000.000 |
| Japan | $ 1,500.000 |
| Vereinigte Staaten | $ 435.000 |

(nach ROYSE, a.a.O. [Anm. 13], S. 98);

enttäuscht von der kurzsichtigen Politik ihrer Militärs konzentrierten sie sich aber auf den europäischen Markt[37]. Der Flug Louis Blériots über den Kanal am 25. Juli 1909 riß auch die britischen Militärs aus ihrer Lethargie, demonstrierte er doch nur zu offensichtlich, daß der Ärmelkanal in Zukunft kein ernstes Hindernis für einen Gegner mehr bedeuten würde[38]. 1912 wurde deshalb das Royal Flying Corps gegründet, doch blieb dieses bis zum Ausbruch des Weltkrieges das Stiefkind des britischen Militärbudgets.

Daß sich die Militärmächte nun endgültig von einem absoluten Verbot des Luftbombardements abgewandt hatten, war deutlich zu erkennen. Die wenigen Staaten, welche Parteien des Bombenabwurfverbotes von 1907 waren, hatten bezüglich dessen Bindung wegen der Allbeteiligungsklausel jedoch keine Illusionen. In Anbetracht der bestehenden Allianzkonstellation war ein Konflikt, an dem ausschließlich Signatarmächte beteiligt waren, kaum vorstellbar. Außerdem erkannte man die Realitätsferne des absoluten Abwurfverbots: Sollte ein Luftschiff vom Boden aus beschossen werden, konnte es sich nicht einmal wehren, da auch das Abfeuern eines Gewehres den Abwurf von Geschossen im Sinne des Haager Bombenabwurfverbotes bedeuten würde[39]. Die allgemeine Haltung zeigt sich deutlich in der Resolution des Institut de Droit International anläßlich der Tagung in Madrid 1911, nach welcher der Luftkrieg sehr wohl erlaubt sei, allerdings nur unter der Voraussetzung, daß er die friedliche Bevölkerung nicht größeren Risiken aussetze als der Krieg zu Lande oder zur See.[40]

---

37) STRATFORD, a.a.O. (Anm. 1), S. 828f.;

38) Bereits fünf Monate vorher warnte Lord Montague in einer Rede vor dem Oberhaus vor Angriffen durch Luftschiffe und stellte fest, daß England keine Insel mehr sei. (ROYSE, a.a.O. [Anm. 13], S. 80);

39) HEIL, a.a.O. (Anm. 8), S. 13;

40) Siehe dazu BOURUET-AUBERTOT J., Les bombardements aériens, Diss. Paris 1923, S. 20ff.;

## *Der tripolitanische Krieg 1911/12*

Während der Haager Friedenskonferenzen lagen den Diskussionen um das Luftbombardement noch keine praktischen Kriegserfahrungen zugrunde, was sich aber bald änderte: Als Italien 1911 Tripolis besetzte und bis 1912 ganz Tripolitanien eroberte, setzte es erstmals Flugzeuge und Luftschiffe im Krieg ein. Anfangs dienten diese nur zur Aufklärung der türkischen und arabischen Truppen, später jedoch begann man, die Luftfahrzeuge auch als direktes Kriegsmittel zu benützen[41]. Am 1. November 1911 führte ein gewisser Leutnant Gavotti den ersten Bombenwurf aus einem Flugzeug auf eine Oase durch. Die Bomben bestanden damals noch aus leichten Granaten, welche von Hand über Bord geworfen wurden und deren terrorisierende Wirkung sich nach anfänglicher Überraschung der Araber auf deren Kamele konzentrierte[42].

Die Frage der Rechtmäßigkeit der Bombenwürfe im allgemeinen stellte sich nicht, da weder Italien noch die Türkei Parteien des Abwurfverbotes von 1907 waren. Des weiteren richteten sich auch die türkischen Proteste nicht gegen die Luftbombardements an sich, sondern gegen die Art ihrer Durchführung, wobei behauptet wurde, die italienischen Flieger hätten auch unverteidigte Orte, Zivilpersonen und Lazarette angegriffen[43]. Diese Proteste hatten jedoch keine konkreten Auswirkungen. Keine der Konfliktparteien hegte jedoch an der prinzipiellen Legitimität des Luftangriffes Zweifel. So wurde auch ein notgelandeter italienischer Flieger von den Türken nicht als rechtlose Person oder Kriegsverbrecher, sondern als Kriegsgefangener behandelt[44].

Vor dem Ersten Weltkrieg war der Luftkrieg also bereits Bestandteil des Kriegswesens und die Militärmächte stellten sich darauf ein. Für ein allgemeines Verbot der Militärluftfahrt oder des Luftbombardements war nun kein Platz mehr, auch wenn Bertha von Suttner 1912 einen eindringli-

---

41) COQUE E., Italie et Turquie - Guerre, in: RGDIP 1913, S. 534ff.;

42) KISTNER, a.a.O. (Anm. 2), S. 103;

43) COQUE, a.a.O. (Anm. 41), S. 537;

44) a.a.O.;

chen Appell an die Nationen richtete, der "Barbarisierung der Luft" Einhalt zu gebieten und das Bombenabwurfverbot von 1907 allgemein zu ratifizieren[45].

45) SUTTNER B. von, Die Barbarisierung der Luft, Berlin 1912, S. 31f.;

# Kapitel II

# Der Erste Weltkrieg

### *Das Vorgehen Deutschlands*

Bei Ausbruch des Weltkrieges im August 1914 war das Deutsche Reich nominell die stärkste aller Luftmächte[1]. Allerdings waren die Flugzeuge durchwegs unbewaffnet und sollten nur Aufklärungszwecken dienen. Für Bombenangriffe waren die Luftschiffe, insbesondere die in der starren Bauweise konstruierten Zeppeline vorgesehen. Auch von diesen waren bei Kriegsbeginn jedoch nur wenige vorhanden, die Produktion leistungsfähiger Zeppeline lief gerade erst an. Für eine Offensive gegen England fühlte sich die deutsche Heeresleitung daher noch zu schwach, so wurden die Luftschiffe vorerst an der Westfront eingesetzt. Der erste Luftangriff auf eine Stadt war in der Nacht vom 24. auf den 25. August 1914 gegen das von deutschen Truppen völlig eingeschlossene Antwerpen gerichtet und rief bei der Bevölkerung große Bestürzung hervor. Mit dem Vordringen des deutschen Heeres auf französisches Gebiet wurde auch Paris das Ziel von Angriffen sowohl durch Luftschiffe als auch durch Flugzeuge. Obgleich sich die Frontlinie nach dem September 1914 wieder von Paris entfernte, wurde die französische Hauptstadt im Laufe des Krieges häufig bombardiert[2]. Der Großteil der deutschen Luftangriffe richtete sich aber gegen Großbritannien.

---

1) Siehe Anhang A, Diagramm 1; vgl. dazu aber die z.T. völlig abweichenden Zahlen bei PIEKALKIEWICZ J., Der Erste Weltkrieg, Düsseldorf-Wien u.a. 1988, S. 145;

2) Zu den deutschen Angriffen gegen Paris siehe ROLLAND L., Les pratiques de la guerre aérienne dans le conflit de 1914 et le droit des gens, in: RGDIP 1916, S. 537ff.; ROYSE M.W., Aerial bombardment and the international regulation of warfare, New York 1928, S. 176ff.; GARNER J.W., International law and the world war, Bd. 1, London 1920, S. 459ff.;

## Die Zeppelinoffensive gegen England

In den ersten Kriegsmonaten gab es gegen England keine Angriffe. Die wenigen vorhandenen Luftschiffe wurden dringend für die Flottenaufklärung benötigt, und wenn sie schon durch Bombardements aktiv am Kriegsgeschehen teilnehmen sollten, dann zur direkten Heeresunterstützung an der Westfront. Während der deutsche Reichskanzler von Bethmann Hollweg die Hoffnung auf eine Einigung mit Großbritannien offenbar nicht aufgab und sich Angriffen gegen englische Ziele widersetzte[3], wies der Chef des Admiralstabes, Admiral von Pohl, wiederholt auf die bedeutenden Auswirkungen hin, welche solche Angriffe sowohl auf die britische Industrieproduktion als auch auf die Moral der Zivilbevölkerung haben würden[4]. Bestärkt durch Angriffe englischer Flieger gegen Zeppelinhallen in Düsseldorf und Friedrichshafen, bei denen mehrere der wertvollen Luftschiffe zerstört oder beschädigt wurden, setzte sich diese Ansicht durch und der Kaiser gab am 9. Januar 1915 schließlich Ziele in England mit Ausnahme des Londoner Stadtgebietes zur Bombardierung frei[5].

Der erste Zeppelinangriff gegen Großbritannien fand in der Nacht vom 19. auf den 20. Januar statt, in der Folge wurden insgesamt 51 Luftschiffangriffe gegen Ziele in England durchgeführt, alle bei Nacht[6]. Ziele im Stadtgebiet von London wurden erst ab der zweiten Jahreshälfte 1915 bombardiert und schrittweise verschärfte sich die Offensive. Hatten die Befehle Anfang 1915 noch alle Angriffe auf London mit Ausnahme der Themsedocks verboten[7], wurde die City mit Befehl vom 9. Juli 1915 für Luftangriffe freigegeben[8]. Jedoch durften diese nur zwischen Samstag

---

3) POOLMAN K., Zeppelins over England, London 1960, S. 39;

4) a.a.O.;

5) MORRIS J., The German air raids on Great Britain 1914-1918, London 1925, S. 11; allerdings hatte es bereits im Dezember zwei Bombenangriffe durch Flugzeuge gegen Dover gegeben;

6) Eine genaue Aufstellung aller Zeppelinangriffe siehe a.a.O., S. 265ff.; siehe dazu auch Anhang A, Diagramm 5;

7) BELL J. (Hrsg.), Völkerrecht im Weltkrieg, Bd. 4, Berlin 1927, S. 73;

8) a.a.O., S. 74;

nachmittag und Montag früh stattfinden, da das vorwiegend als Geschäftsviertel benützte Stadtzentrum zu dieser Zeit menschenleer sei. Aber auch dabei mußten Baudenkmäler (als Beispiel wurde die St.-Pauls-Kathedrale genannt) nach Möglichkeit geschont werden[9]. Allgemein bestimmten die an die deutschen Luftschiffkommandanten vergebenen Anweisungen Kriegswerften, Arsenale, Docks und "allgemeine militärische Anlagen" als alleinige Angriffsziele[10]. Obwohl London und die anderen englischen Städte von der deutschen Führung in Anknüpfung an Art. 25 HLKO immer wieder als "Festungen" oder verteidigte Orte bezeichnet wurden[11], war das Vorhandensein von Objekten mit militärischer Bedeutung ausschlaggebend für die Rechtmäßigkeit des Angriffs.

Die tatsächlichen Auswirkungen der deutschen Zeppelinoffensive gegen England gingen jedoch weit über den von den allgemeinen Anweisungen gesteckten Rahmen hinaus. Verantwortlich dafür waren in erster Linie die effektiven Verdunkelungsmaßnahmen britischer Städte, welche das Erkennen der Ziele erheblich erschwerten. Des weiteren wurde auch die Abwehr mit der Zeit immer genauer[12]. Schon gegen Ende des Jahres 1915 wurden Flugabwehrgeschütze in London konzentriert, außerdem gewannen die Piloten der Jagdmaschinen an Erfahrung, sodaß die Zeppeline zu ihrem Schutz in immer größeren Höhen operieren mußten, was die Genauigkeit der Bombenabwürfe weiterhin beeinträchtigte. Trotz der veröffentlichten Befehle kann man sich bei der Gesamtbetrachtung der deutschen Zeppelinoffensive des Eindrucks nicht erwehren, daß es den Besatzungen sowie den Befehlshabern auf eine große Zielgenauigkeit gar nicht ankam. Nach einer Aussage von Oberst Thomsen, des ehemaligen Chefs des Generalstabes der Luftstreitkräfte, vor dem "Untersuchungsausschuß der Ver-

9) a.a.O.;

10) a.a.O.;

11) a.a.O., S. 51, 59f., 102f.;

12) Zu den Auswirkungen deutscher Angriffe und den englischen Abwehrmaßnahmen siehe die Darstellungen von MORRIS, a.a.O. (Anm. 5) und POOLMAN, a.a.O. (Anm. 3), sowie insbesondere die Bände 3 und 5 der offiziellen britischen Luftkriegsgeschichte 1914-1918 von JONES H.A./RALEIGH W., The war in the air, 6 Bde., Oxford 1922-1937;

fassunggebenden Deutschen Nationalversammlung und des Deutschen Reichstages zum Völkerrecht im Weltkrieg" vom 3.1.1924 waren als Hauptrichtlinien für die Durchführung von Luftangriffen befehlsmäßig festgelegt:

> "Ein Luftangriff darf nur erfolgen, wenn das befohlene Angriffsziel zweifelsfrei erkannt und als das richtige festgestellt ist.
> Andere Ziele wie die befohlenen dürfen nicht angegriffen werden.
> Selbstwahl von Zielen ist verboten.
> Kann aus irgendwelchen Gründen das befohlene Ziel nicht erreicht werden (Witterung, Einwirkung des Gegners, Havarie des Luftfahrzeuges), so hat das Luftfahrzeug mit seinen Bomben zurückzukehren."[13]

Aus diesen Hauptrichtlinien ging klar hervor, daß der Bombenwurf nur bei einwandfrei erkanntem Ziel getätigt werden konnte und zu unterbleiben hatte, wenn die Erkennung nicht möglich war, wobei die Einwirkung des Gegners als mögliche Ursache direkt genannt wurde. Sowohl Flakabwehr als auch Verdunkelung waren zweifellos "Einwirkungen des Gegners", somit hätte also das Bombardement Londons abgebrochen werden müssen, als die in den Befehlen genannten militärisch bedeutsamen Ziele wegen der Dunkelheit nicht mehr anzusprechen waren. Daß die Zeppeline im Laufe ihrer Nachtangriffe dennoch ihre Bomben abwarfen und nahezu gleichmäßig über die ganze Stadtfläche verteilten, war also befehlswidrig und wurde von den übergeordneten Stellen geduldet. Es sei denn, daß die obengenannten Hauptrichtlinien später geändert worden wären, in diesem Falle hätte Oberst Thomsen allerdings diese Tatsache in seiner beeideten Aussage verschwiegen.

Auch die Erklärung der ganzen Londoner Innenstadt zum militärischen Objekt, da sich in ihr angeblich "Lagerhäuser, Munitionsfabriken und andere kriegswichtige Anlagen" befanden[14], änderte nichts daran, daß die Bomben im Zuge der Nachtangriffe in der Regel abgeworfen wurden,

---

13) BELL, a.a.O. (Anm. 7), S. 59;

14) a.a.O., S. 51;

ohne daß zuvor das eigentliche Ziel genau erkannt worden wäre. Die deutsche Oberste Heeresleitung fand einen Ausweg, indem es London als durch weitläufige Befestigungsanlagen verteidigte Stadt erklärte. Diese Verteidigung hätte die Luftschiffkommandanten eigentlich berechtigt, ihre Bomben vorsätzlich über den ganzen "verteidigten" Stadtbereich zu streuen[15]. Es war also eine humanitäre Selbstbeschränkung, wenn sie es - offiziell - nicht taten.

Was die bombardierten englischen Küstenstädte betraf, so war die deutsche Argumentation noch knapper. Die dort stationierten Fliegerabwehrgeschütze hätten die Zeppeline beschossen, sodaß sie gezwungen waren, ihre Bomben in Selbstverteidigung abzuwerfen[16]. Zu welchem Zweck sich die bombenbeladenen Zeppeline über den betreffenden Orten aufhielten, wurde selbstverständlich nicht erklärt. Die Abwehrtätigkeit hatte aber einen anderen, für die Zeppeline durchaus negativen Effekt: Nachdem die Piloten englischer Jagdflugzeuge der Bedrohung durch die riesigen Luftschiffe anfangs hilflos gegenüberstanden und vergeblich versuchten, sie durch Abwurf von Stahlpfeilen und kleinen Bomben zu zerstören, gewannen sie langsam an Erfahrung und erkannten, daß die Angreifer durch ihre Gasfüllung sehr verwundbar waren. Der leicht brennbare Wasserstoff entzündete sich in der Regel bereits nach mehreren Salven von Brand- oder Leuchtspurgeschossen. Diese Projektile wurden fortan häufig verwendet, was das feurige Ende von mehreren Luftschiffen bedeutete. Darüber hinaus erwiesen sich die Zeppeline bei stürmischen Winden als besonders gefährdet. Die Motoren waren zu schwach, um die Luftfahrzeuge in dieser Situation auf Kurs zu halten, sodaß es mehrfach vorkam, daß sie buchstäblich vom Winde verweht wurden. Diese steigenden Verluste führten dazu, daß die Zeppelin-Offensive gegen England nach ihrem Höhepunkt im September 1916 praktisch zum Erliegen kann. Einflüge durch Luftschiffe erfolgten bis Kriegsende nur noch sehr sporadisch, im Durchschnitt einmal monatlich[17].

15) a.a.O., S. 103;

16) a.a.O.;

17) Siehe Anm. 6;

## Die "Gotha" - Offensive

Das Scheitern der Zeppeline war für die deutschen Pläne ein schwerer Schlag. Man erkannte, daß die für so wertvoll gehaltenen Luftschiffe als Waffe nicht länger einsatzfähig waren. Doch im Sommer 1917 wurde England erneut bedroht: Am 13. Juni griff eine Formation von 14 Bombern am hellichten Tag das Stadtzentrum von London an. Sie ließ 162 Tote, 432 Verwundete und eine schwer geschockte Bevölkerung zurück[18]. Die Flugzeuge waren Bomber der Type G. V, gebaut von der Waggonfabrik in Gotha. Angetrieben durch zwei 260 PS-Mercedesmotoren, konnte ein solcher Gigant nach damaligen Maßstäben 600 kg Bomben 840 km weit befördern. Die Gipfelhöhe von mehr als 6.000 Metern machte ihn für gegnerische Abfangjäger und Fliegerabwehrkanonen nahezu unerreichbar. Nun war es unübersehbar, daß die Entwicklung der Bombenflugzeuge innerhalb der vergangenen drei Jahre einen äußerst rasanten Aufstieg genommen hatten[19], und Deutschland war es gelungen, in dieser Hinsicht gegenüber England einen deutlichen Vorsprung zu erringen. Die Tatsache, daß deutsche Bomber praktisch ungefährdet am Tage die englischen Städte heimsuchen konnten, verursachte dort große Besorgnis[20], und schließlich wurde jeder einfliegende Bomber pauschal als "Gotha" bezeichnet, obwohl auch andere Muster an den Angriffen beteiligt waren[21]. Es dauerte bis Ende August 1917, dann waren die Tagesangriffe zu verlustreich. In der Folge wurde England wieder nachts bombardiert und im Mai 1918 stellte man auch diese Aktion ein[22]. Insgesamt flogen die deutschen Gothas neunzehn Angriffe gegen London, in deren Verlauf mehr als dreimal so viele

---

18) JONES, a.a.O. (Anm. 12), Bd. 5, S. 26ff.;

19) Siehe Anhang A, Diagramm 2;

20) Siehe dazu JONES, a.a.O. (Anm. 12), Bd. 5, S. 38ff.;

21) KENS K./MÜLLER H., Die Flugzeuge des Ersten Weltkriegs 1914-1918, 2. Aufl. München 1973, S. 150;

22) Eine genaue Darstellung aller Bomberangriffe gg. England findet sich bei MORRIS, a.a.O. (Anm. 5), S. 269ff.; siehe dazu Anhang A, Diagramm 5;

Menschen getötet oder verwundet wurden wie während der Zeppelinoffensive[23].

Glaubt man der beeideten Aussage von Oberst Thomsen vor dem Untersuchungsausschuß zum Völkerrecht im Weltkrieg, dann galten die bereits oben erwähnten Befehle auch für die Bomberoffensive. So hatte er erklärt, ein Angriff, der die City gefährdete, hätte "nur in der Zeit von Sonnabend Mittag bis Montag morgen, im weiteren Verlauf des Krieges nur bei Nacht ausgeführt werden, weil dann die City menschenleer war" geflogen werden dürfen[24]. Tatsache ist allerdings, daß die Hälfte der Tagesangriffe an Wochentagen ausgeführt wurde, zu einer Zeit also, in der von "menschenleer" keine Rede gewesen sein kann. Außerdem war die Streuung der Bomben durchaus mit jener während der Luftschiff-Nachtangriffe vergleichbar, sodaß der Schluß erlaubt ist, daß es den Piloten nicht auf besonders exaktes Zielen ankam. Im Zuge der Nachtoffensive bis Mai 1918 war eine Beschränkung der Bombenwirkung auf rein militärische Ziele ohnehin so gut wie unmöglich. Insgesamt forderten die deutschen Angriffe gegen englische Städte von 1914 bis 1918 1.414 Tote und 3.416 Verwundete[25]. Die dabei abgeworfene Bombenlast betrug ca. 270 Tonnen[26]. Der mittelbare Schaden war jedoch wesentlich größer: Zumindest in der Anfangsphase des Luftkriegs gegen England war die Wirkung auf die Moral der Zivilbevölkerung erheblich[27]. Die Luftangriffe stellten etwas völlig Neues dar für einen Staat, der seit der spanischen Armada 1588 keine ernsthafte Gefährdung seines Territoriums mehr erlebt hatte. Die fallenden Bomben waren der deutlichste Beweis dafür, daß der Ärmelkanal kein Hindernis für den Gegner war. Der Schock über diese Erkenntnis verflog jedoch relativ rasch - während der Gotha-Offensive lebte er noch einmal auf - und im Endeffekt wurde der Durchhaltewille der Bevölkerung

---

23) JONES, a.a.O. (Anm. 12), App., S. 164; s. Anhang A, Diagramm 5;

24) BELL, a.a.O. (Anm. 7), S. 60;

25) JONES, a.a.O. (Anm. 12), App., S. 164;

26) a.a.O.;

27) JONES, a.a.O. (Anm. 12), Bd. 4, S. 155;

durch die Angriffe gegen ihre Städte nur noch gestärkt[28]. So benützte Lord Kitchener die Bombardements erfolgreich als Aufhänger für seine berühmte Rekrutierungskampagne. Die Angriffe hatten aber einen durchaus ernstzunehmenden militärischen Effekt: Sie banden mehrere Staffeln leistungsfähiger Jagdflugzeuge sowie Fliegerabwehrkanonen und Personal in der Heimat, obwohl diese an der Westfront dringend gebraucht wurden[29].

### *Das Vorgehen der Alliierten*

Die Politik des Bombenkrieges auf der Seite Englands läßt sich nicht von jener Frankreichs trennen, da die Aktionen beider Streitkräfte sehr eng miteinander verknüpft waren. Das Royal Flying Corps stand 1914 vor großen Problemen: Bezüglich der technischen Ausrüstung war es um die britische Luftmacht sehr schlecht bestellt, sie mußte daher in den ersten Jahren hauptsächlich durch die leistungsfähige französische Luftfahrtindustrie mitversorgt werden[30]. Weiters war sie gezeichnet durch eine interne Kontroverse, welche zwischen dem Heeres- und dem Marineflügel des Flying Corps ausgebrochen war. Während das Heer auf der Subordination der Luftmacht unter die Tätigkeit der Landstreitkräfte bestand und die Rolle des Flugzeugs nahezu ausschließlich in der Aufklärung sah, war die Admiralität davon überzeugt, daß Luftmacht durchaus offensiv eingesetzt werden könnte. Dieser Streit führte zur Abspaltung des Marineflügels vom RFC und der Bildung des Royal Naval Air Service (RNAS) im April 1914[31]. Nach Kriegsausbruch sah sich das unter der Kontrolle des Heeres verbliebene RFC der Forderung nach aktiver Unterstützung der Landoperationen gegenüber, welche mit Aufklärung allein nicht mehr vollzogen

---

28) JONES, a.a.O. (Anm. 12), Bd. 5, S. 153; WOODWARD L., Great Britain and the war of 1914-1918, London 1967, S. 374;

29) a.a.O.; JONES, a.a.O. (Anm. 12), Bd. 3, S. 243ff.; DERS., Bd. 4, S. 153ff.; DERS., Bd. 5, S. 152ff.;

30) TAYLOR J.W.R., War, technology of, in: Encyclopædia Britannica 1988, Bd. 29, S. 617; vgl. dazu Anhang A, Diagramm 3;

31) TAYLOR J.W.R., A history of aerial warfare, London-New York u.a. 1974, S. 43ff.;

werden konnte[32]. Über der zum Grabenkrieg erstarrten Front entwickelte sich eine Form des taktischen Luftbombardements, in dem anfangs noch in Massen abgeworfene Stahlpfeile (sogenannte "Flechettes") die gegnerischen Soldaten töten sollten. Später wurden für diese Aufgabe spezielle Schlachtflugzeuge entwickelt, deren taktische Schlagkraft sich allerdings im ganzen Kriegsverlauf nicht völlig entfalten konnte.

Im Unterschied dazu begann das RNAS sofort nach Kriegsausbruch mit Operationen gegen strategische Ziele in Deutschland, vorerst gegen die deutsche Luftmacht. Bekannt sind die erfolgreichen Angriffe gegen die Zeppelinhallen in Düsseldorf und Friedrichshafen am 8. Oktober resp. 21. November 1914[33]. Beeindruckt durch diese Erfolge kam der Erste Seelord Winston Churchill zum Schluß, die beste Verteidigung gegen feindliche Luftangriffe sei die präventive Zerstörung der gegnerischen Luftmacht[34]. Daraufhin verlangte das Admiralty Air Department vom Flugzeugkonstrukteur Sir Frederick Handley Page die Entwicklung eines schweren Langstreckenbombers mit den berühmt gewordenen Worten: "Go and build a bloody paralyser of an aeroplane."[35] Das RNAS litt jedoch bis Ende 1917 unter der mangelhaften Ausrüstung, erst dann wurden die schweren Bomber verfügbar. Dabei erwies es sich als äußerst schwierig, in der Frage der Materialbeschaffung den Widerstand der Armee zu überwinden, die im Flugzeug nicht mehr als eine in engem Zusammenhang mit den Landstreitkräften einzusetzende Waffe sahen[36]. Inzwischen wurden jedoch Pläne für eine strategische Offensive gegen die deutsche Kriegsindustrie zusammengestellt, wobei von vorneherein die Zusammenarbeit mit der schlagkräftigen französischen Luftwaffe angestrebt wurde. Diese war im grenznahen Gebiet nicht untätig, im Gegenteil: Mehrere als Repressalien für deutsche Angriffe gegen "offene" belgische und französische Städte

32) Zu den Schwierigkeiten des RFC mit den taktischen Bombardements siehe insbesondere JONES N., The origins of strategic bombing, London 1973, S. 59ff.;

33) a.a.O., S. 58; MORRIS, a.a.O. (Anm. 5), S. 8ff.;

34) JONES, a.a.O. (Anm. 32), S. 58f.;

35) GUNSTON B., Bombers, London-New York u.a. 1978, S. 12;

36) JONES, a.a.O. (Anm. 32), S. 85ff.;

deklarierte Bombardements trafen Orte in Deutschland[37]. Am bekanntesten ist zweifellos der Angriff gegen Karlsruhe am 22. Juni 1916, dem Fronleichnamstag, der 110 Tote und 123 Verwundete forderte und im Reich starke Ressentiments gegen diese Art der Kriegsführung hervorrief[38]. Neben diesen Vorkommnissen aber hatten sowohl die Admiralität als auch die französische Heeresleitung detaillierte Pläne über die in Deutschland anzugreifenden Ziele ausgearbeitet[39]. Diese Operationen sollten gestartet werden, sobald eine genügend große Anzahl schwerer Bomber vorhanden war. Höchste Priorität hatte dabei die Zerstörung der Badischen Anilin- und Sodafabrik (BASF) in Mannheim-Ludwigshafen[40]. Mit ihr zusammen gelangten alle größeren chemischen Betriebe ganz nach oben auf die Zielliste, da sie für die Erzeugung von Sprengstoffen von entscheidender Bedeutung waren. Weiters sollten die vorwiegend im Saarland gelegenen Hochofenanlagen zerstört werden[41]. Davon versprachen sich die alliierten Planer eine entscheidende Störung der deutschen Kriegsproduktion. Inzwischen führten die englischen Flieger Angriffe gegen Bahnanlagen und Flughäfen durch, soweit diese innerhalb ihrer Reichweite lagen[42]. Allgemein betrachtet richtete sich die alliierte Luftoffensive der Jahre 1915 bis 1917, soweit sie über das Ausmaß der direkten Heeresunterstützung hinausging, gegen die deutsche Kriegsindustrie, insbesondere gegen die Herstellung von Giftgas und Munition. Offiziell verlautbarte Direktiven besagten, daß sich die Angriffe lediglich gegen Objekte von militärischer Bedeutung richten durften, und daß jede Vorsorge zu treffen sei, den

---

37) BECHOFF R., L'aviation et les lois de la guerre, in: RGDA 1932, S. 532ff.; FAUCHILLE P., Traité de droit international public, Bd. II: Guerre et neutralité, Paris 1921, S. 619f.; GARNER, International law, a.a.O. (Anm. 2), S. 464; ROLLAND, a.a.O. (Anm. 2), S. 543, 562;

38) BELL, a.a.O. (Anm. 7), S. 62f.; nach PIEKALKIEWICZ, a.a.O. (Anm. 1), S. 429 waren es 119 Tote und 169 Verletzte;

39) JONES, a.a.O. (Anm. 32), S. 76ff.;

40) a.a.O.;

41) a.a.O., S. 108f.;

42) JONES, a.a.O. (Anm. 12), Bd. 2, S. 251ff.;

Bombenabwurf auf Wohnviertel zu vermeiden[43]. Die Zulässigkeit von Bombardements militärischer Objekte ohne Rücksicht auf deren Entfernung von der eigentlichen Front wurde betont, Angriffe gegen "offene" Städte waren nicht gestattet[44].

Die Ziele für die gemeinsame Offensive waren nach ihren Prioritäten geordnet. 1915 war das wichtigste Ziel die Chemische Industrie und die Sprengstoffproduktion. Den zweiten Rang hatte die Munitionserzeugung, den dritten Platz die Eisen- und Stahlindustrie inne[45]. Da viele dieser Objekte noch außerhalb der Reichweite der alliierten Bomber lagen, beschränkte man sich vorerst auf die Bombardierung der Transportwege, um der Industrie somit die Rohmaterialien vorzuenthalten. Dies war bereits eine völlig durchgeplante Form des strategischen Luftkrieges, wie er im Zweiten Weltkrieg in großem Maßstab durchgeführt wurde und bis heute seinen festen Platz in der Luftkriegsdoktrin innehat. Gleichzeitig muß jedoch betont werden, daß es sich bei diesen Angriffszielen durchaus um Objekte von hervorragender militärischer Bedeutung handelte, deren Zerstörung nach der offiziellen Haltung sowohl der Alliierten als auch der Mittelmächte ohne Rücksicht auf ihre geographische Lage überall im Feindesgebiet legitim war.

Lediglich Frankreich hatte im Oktober 1916 in Erwägung gezogen, die gemeinsame Luftmacht für eine Repressalienoffensive gegen deutsche offene Städte zu verwenden. Nach der Meinung von Colonel Barrés sollte auf jeden deutschen Zeppelin- oder U-Bootangriff ein massiver Angriff gegen eine deutsche Stadt gerichtet werden. Überhaupt könne der Krieg durch das effektive Bombardement von offenen Städten rascher zu Ende gebracht werden[46]. Diesem Plan brachte die Admiralität wenig Gegenliebe

---

43) KUNZMANN K.H., Die Fortentwicklung des Kriegsrechts auf den Gebieten des Schutzes der Verwundeten und der Beschießung von Wohnorten, Diss. Bonn 1960, S. 160;

44) JONES, a.a.O. (Anm. 12), Bd. 6, S. 103; SPETZLER E., Luftkrieg und Menschlichkeit, Göttingen 1956, S. 141;

45) JONES, a.a.O. (Anm. 32), S. 108;

46) a.a.O., S. 91;

entgegen, die Verfechter einer von den Landstreitkräften abhängig operierenden Luftwaffe benutzten ihn aber bei gleichzeitiger Betonung seiner angeblichen Ineffektivität als Argument gegen die strategische Doktrin[47].

Anfang 1917 begann man auch mit Nachtangriffen gegen deutsches Gebiet, welche von eigens dazu ausgerüsteten Staffeln durchgeführt wurden[48]. Die Ziele dieser Operationen wurden nach den bereits genannten Prioritäten ausgewählt. Eine Änderung dieser Entwicklung erfolgte im Juli 1917, als deutsche Bomber zum zweitenmal bei Tageslicht London angriffen. Daß die Bomber nahezu ohne Verluste in das Herz Englands vorstoßen konnten, empörte die Bevölkerung zutiefst, insbesondere richtete sich die Kritik gegen die Admiralität, deren RNAS mit der Heimatluftverteidigung betraut worden war. Unter massivem Druck der öffentlichen Meinung entschloß sich das Kabinett, in Hinkunft Repressalien gegen deutsche Städte zu befehlen[49]. Weiters wurde beschlossen, eine Kommission mit der Untersuchung der Verteidigungsmöglichkeiten gegen deutsche Bombardements sowie der weiteren Organisation der alliierten Luftmacht zu beauftragen. Die Hauptarbeit verrichtete der bekannte südafrikanische General und Staatsmann J.C. Smuts[50]. In seinem Report wies er darauf hin, daß die einzig zielführende Verteidigung gegen feindliche Luftangriffe eine eigene strategische Luftoffensive sei, welche den Krieg in das Herz des gegnerischen Gebietes tragen solle. Deshalb müsse eine große Flotte von Langstreckenbombern gebaut werden, deren Aktionen von einem eigenen Ministerium geleitet würden[51]. Dieses Ministerium solle sowohl die Heeres- als auch die Marineflieger zusammenfassen. Smuts Report führte letztlich im April 1918 zur Bildung des Air Ministry und der Royal Air Force (RAF). Der direkte Effekt lag allerdings in der nun massiv vorangetriebenen Vorbereitung der Luftoffensive gegen Deutschland, welche gemeinsam

47) a.a.O., S. 92ff.;

48) a.a.O., S. 124ff.;

49) a.a.O., S. 134; BELL, a.a.O. (Anm. 7), S. 63f.; JONES, a.a.O. (Anm. 12), Bd. 4, S. 101;

50) Siehe dazu DERS., Bd. 6, S. 10ff.; JONES, a.a.O. (Anm. 32), S. 135ff.;

51) a.a.O., S. 138;

mit Frankreich lanciert werden sollte. Was ursprünglich aus einigen Repressalienschlägen bestehen sollte, wuchs sich nun in einen mächtigen Schlag gegen das militärische Potential Deutschlands aus[52]. Interessanterweise riet Frankreich nun von Luftangriffen gegen deutsche Industriestädte ab. Der Grund lag im Scheitern der Nivelle-Offensive im Sommer 1917. General Pétain fürchtete, der Beginn der alliierten Luftoffensive könne zu deutschen Gegenschlägen provozieren. Da die Moral der französischen Bevölkerung durch den Rückschlag an der Westfront ohnehin erschüttert war, zweifelte er an ihrem Durchhaltewillen im Falle von Bombardements[53]. Von großer Bedeutung für die alliierten Intentionen war die Betrauung von H.M. Trenchard mit der Führung der neugebildeten RAF und der Organisation einer "Unabhängigen Luftwaffe" gemeinsam mit Frankreich. Mit Trenchard kam einer jener Offiziere an die Spitze, welche der hochspezialisierten strategischen Luftkriegsführung des RNAS mit Mißtrauen gegenüberstanden[54]. Dies sollte entscheidenden Einfluß auf die Art der Luftkriegführung im Zweiten Weltkrieg haben. Der RNAS vertrat eine Philosophie der Präzisionsangriffe gegen bestimmte Industrieziele, deren Flächenausdehnung groß genug sein mußte, um die Treffermassierung sicher zu machen[55]. Die Bomberbesatzungen mußten speziell für solche Einsätze vorbereitet sein, außerdem waren Bombenzielgeräte von ausreichender Genauigkeit im Einsatz oder in Entwicklung. Trenchard hingegen betrachtete die moralische Wirkung von Luftangriffen als wesentlich bedeutender als die faktische[56]. Nach seinem Konzept sollten deutsche Städte massiv bombardiert werden, ohne daß eine Beschränkung auf die betreffenden Industrieanlagen notwendig sei. Denn auch die Bomben, welche nicht das militärische Objekt trafen, waren nicht vergeudet, da ihre Wirkung in Wohnanlagen stark zur Untergrabung des Widerstandswillens

52) a.a.O., S. 150f.;

53) a.a.O., S. 147f.;

54) a.a.O., S. 16ff.;

55) a.a.O., S. 159;

56) a.a.O., S. 161f.; JONES, a.a.O. (Anm. 12), Bd. 6, S. 136f.;

der Bevölkerung beitrage[57]. Trenchard setzte sich durch und die weiteren Vorbereitungen wurden nach seiner Doktrin ausgerichtet. In diesem Zusammenhang seien noch folgende Details erwähnt: Im Februar 1918 wurde die britische Regierung informiert, daß Deutschland über den König von Spanien ein Abkommen zur Beschränkung der Luftbombardements zu erreichen wünsche. Später ergab sich, daß von deutscher Seite an ein Verbot von Angriffen gegen offene Städte gedacht wurde. Den britischen Überlegungen zufolge hätte Deutschland einen großen Vorteil aus einer solchen Regelung, da es sofort sämtliche nicht an der Front gelegene Städte als offen erklären und damit der geplanten strategischen Luftoffensive den Boden entziehen würde[58]. Der alliierten Überlegenheit war sich auch der Kaiser bewußt, als er eine für den Sommer 1918 geplante Angriffsserie mit Brandbomben gegen Orte in England und Frankreich aus humanitären Gründen stornierte[59].

Die Tendenz, neben der Kriegsindustrie auch die deutsche Zivilbevölkerung anzugreifen, wird in einem Memorandum des Marschalls Foch vom 13. September 1918 deutlich. Dort wird das Ziel der gemeinsamen Offensive folgendermaßen definiert:

> "To carry the war into Germany by attacking her
> industry (Munition work)
> commerce (Economic crisis)
> population (Demoralization)
> These bombing raids on the German population do not properly speaking constitute reprisals - this like poison gas is a means of warfare which was first used by the enemy and which we are therefore forced to use in our turn."[60]

---

57) JONES, a.a.O. (Anm. 32), S. 163;

58) JONES, a.a.O. (Anm. 12), Bd. 6, S. 101f.; WOODWARD, a.a.O. (Anm. 28), S. 374f.;

59) a.a.O., S. 375;

60) JONES, a.a.O. (Anm. 12), App., S. 33;

In einem anderen Memorandum des britischen Air Council vom Anfang des Jahres 1920 wurde bestätigt, die der RAF gegen Kriegsende gegebenen Befehle hätten auch direkte Angriffe gegen die Zivilbevölkerung angeordnet:

> "...included directions to bomb German towns (where any military objective was situate), to destroy the industrial activities there by bombings during the day, and to weaken the morale of the civilian inhabitants (and thereby their "will to win") by persistent bomb attacks which would both destroy life (civilian and otherwise) and should, if possible, originate a conflagration which should reduce to ashes the whole town and thereby delete a whole centre of industrial activity."[61]

Der Krieg endete, bevor die geplante alliierte Luftoffensive im Westen voll zum Tragen kam[62]. An der Südflanke der Mittelmächte war die Situation ähnlich. Die italienischen Luftstreitkräfte nahmen österreichische Angriffe gegen Venedig und Verona[63] zum Anlaß, ihrerseits strategische Operationen gegen österreichische Militärbasen und Städte sowohl am Mittelmeer als auch nördlich der Alpen zu führen. 1916 begannen die Tages-, 1917 die Nachtangriffe. Dies war möglich, da Italien zu dieser Zeit mit den dreimotorigen Caproni Ca 5 über die modernsten Bomber der Welt verfügte[64]. Diese Flugzeuge konnten mit einer Bombenlast von nahezu 600 kg 450 km zurücklegen und wurden aufgrund ihrer hohen Leistungsfähigkeit sowohl in den Vereinigten Staaten als auch in Frankreich in großer Stückzahl in Lizenz gebaut.

Auch an der Ostfront sah sich das Deutsche Reich in der Luft einem gefährlichen Gegner gegenüber: Der später für seine Hubschrauberkon-

---

61) PRO AIR 5/192;

62) Dennoch nahmen die alliierten Angriffe gegen deutsches Territorium schon wesentlich früher ständig zu; vgl. Anhang A, Diagramm 4;

63) GARNER, International law, a.a.O. (Anm. 2), S. 462ff.; ROLLAND, a.a.O. (Anm. 2), S. 537ff.;

64) Siehe GUNSTON, a.a.O. (Anm. 35), S. 9ff.;

struktionen berühmte Igor Sikorskij hatte bereits 1914 seinen viermotorigen Riesenbomber "Ilja Mourumetz" in Serie gebaut. Dieses Vorbild für nachfolgende "Riesenflugzeuge" deutscher Provinienz konnte 700 kg Bomben bis nach Ostpreußen tragen[65]. Eine ausschließlich mit diesem Muster ausgerüstete Eliteeinheit, das "Geschwader der fliegenden Schiffe", flog über 300 Bombenangriffe gegen deutsche Einrichtungen in diesem Gebiet.

Nur die Vereinigten Staaten hatten ihren enormen Rückstand in luftfahrttechnischer Hinsicht noch lange nicht aufgeholt, als sie in den Krieg eintraten. Das vorhandene Material war miserabel und wurde erst langsam durch Lizenzproduktionen von französischen und italienischen Mustern ersetzt[66]. Aus diesem Grund konnte der Air Service der US Army nicht effektiv zum strategischen Luftkrieg gegen die Mittelmächte beitragen.

### *Das vertragliche Luftkriegsrecht im Ersten Weltkrieg*

Eine exakte Untersuchung der im Ersten Weltkrieg durchgeführten Bombenangriffe auf ihr Verhältnis zum Kriegsvölkerrecht ist ohne Analyse der jeweiligen Angriffsbefehle nicht möglich. Diese waren aber außenstehenden Personen zur damaligen Zeit nicht zugänglich, so beschuldigten sich die Kriegsparteien gegenseitig oft ohne Grundlage, rücksichtslose Terrorangriffe durchgeführt zu haben[67]. Solche Behauptungen, bei denen die jeweils eigene Praxis als völlig rechtmäßig hingestellt wird, findet man leider auch heute noch in Werken über den Luftkrieg 1914 bis 1918[68]. Tatsächlich dürften gezielte Angriffe gegen die Zivilbevölkerung auf beiden Seiten vorgekommen sein.

---

65) Siehe dazu KENS/MÜLLER, a.a.O. (Anm. 21), S. 154ff.; PIEKALKIEWICZ; a.a.O. (Anm. 1), S. 289f.;

66) STRATFORD A.H., Air transportation, in: Encyclopædia Britannica 1988, Bd. 28, S. 835;

67) Siehe beispielsweise BECHOFF, a.a.O. (Anm. 37), S. 532ff.; BELL, a.a.O. (Anm. 7), S. 62ff.; LAPRADELLE A. de, Les bombardements aériens et la population civile, in: Revue des Deux Mondes 46, 1938, S. 520; ROLLAND, a.a.O. (Anm. 2), S. 537ff.; ROYSE, a.a.O. (Anm. 2), S. 177ff.;

68) Zum Bsp. POOLMAN, a.a.O. (Anm. 3), S. 39;

Für die Entwicklung des Luftkriegsrechts ist jedoch die Frage nach der Völkerrechtsmäßigkeit der Bombardierungspraxis von 1914 bis 1918 von nur geringer Bedeutung. Entscheidend ist vielmehr die Untersuchung der Situation des Luftkriegsrechts selbst. Der Erste Weltkrieg war auch die erste große Bewährungsprobe für die wenigen vorhandenen vertragsrechtlichen Beschränkungen des Luftbombardements. Ihr Einfluß und ihr weiteres Schicksal sollen im folgenden kurz untersucht werden.

### Das Haager Bombenabwurfverbot 1899

Die Geltungsdauer der Deklaration von 1899 war mit fünf Jahren befristet, das heißt, ihre Bindung war bereits 1904 ausgelaufen. Aus diesem Grund konnte sie im Ersten Weltkrieg nicht zur Anwendung gelangen.

### Das Haager Bombenabwurfverbot 1907

Auch diese Erklärung war befristet, und zwar mit der Beendigung der Dritten Haager Friedenskonferenz. Diese Konferenz, deren Abhaltung für 1915 geplant war, fand wegen des Kriegsausbruchs nicht mehr statt, deshalb war auch die Gültigkeit des Bombenabwurfverbotes 1907 noch nicht abgelaufen. Aus der Tatsache der Befristung an sich läßt sich allerdings schließen, daß sich die Parteien nicht ad infinitum binden wollten[69]. Trotz der an die Abhaltung einer dritten Konferenz geknüpften auflösenden Bedingung war eine Beendigung der Geltung auch ohne Abhaltung dieser Konferenz möglich, weil eine zeitliche Beschränkung offensichtlicher Wille der Vertragsparteien war. Ein Auslaufen der Erklärung konnte unter diesen Umständen aber erst dann angenommen werden, wenn die Abhaltung einer dritten Konferenz unwahrscheinlich geworden war. Dies war am Ende des Ersten Weltkrieges nicht der Fall, im Gegenteil: Das Erscheinen von neuen Waffen und Kampftechniken auf dem Schlachtfeld ließ die Einberufung einer Konferenz mit der Aufgabe der Revision des Kriegsvölkerrechts wahrscheinlicher denn je erscheinen. Aus der Befristung allein läßt

69) SPETZLER, a.a.O. (Anm. 44), S. 32;

sich daher für die Dauer des Ersten Weltkrieges nicht auf die Ungültigkeit der Abwurferklärung 1907 schließen.

Allerdings enthielt die Erklärung die damals übliche Allbeteiligungsklausel. Bei Kriegsausbruch waren weder Deutschland noch Frankreich und Österreich-Ungarn Parteien des Bombenabwurfverbotes. Aus diesem Grund konnte der Vertrag bereits vom ersten Kriegstag an nicht zur Anwendung kommen[70].

Es fragt sich also, ob das Verbot bereits 1914 gewohnheitsrechtliche Bindung erlangt hatte. Zur Bildung von Völkergewohnheitsrecht bedarf es nach herrschender Ansicht einer allgemeinen, dauernden Praxis, die auf einer entsprechenden Rechtsüberzeugung beruhen muß. Im konkreten Fall müßten sowohl die opinio juris als auch zumindest die parlamentarische Praxis der am Konflikt beteiligten Staaten auf ein allgemeines Verbot des Abwurfs von Sprengstoffen aus Luftfahrzeugen hinweisen. Daß die Staaten an einem solchen Verbot nicht interessiert waren, belegt allein die geringe Anzahl der Ratifikationen der Erklärung von 1907. Auch im tripolitanischen Krieg 1911/12 wurden die Bombenwürfe an sich nicht als rechtswidrig empfunden. Die Resolution des Institut de Droit International von 1911 ist ebenfalls ein Zeichen dafür, daß man ein Verbot von Luftbombardements als nicht existent betrachtete. Im Verlauf des Ersten Weltkrieges bedienten sich alle Parteien des Flugzeuges als Offensivwaffe, wobei die Völkerrechtswidrigkeit der Luftbombardements als solche nicht behauptet wurde[71]. Wenn es Proteste gab, so richteten sich diese gegen die Art ihrer Durchführung. Darum ergibt sich, daß es weder vor noch während des Weltkrieges eine Praxis und allgemeine Rechtsüberzeugung gab, welche auf ein gewohnheitsrechtliches Verbot von Luftangriffen schließen ließen. Das Gegenteil war der Fall. Da die Gültigkeit von Verträgen durch

70) Siehe auch a.a.O., S. 31f.; GARNER J.W., International regulation of air warfare, in: ALR 1932, S. 103; MEYER A., Völkerrechtlicher Schutz der friedlichen Personen und Sachen gegen Luftangriffe, Berlin-Königsberg 1935, S. 113ff.;

71) SPETZLER, a.a.O. (Anm. 44), S. 32;

entgegenstehendes Gewohnheitsrecht aufgehoben wird[72], hatte das Bombenabwurfverbot von 1907 spätestens 1918 seine Geltung durch desuetudo verloren[73].

## Artikel 25 Haager Landkriegsordnung

Nach dem Wegfall der beiden Bombenabwurfverbote von 1899 und 1907 verblieb als einzige vertragsrechtliche Beschränkung des Luftbombardements noch der Art. 25 HLKO. Bei der Beurteilung der Auswirkung dieser Norm im Ersten Weltkrieg muß zuerst geklärt werden, ob die Haager Landkriegsordnung überhaupt bindend war. Maßgebend ist auch hier die clausula si omnes[74]. Italien, Serbien, Montenegro und die Türkei hatten die HLKO von 1907 nicht ratifiziert als sie in den Krieg eintraten. Da der Konflikt mit der Kriegserklärung Österreich-Ungarns an Serbien begann, konnte die HLKO formell vom ersten Tag an nicht gelten[75]. In Artikel 4 des Abkommens, betreffend die Gesetze und Gebräuche des Landkrieges von 1907 wurde allerdings statuiert, daß die HLKO 1907 für die Beziehungen zwischen den Vertragsmächten an die Stelle der HLKO 1899 trete, für die Nichtparteien aber weiterhin die HLKO 1899 gelte. So stellt sich die Frage, ob im Ersten Weltkrieg statt der HLKO 1907 nur die HLKO 1899

---

72) Siehe KARL W., Vertrag und spätere Praxis im Völkerrecht, Berlin-Heidelberg 1983, S. 257ff., insbes. 263f.;

73) CASTRÉN E., The present law of war and neutrality, Helsinki 1954, S. 402; GULDIMANN W., Luftkriegsrecht, Diss. Basel 1940, S. 15; HEIL E., Die völkerrechtlichen Regeln über den Bombenabwurf aus Luftfahrzeugen in ihrer geschichtlichen Entwicklung, Diss. Gießen 1935, S. 18; SCHWARZENBERGER G., Das Luftkriegsrecht und der Trend zum totalen Krieg, in: JBfIR 1957/58, S. 245; SPETZLER, a.a.O. (Anm. 44), S. 32; a.A. GARNER, International regulations, a.a.O. (Anm. 70), S. 103 sowie KUNZMANN, a.a.O. (Anm. 43), S. 152, welche das Abwurfverbot 1907 als formell weiterhin in Kraft befindlich betrachten;

74) Artikel 2 des Abkommens, betreffend die Gesetze und Gebräuche des Landkrieges, vom 18.10.1907;

75) So KOTSCHY W., Recht der Luftkriegführung - seine geschichtliche Entwicklung und gegenwärtiger Stand, Diss. Rostock 1940, S. 10f.; MANCHOT K.R., Die Entwicklung der völkerrechtlichen Regelung der Luftfahrt und des Luftkriegs, Diss. Erlangen 1930, S. 52; POHL H., Luftkriegsrecht, Stuttgart 1924, S. 22f.;

galt (Allbeteiligungsklausel)[76], oder ob nach dem Wortlaut des Art. 4 beide Landkriegsordnungen zur Anwendung gelangen mußten: Zwischen den Vertragsstaaten der HLKO 1907 diese (z.B. in den Beziehungen zwischen Deutschland, Österreich-Ungarn, Frankreich und England), und zwischen Parteien der HLKO 1907 und Parteien der HLKO 1899 (z.B. in den Beziehungen zwischen England und der Türkei) die letztere[77]. Da beide Landkriegsordnungen nahezu wortgleich sind, scheint eine solche Kontroverse überflüssig zu sein. Jedoch muß darauf hingewiesen werden, daß die Formulierung, welche die Regeln betreffend das Bombardement festlegte, erst mit der HLKO 1907 an den Luftkrieg angepaßt wurde[78]. Je nachdem, welcher der obigen Meinungen man zuneigt, mußte entweder der Art. 25 alter Fassung oder neuer Fassung gelten[79].

Den Ausweg aus dieser komplizierten Situation bietet die Entstehungsgeschichte des revidierten Art. 25 bei der Haager Friedenskonferenz 1907: Wie bereits ausgeführt, wurden detailliertere Entwürfe sowohl der italienischen als auch der russischen Delegationen von Frankreich mit der Begründung abgelehnt, daß bereits der alte Art. 25 die Luftbombardements umfasse, da in seinem Wortlaut keine Beschränkung auf die Landstreitkräfte enthalten sei. Nach langen Verhandlungen entschloß man sich, die Worte "mit welchen Mitteln es auch sei" zusätzlich einzufügen, um jeden Zweifel hinsichtlich der Anwendung auf den Luftkrieg auszuräumen. Somit war die Wirkung der Einfügung deklarativ zu verstehen und nicht konstitutiv. Selbst wenn im Ersten Weltkrieg lediglich die nicht revidierte Fas-

76) So z.B. BELL, a.a.O. (Anm. 7), S. 91f.; GARNER, International law, a.a.O. (Anm. 2), S. 19f.; HEIL, a.a.O. (Anm. 73), S. 25;

77) Besonders ausführlich zu diesem Problemkreis m. weiterer Literatur a.a.O., S. 53ff.;

78) Außerdem wurde 1907 der Art. 27 dahingehend geändert, daß bei einem Eroberungsbombardement auch historische Monumente nach Möglichkeit geschont werden sollten;

79) Ausnahmsweise gingen einige Autoren davon aus, daß weder die HLKO 1899 noch die von 1907 zur Anwendung kommen konnten, so z.B. BOURUET-AUBERTOT J., Les bombardements aériens, Diss. Paris 1923, S. 25; MANCHOT, a.a.O. (Anm. 75), S. 52;

sung des Art. 25 der HLKO von 1899 galt, so erstreckte sich diese Vorschrift dennoch auch auf Beschießungen von Luftfahrzeugen aus[80].

Trotzdem erfuhr die Anwendung der zuletzt übriggebliebenen Vertragsnorm, welche ausdrücklich das Luftkriegsrecht betraf, im Ersten Weltkrieg gewichtige Einschränkungen: Gemäß dem Wortlaut von Art. 25 war nur das Bombardement unverteidigter Orte verboten. Die Berufung auf dieses Verbot setzte also voraus, daß die betreffende Örtlichkeit nicht verteidigt wurde. Die ratio legis kommt in den Ausführungen des holländischen Generals Den Beer Portugael in den Kommissionssitzungen im Haag 1907 deutlich zum Ausdruck:

> "Eine Truppe befindet sich im Marsch auf eine Stadt. Diese Stadt kann befestigt oder offen sein. Selbst wenn sie normalerweise offen ist, können ihre Zugänge verteidigt werden ... Es versteht sich von selbst, daß der Angreifer das Recht hat, diese Verteidigung mit Hilfe seiner Artillerie zu brechen, so wie er es für zweckmäßig hält, um sich der Stadt bemächtigen zu können."[81]

Das entscheidende Kriterium für die Anwendung von Art. 25 ist demnach der gegen die Besetzung eines Ortes aufgewendete aktive Widerstand[82]. Diese Voraussetzung konnte nur auf Orte zutreffen, welche sich im unmittelbaren Operationsgebiet der Landstreitkräfte befanden, denn nur sie hätten einen Ort besetzen können. Leistete dieser Widerstand, hätte

80) Zum Bsp. HEIL, a.a.O. (Anm. 73), S. 53; das Problem wird häufig dadurch gelöst, daß man den Art. 25 lediglich als Ausdruck bestehenden Gewohnheitsrechts und als solches bindend betrachtete: ERDELBROCK A., Das Luftbombardement, Diss. Tübingen 1929, S. 20ff.; GARNER, International law, a.a.O. (Anm. 2), S. 467; HEIL, a.a.O. (Anm. 73), S. 57f.; ROLLAND, a.a.O. (Anm. 2), S. 509, 514f.; SPETZLER, a.a.O. (Anm. 44), S. 35 begründet die Geltung der HLKO mit der gewohnheitsrechtlichen Abschaffung der Allbeteiligungsklausel;

81) Zit. bei KUNZMANN, a.a.O. (Anm. 43), S. 124;

82) In der Literatur kam es aber noch längere Zeit zu heftigen Kontroversen um Art. 25, in welchen auch die Ausdrücke "befestigte" und "offene" Stadt häufig und in unklarer Weise verwendet wurden; vgl. ERDELBROCK, a.a.O. (Anm. 80), S. 21ff.; SPETZLER, a.a.O. (Anm. 44), S. 36;

sich der Angreifer nicht nur der Artillerie, sondern auch der Luftwaffe bedienen können, um die Verteidigung niederzukämpfen. In diesem Fall hätten die Luftstreitkräfte die Aufgabe der Artillerie verrichtet und zur direkten Unterstützung des Heeres agiert. Dies wird allgemein als "Eroberungsbombardement" bezeichnet. Das Verbot, unverteidigte Orte zu bombardieren, galt hier genauso für die Luftfahrzeuge, da das Heer den Ort ohnehin kampflos hätte besetzen können.

Außerhalb des Operationsgebietes der Landstreitkräfte allerdings lagen die Verhältnisse anders: Da die Luftstreitkräfte eine Ortschaft nicht besetzen können, kann sich diese logischerweise auch nicht dagegen verteidigen. Daher entfällt hinter der Front die eigentliche Anwendungsvoraussetzung des Artikels 25, nämlich die Besetzungssituation[83], und der Geltungsbereich von Art. 25 HLKO bleibt auf die unmittelbare Kampfzone beschränkt[84]. Es zeigt sich daher, daß auch diese Vertragsnorm, welche ausdrücklich auf den Luftkrieg bezogen war, im Ersten Weltkrieg nur geringen Wert hatte.

## *Die Entwicklung des Gewohnheitsrechts*

Nach dem Scheitern des Völkervertragsrechts als effektivem Regulativ des Luftbombardements blieb nur noch die Möglichkeit der Anwendung von Völkergewohnheitsrecht (VGR). Nachdem die Luftfahrttechnik erst im Laufe des Ersten Weltkrieges ihren großen Aufschwung genommen hatte, war dieser auch die erste Gelegenheit zur Entstehung eines Gewohnheitsrechtes bezüglich des Luftwaffeneinsatzes. Namentlich durch die Ermöglichung von Bombardements fernab der eigentlichen Frontlinie wurde eine neue Situation geschaffen, welche mangels einer vertraglichen

83) a.a.O., S. 38;

84) Zu diesem Schluß kam die Mehrzahl der Autoren, siehe beispielsweise ELLIS W.E., Aerial-land and aerial-maritime warfare, in: 8 AJIL 1914, S. 264; IPSEN K., Die "offene Stadt" und die Schutzzonen des Genfer Rechts, in: FLECK D. (Hrsg.), Beiträge zur Weiterentwicklung des humanitären Völkerrechts für bewaffnete Konflikte, Hamburg 1973, S. 159; KOTSCHY, a.a.O. (Anm. 75), S. 57; SPETZLER, a.a.O. (Anm. 44), S. 35f.;

Regelung früher oder später zu einem allgemein akzeptierten Durchführungsmodus führen mußte. Sobald diese entstandene Praxis auf Prinzipien beruhte, welche von den beteiligten Kriegsparteien auch nach außen als rechtmäßig vertreten wurden, war die Grundlage für die Entstehung von VGR gegeben.

## Artikel 25 HLKO und der strategische Luftkrieg

Ausgangspunkt für diese Entwicklung war der bereits oben angedeutete Konflikt um die Anwendung des Art. 25 HLKO. Die Meinungen sowohl der Wissenschaftler als auch der Militärs schieden sich bei der Frage nach einer befriedigenden Definition des in dieser Vorschrift vorgesehenen Kriteriums der Verteidigung. Die grundsätzliche Geltung des Art. 25 bei sogenannten "Eroberungsbombardements"[85], also bei der Beschießung von Ortschaften, welche sich gegen ihre Einnahme durch Landstreitkräfte verteidigten[86], blieb unbestritten. Jedoch der Versuch, die Unterscheidung von verteidigt und unverteidigt auch auf Bombardements außerhalb des Operationsgebietes der Bodentruppen anzuwenden, führte zu keinem be-

85) Die Klärung der komplizierten Anwendung von Art. 25 HLKO, insbesondere die Unterscheidung zwischen Eroberungsbombardement ("bombardement d'occupation") und Zerstörungsbombardement ("bombardement de destruction") ist das Verdienst von P. FAUCHILLE, dessen Aufsatz: Le bombardement aérien, in: RGDIP 24, 1917, S. 56ff. diesbezüglich bis heute nichts von seiner Bedeutung eingebüßt hat;

86) Siehe a.a.O., S. 59ff.;

friedigendem Ergebnis[87]. Fraglich war, ob ein Ort als verteidigt galt, wenn angreifende Luftfahrzeuge aus ihm heraus beschossen würden[88]. Bejahte man dies, mußte man wohl auch nach der Art und Weise des Widerstandes differenzieren, ob die Verteidigung den Flugzeugen überhaupt konkret gefährlich werden konnte, was bei vereinzelten Gewehrschüssen nicht der Fall gewesen wäre[89]. Sollte das Kriterium der Verteidigung auch hinter der Front beibehalten werden, so hätten - analog zum Landkriegsrecht - Ortschaften, welche zwar über Fliegerabwehrgeschütze verfügten, diese aber nicht abfeuerten, als unverteidigt nicht angegriffen werden dürfen[90]. Durch deren Unerreichbarkeit für Landstreitkräfte wäre die ratio legis des Art. 25 HLKO in diesem Fall ad absurdum geführt worden. Ähnliches war der Fall, wenn einfliegende Bomber über einer Ortschaft von Jagdflugzeugen gestellt wurden. Die Frage war, ob dieser Ort dadurch als verteidigt zu gelten habe, obwohl die Jagdflieger möglicherweise von einem weit entfernten Flugplatz stammten[91]. Dadurch wäre das Schicksal von Städten

---

87) Kritik am Kriterium der Verteidigung im Luftkrieg wird in der Literatur allgemein geübt, so z.B. CARNAHAN B.M., The law of air bombardment in its historical context, in: The Air Force Law Review 1975, S. 43f.; HOIJER O., Les bombardements aériens, in: RGDA 1932, S. 824; KUNZ J.L., Kriegsrecht und Neutralitätsrecht, Wien 1935, S. 199; MOORE J.B., Rules of warfare: Aircraft and radio, in: DERS., International law and some current illusions, New York 1924, S. 194; RÖHRIG G., Die Ziele selbständiger Luftangriffe, Königsberg-Berlin 1938, S. 22f.; SIBERT M., Gutachten, in: HAMMARSKJÖLD A./MACDONOGH G./ROYSE M.W. u.a., La protection des populations civiles contre les bombardements, Genf 1930, S. 150; SPAIGHT J.M., Air bombardment, in: BYIL 1923/24, S. 22f.; WILLIAMS P.W., Legitimate targets in aerial bombardment, in: AJIL 1929, S. 573; GARNER J.W., Proposed rules for the regulation of aerial warfare, in: 18 AJIL 1924, S. 70 kleidete seine Kritik in besonders deutliche Worte: "The distinction between 'defended' and 'undefended' places as a test of liability to bombardment is reasonable enough in land and naval warfare, but when applied to aerial bombardment it is illogical and even absurd."

88) So z.B. ERDELBROCK, a.a.O. (Anm. 80), S. 22 unter Hinweis auf Kohler;

89) GARNER, Proposed rules, a.a.O. (Anm. 87), S. 70;

90) COLBY E., Aerial law and war targets, in: 19 AJIL 1925, S. 704;

91) Siehe dazu SPAIGHT, a.a.O. (Anm. 87), S. 22f.; SPETZLER, a.a.O. (Anm. 44), S. 40;

und Ansiedlungen praktisch dem Zufall überlassen worden. Die Parteien des Ersten Weltkrieges sahen sich so gemeinsam vor dem Problem, das Völkerrecht dem technischen Fortschritt anzupassen und für den "strategischen Luftkrieg" hinter der Front neue Maßstäbe zu finden.

### Die Doktrin vom militärischen Objekt

Die Antwort auf die Frage des für Luftbombardements hinter der Front geltenden Völkerrechts bot die Doktrin vom militärischen Objekt, welche gleichermaßen von Wissenschaft, Politik und vom Militär als praxisgemäß und auch als rechtmäßig vertreten wurde. So geschah im Verlauf des Weltkrieges ein allgemeiner, rasch verlaufender Umwandlungsprozeß, nach dessen Beendigung sowohl die Praxis beider Seiten als auch deren feste Rechtsüberzeugung einen anerkannten Modus für Luftangriffe jenseits der Kampfzone gefunden hatten. Nach diesem war der strategische Luftkrieg auf die Zerstörung militärischer Objekte beschränkt. Dieser Begriff entwickelte sich in Analogie zu der im IX. Haager Übereinkommen über die Beschießung durch Seestreitkräfte von 1907 geregelten Bombardierung unverteidigter Städte durch Überwassereinheiten[92]. Gemäß Artikel 2 dieses Abkommens war es dem Befehlshaber einer Seestreitmacht erlaubt, "militärische Werke, Militär- oder Marineanlagen, Niederlagen von Waffen oder von Kriegsmaterial, Werkstätten und Einrichtungen, die für die Bedürfnisse der feindlichen Flotte oder des feindlichen Heeres nutzbar gemacht werden können, sowie im Hafen befindliche Kriegsschiffe" auch in unverteidigten Orten durch Geschützfeuer zu zerstören, wenn dies die einzige Möglichkeit war, diese militärisch bedeutsamen Objekte zu neutralisieren. Damit wurde auf die Tatsache Rücksicht genommen, daß die operierenden Marineeinheiten selten genügend Soldaten an Bord hatten, um ein Detachement mit dem Auftrag, die Ortschaft zu besetzen und die notwendigen Zerstörungen direkt vorzunehmen, an Land zu setzen[93]. Da den Schiffen die Mittel fehlten, um ähnlich wie die Armee zu handeln, gab man

92) HINZ J./RAUCH E. (Hrsg.), Kriegsvölkerrecht, 3. Aufl., Köln-Berlin-Bonn-München 1984, Nr. 1529; RGBl 1910, S. 256;

93) Dazu ausführlich KUNZMANN, a.a.O. (Anm. 43), S. 116ff.;

ihnen mit der Vertragsbestimmung die Möglichkeit, zum selben Ergebnis zu gelangen, selbst wenn die Bevölkerung des Ortes dadurch einem größerem Risiko ausgesetzt war.

Die Luftwaffe befand sich in einer ähnlichen Situation wie die Marine: Die Absetzung von Soldaten zur Eroberung der Stadt war ausgeschlossen, dennoch galt es, gewisse Objekte, welche für die Kriegsanstrengungen des Gegners von großer Bedeutung waren, auszuschalten[94]. Dies war nur durch Bombenabwurf möglich, den man zum Unterschied vom "Eroberungsbombardement" an der Front als "Zerstörungsbombardement" bezeichnete[95]. Die analoge Anwendung der seekriegsrechtlichen Bestimmung auf den strategischen Luftkrieg war von der Völkerrechtswissenschaft schnell akzeptiert[96] worden. Wie die offiziellen Anweisungen an die Luftstreitkräfte zeigten, übernahm darüber hinaus auch das Militär dieses Prinzip. Bereits vor Beginn der deutschen Luftoffensive gegen London wurde in den Befehlen an die Marineluftschiffskommandanten festgestellt, daß lediglich Docks und militärische Anlagen das Angriffsziel sein dürften[97]. Im späteren Verlauf des Luftkrieges über Frankreich waren laut Befehl Ludendorffs vom 2.12.1916 "große Truppenlager, Hauptbahnknotenpunkte, umfangreiche Munitionsstapelplätze, vor allem aber die Industrie-

94) FAUCHILLE, Bombardement aérien, a.a.O. (Anm. 85), S. 68f.;

95) a.a.O.;

96) In der Literatur z.B. BELL, a.a.O. (Anm. 7), S. 98; GARNER, International regulation, a.a.O. (Anm. 70), S. 104; KOTSCHY, a.a.O. (Anm. 75), S. 56f.; MEYER, a.a.O. (Anm. 70), S. 47ff.; POHL, a.a.O. (Anm. 75), S. 22f.; ROLLAND, a.a.O. (Anm. 2), S. 553; ROYSE M.W., Gutachten, in: HAMMARSKJÖLD A./MACDONOGH G./ROYSE M.W., La protection des populations civiles contre les bombardements, Genf 1930, S. 94; SIMONS W., Gutachten, in: a.a.O., S. 187f.; SPAIGHT, Air bombardment, a.a.O. (Anm. 87), S. 22f.; in neuerer Zeit etwa CARNAHAN, a.a.O. (Anm. 87), S. 44ff.; GREENSPAN M., The modern law of land warfare, Berkeley-Los Angeles 1959, S. 334; IPSEN, a.a.O. (Anm. 84), S. 156ff.; SPETZLER, a.a.O. (Anm. 44), S. 128f..

Gegen eine absolute Analogie zum Marinebombardement richteten sich insbes. FAUCHILLE, Bombardement aérien, a.a.O. (Anm. 85), S. 69ff., sowie KUNZ, a.a.O. (Anm. 87), S. 195;

97) Befehl vom 10.1.1915, zit. bei BELL, a.a.O. (Anm. 7), S. 73;

anlagen, die mittelbar und unmittelbar der Versorgung unserer Gegner mit Kriegsmitteln aller Art dienen", zu zerstören[98]. Am 11.1.1917 hieß es: "Die Angriffe haben sich gegen militärische Anlagen, Kasernen, Truppenlager, Hafenbauten, Schiffe, Vorrats- und Munitionslager zu richten."[99] Bei den Alliierten war die Situation nicht anders.

Nach Kunzmann ging der Übergang zur Doktrin vom militärischen Objekt je nach Staat ungleichmäßig oder verschieden schnell vonstatten, sodaß es immer wieder zu erheblichen Differenzen in der grundlegenden Rechtsanschauung von der Legitimität der Angriffe kam[100]. Dies ist zweifelhaft, denn die Luftkriegspraxis sowie die Planungen zeigen deutlich, daß die betreffende Partei die Doktrin in dem Moment aufnahm, in welchem ihr der strategische Luftkrieg technisch möglich war. Insbesondere dürfte die Behauptung falsch sein, die Deutschen hätten anfangs ihre Luftstreitkräfte nur für taktische Heeresunterstützung an der Front eingeplant und seien lediglich von der strategischen Praxis der Alliierten zur Abkehr von ihrem Prinzip gezwungen worden[101]. Tatsächlich werden hier Rechtsüberzeugungen häufig mit Äußerungen propagandistischer Natur verwechselt. Angeblich sei Deutschland bei der Beurteilung der Rechtmäßigkeit von Luftangriffen davon ausgegangen, "daß im Luftkrieg nur solche Orte angegriffen werden dürften, die auch im Land- oder Seekrieg den kriegerischen Maßnahmen des Angreifers ausgesetzt wären, d.h. also Städte und Ortschaften des engeren Kriegsschauplatzes, in dem das feindliche Heer aufmarschierte oder kämpfte, und Festungen, die als solche die Hauptstützpunkte der kriegerischen Maßnahmen des Gegners bilden."[102] In der Praxis wurden die gegnerischen Hauptstädte ohne Rücksicht auf ihre Lage im Verhältnis zur Frontlinie rasch als Festungen deklariert. Indem der Begriff "Festung" nur als Synonym für "verteidigter Ort" gebraucht wurde, ergab sich für die Deutsche Oberste Kriegsleitung die Möglichkeit, darauf hinzu-

98) a.a.O., S. 68;

99) a.a.O., S. 69;

100) KUNZMANN, a.a.O. (Anm. 43), S. 171ff.;

101) So SPETZLER, a.a.O. (Anm. 44), S. 139f.;

102) Zit. bei MEYER, a.a.O. (Anm. 70), S. 52;

weisen, daß verteidigte Ortschaften nach herrschender Meinung in ihrer Gesamtheit, also unter Einschluß ihrer Wohnviertel bombardiert werden dürften. Es sei demnach lediglich Ausdruck des deutschen Humanitätsgedankens, wenn sich die Zeppeline und Gothas bei ihren Angriffen auf London und Paris auf militärische Ziele beschränkten[103].

Die Planungen der Alliierten, insbesondere die gemeinsame strategische Offensive der französischen und englischen Luftstreitkräfte zeugen ebenfalls von der Dominanz der Doktrin vom militärischen Objekt. Der Terminus von der "offenen Stadt" wurde nur noch im propagandistischen Zusammenhang gebraucht, nämlich immer dann, wenn anläßlich eines gegnerischen Angriffs aufgrund der oft unvermeidlichen Bombenstreuung nicht ausschließlich militärische Objekte getroffen worden waren[104]. Dies diente als Vorwand für eigene, als Repressalien bezeichnete Bombardements. In diesem Zusammenhang muß aber betont werden, daß keine Seite gegen Bombenangriffe im Hinterland protestierte, solange tatsächlich nur Objekte von militärischer Bedeutung betroffen waren. Selbst über die Definition des militärischen Objektes bestanden offensichtlich ähnliche Ansichten: Die Kapazität der Bomberflotten war noch zu beschränkt, sodaß nur solche Ziele ausgesucht werden konnten, deren Zerstörung sich wirklich zu lohnen schien, beispielsweise Flugplätze, Kasernen, Depots, Hochöfen, chemische Fabriken und Bahnknotenpunkte.

Aus diesen Ausführungen ergibt sich, daß die Militärs der beteiligten Parteien rasch zur Doktrin vom militärischen Objekt überwechselten, als für sie die Durchführung von Bombenangriffen hinter der Front technisch möglich wurde. Für die Ausbildung von VGR war diese Rezeption einer Doktrin allein jedoch nicht ausreichend. Gemäß dem Begriff des VGR mußten sowohl eine allgemeine, dauernde Praxis als auch eine damit verknüpfte Rechtsüberzeugung vorhanden sein. Die Übernahme des Prinzips

---

103) BELL, a.a.O. (Anm. 7), S. 103;

104) Vgl. KUNZMANN, a.a.O. (Anm. 43), S. 167f.; Kunzmann sieht im Gebrauch des Begriffes "offene Stadt" weniger Propaganda als vielmehr den Ausdruck einer bestehenden Doktrin und Rechtsüberzeugung; siehe auch die dort angesprochenen französischen Funksprüche, zit. bei BELL, a.a.O. (Anm. 7), S. 77ff.;

von der Legitimität von Angriffen gegen militärische Objekte durch die Militärs folgte zweifellos einer vorhandenen Rechtsüberzeugung. Jedoch schien die tatsächliche Kriegspraxis oftmals davon abzuweichen. Darüber hinaus zeigte die häufige Bezugnahme auf das überkommene Kriterium der Verteidigung in offiziellen Statements und Protesten deutlich, daß es an einer Kontinuität der diplomatischen Praxis bezüglich des Prinzips vom militärischen Objekt mangelte. Dieser scheinbare Mangel an Praxis wäre ein entscheidendes Argument gegen die Entstehung von VGR über strategische Bombardements im Laufe des Ersten Weltkrieges. Andererseits geschah die Berufung auf den Begriff der "militärischen Objekte" allgemein immer häufiger. Eine Zeitlang wurden die termini "Festung", "verteidigt" und "militärisches Objekt" in den diplomatischen Äußerungen noch kumulativ gebraucht, was ebenfalls auf die langsame Verdrängung der traditionellen Kriterien durch die neue Doktrin hinwies. Gegen Kriegsende blieb die Berufung auf "offene Städte" und dergleichen auf Propagandaäußerungen beschränkt und wurde weder durch die militärische Praxis noch durch die interne Rechtsüberzeugung unterstützt. Spätestens bei Kriegsende dürfte daher die Doktrin vom militärischen Objekt als Legitimitätsmerkmal von strategischen Bombardements Eingang in das VGR gefunden haben, dessen fester Bestandteil sie bis heute geblieben ist[105].

---

105) Davon abweichende Ansichten sind die Ausnahme: SCHWARZENBERGER, Luftkriegsrecht, a.a.O. (Anm. 73), S. 248f. geht davon aus, daß es keinen selbständigen Luftkrieg im eigentlichen Sinne gebe, da auch dieser nur dazu diene, die Niederringung und Besetzung des Gegners zu erleichtern. Deshalb sei auch die Unterscheidung zwischen taktischem und strategischem Luftkrieg lediglich "metajuristisch" und rechtlich belanglos. Siehe auch DERS., International law as applied by international courts and tribunals, Bd. 2: The law of armed conflict, London 1968, S. 146f.; wesentlich logischer ist der Ansatz von KUNZMANN, a.a.O. (Anm. 43), S. 127ff., der unter Hinweis darauf, daß auch Art. 25 HLKO immer schon Zerstörungsbombardements gegen militärische Objekte in unverteidigten Orten gestattet habe, zu dem Schluß kommt, Art. 25 sei mit dem Prinzip der Unterscheidung von verteidigten und unverteidigten Orten auch im Hinterland anwendbar.

## Die Warnungspflicht

Nach Art. 2 des IX. Haager Abkommens von 1907 gilt für das Bombardement von unverteidigten Orten durch Seestreitkräfte die Vorschrift, daß der Befehlshaber der Einheiten die Ortsbehörden vor Beginn der Beschießung warnen muß, um ihnen Gelegenheit zu geben, die notwendigen Zerstörungen an den militärischen Objekten selbst vorzunehmen. Auch Art. 26 HLKO statuiert eine Pflicht zur Ankündigung einer Beschießung. Nun stellt sich die Frage nach der Geltung einer solchen Warnungspflicht auch im Luftkrieg. In Anbetracht der Eigenheiten muß - wie schon zuvor - zwischen taktischem und strategischem Luftkrieg, beziehungsweise zwischen Eroberungs- und Zerstörungsbombardement unterschieden werden. Bei ersterem agiert die Luftwaffe lediglich als Artillerie zur Unterstützung der Bodentruppen. Belagern diese einen verteidigten Ort, so kennt der Gegner in der Regel ihre annähernde Position und ihr Vorhaben. Es stellt für den Angreifer keinen Nachteil dar, wenn er das Eroberungsbombardement ankündigt, da er im Normalfall weder seine Stellung verrät noch sein Vorhaben gefährdet, da ein gegnerischer Entsatz deshalb auch nicht schneller zur Stelle sein kann. Es ist belanglos, ob sich der Belagerer einer Kanone oder eines Flugzeuges bedient, um den Widerstand zu brechen, deshalb kann es auch rechtlich keine Unterscheidung geben. Im taktischen Luftkrieg gilt demnach die Pflicht der Ankündigung des Angriffes[106]. Ausnahmsweise kann eine solche Warnung die Aktion gefährden, insbesondere dann, wenn dem Überraschungsmoment entscheidende Bedeutung zukommt. Dieser Fall des Sturmangriffs ist auch nach Art. 26 von der Warnungspflicht ausgenommmen.

Genausowenig wie sich der strategische Luftkrieg mit der Beschießung durch Bodentruppen vergleichen läßt, kann man die der Warnungspflicht zugrundegelegte spezifische Belagerungssituation auf Luftoperationen übertragen. Eine Abwehr des Angriffs durch Jagdflugzeuge ist normalerweise schnell mobilisierbar. Deshalb ist es für den Erfolg eines Bomben-

---

106) Stark einschränkend diesbezüglich SPETZLER, a.a.O. (Anm. 44), S. 43; vgl. im Gegensatz dazu ERDELBROCK, a.a.O. (Anm. 80), S. 37, sowie ROLLAND, a.a.O. (Anm. 2), S. 549;

angriffs unbedingt notwendig, daß der Angegriffene bis zum Schluß über das eigentliche Ziel im Unklaren bleibt. Andernfalls hätte er es leicht, rasch alle verfügbaren Jagdflugzeuge über dem Ziel zu konzentrieren und den Angriff zum Scheitern zu bringen. Aus diesem Grund war es die Praxis aller Kriegsparteien, Luftangriffe hinter der Front nicht anzukündigen[107]. Diese Übung wurde auch nicht beanstandet, da man den strategischen Luftkrieg als generell unter die Ausnahme des Sturmangriffs fallend betrachtete[108].

Umso erstaunlicher ist dann das bekannte Urteil des griechisch-deutschen Schiedsgerichts im Fall Coënca gegen Deutschland vom 1. Dezember 1927[109]. In der Nacht vom 31.1. auf 1.2.1916 hatte das deutsche Luftschiff LZ 85 Lager und Befestigungen der Entente bei Saloniki bombardiert und dabei das Eigentum der Gebrüder Coënca beschädigt. Der Angriff war nicht angekündigt. Entgegen der allgemeinen Übung während des Weltkrieges und der herrschenden Meinung erklärte das Gericht den Art. 26 HLKO als auch im selbständigen Luftkrieg anwendbar. Nach Ansicht des Gerichts drücke die Vorschrift eine communis opinio aus und es gebe keinen Grund anzunehmen, warum sie ihren Geltungsbereich nicht auch auf den Luftkrieg erstrecke. Der Einwand, das Bombardement sei als Überraschungsangriff von der Warnungspflicht ausgenommen gewesen, führte das Gericht zu dem Schluß, solche Angriffe seien generell unzulässig[110]. Im gleichen Sinne entschied dasselbe Gericht 1930 im Fall Kiriadolou gegen

107) Siehe insbesondere ERDELBROCK, a.a.O. (Anm. 80), S. 38f., 43;

108) So beispielsweise CASTRÉN E., Ilmasota, Diss. Helsinki 1938, S. 476; DERS., Law of war, a.a.O. (Anm. 73), S. 406f.; GARNER, International law, a.a.O. (Anm. 2), S. 471; KUNZ, a.a.O. (Anm. 87), S. 199; ROLLAND, a.a.O. (Anm. 2), S. 549; SIBERT, a.a.O. (Anm. 87), S. 164; SIMONS, a.a.O. (Anm. 96), S. 203; SPETZLER, a.a.O. (Anm. 44), S. 43f.;

109) Text in ZaöRV II/2, 1931, S. 62ff.;

110) Damit stellte das Gericht strategische Luftangriffe unter die Einschränkungen der Art. 25 und 26 HLKO. Außerdem durften Angriffe nach Ansicht des Gerichts nur dann ausgeführt werden, wenn die klare Unterscheidung von militärischen und zivilen Objekten möglich sei.

das Deutsche Reich.[111] Diese verfehlten Gerichtsentscheidungen hatten auf die gewohnheitsrechtliche Entwicklung bezüglich der Ankündigung von Luftangriffen nur insoweit Einfluß, als sie durch die aufkommende Kritik an ihnen selbst zur Klärung der Position beitrugen[112].

## Die Repressalie im Luftkrieg

Der Erste Weltkrieg war durch eine rasche Eskalation von Repressalien und Gegenrepressalien gekennzeichnet, vor allem der strategische Luftkrieg bot hier ein breites Anwendungsgebiet. Insbesondere viele alliierte Angriffe gegen deutsche Städte waren als Repressalie für vorausgegangene deutsche rechtswidrige Angriffe deklariert. Bei näherer Betrachtung ist jedoch zweifelhaft, ob alle diese Angriffe tatsächliche Repressalien darstellten oder ob nicht ein großer Teil diese Bezeichnung nur aus propagandistischen Gründen trug. Bereits vor dem Weltkrieg war die Repressalie als Sanktion und Mittel zur Durchsetzung des Völkerrechts allgemein akzeptiert[113]. Daraus resultierten einige Anforderungen, welchen die Repressalie genügen mußte, um als völkerrechtsgemäße Maßnahme anerkannt werden zu können:

An erster Stelle steht der Anlaß. Der Repressalie muß ein Völkerrechtsbruch des Gegners vorausgehen[114]. Die Feststellung des Rechtsbruchs verlangt ein hohes Maß an Objektivität[115], sie darf nicht durch Propaganda verzerrt sein. Aus diesem Grund kann dazu nur jemand beru-

---

111) Siehe SCHWARZENBERGER, Luftkriegsrecht, a.a.O. (Anm. 73), S. 247;

112) Statt vieler: CARNAHAN, a.a.O. (Anm. 87), S. 46; ERDELBROCK, a.a.O. (Anm. 80), S. 45ff.; MEYER, a.a.O. (Anm. 70), S. 136; SPETZLER, a.a.O. (Anm. 44), S. 45; lediglich SCHWARZENBERGER, Luftkriegsrecht, a.a.O. (Anm. 73), S. 250 verteidigt die beiden Entscheidungen als "einsame Versuche, den Zivilisationsstandard gegen die extremste und am meisten destruktive Form der Souveränität aufrechtzuerhalten." siehe auch DERS., International law, a.a.O. (Anm. 105), S. 149;

113) KALSHOVEN F., Belligerent reprisals, Leiden 1971, S. 1ff.;

114) a.a.O., S. 22ff.;

115) a.a.O., S. 29ff.;

fen sein, dessen Position weitgehend unbeeinflußt von Falschmeldungen und Verschweigungen ist, der also in den höchsten Rängen der militärischen Organisation sitzt.

Die Repressalienmaßnahme ist selbst ein Rechtsbruch[116], obwohl er nicht notwendigerweise dieselbe Rechtsnorm betreffen muß wie die ursprüngliche Tat[117]. Entscheidend ist dabei das Motiv. Die Repressalie darf nämlich keineswegs ein bloßer Racheakt oder eine Bestrafung sein, sondern muß das alleinige Ziel haben, den Gegner von seiner Politik der Rechtsverletzung ab und wieder zu einem völkerrechtsgemäßen Verhalten zu bringen[118]. Dieses Motiv kann erst dann entstehen, wenn der ursprüngliche Rechtsbruch offensichtlich kein einmaliges Vorkommnis war und die Gefahr besteht, daß weitere normwidrige Handlungen folgen[119].

Weiters darf die Repressalie nur als ultima ratio eingesetzt werden[120]. Zuerst ist also der Verletzer auf sein falsches Verhalten hinzuweisen und dessen Einstellung bei Androhung der Repressalie zu verlangen[121]. Erst bei Nichtbefolgen kann die Repressalie in die Tat umgesetzt werden. Schließlich ist die Repressalienhandlung, obwohl selbst notwendigerweise

---

116) a.a.O., S. 33;

117) a.a.O.;

118) a.a.O.; siehe auch DRAPER G.I.A.D., War, laws of, enforcement, in: Encycl. 4, S. 324; FAUCHILLE, Traité, a.a.O. (Anm. 37), S. 26; GREENSPAN, a.a.O. (Anm. 96), S. 407f.; ROLLAND, a.a.O. (Anm. 2), S. 558ff.; SPETZLER, a.a.O. (Anm. 44), S. 144f.; zur Abgrenzung des Repressalienmotivs von dem der Reziprozität und der Retorsion siehe KALSHOVEN, a.a.O. (Anm. 113), S. 26ff.;

119) SPETZLER, a.a.O. (Anm. 44), S. 145, 149;

120) Siehe insbesondere GREENSPAN, a.a.O. (Anm. 96), S. 411;

121) Die Notwendigkeit der Ankündigung von Repressalien ist nicht unumstritten, dennoch geht die Mehrzahl der Autoren von ihr aus, so z.B. a.a.O.; DRAPER, a.a.O. (Anm. 118), S. 324; FAUCHILLE, Traité, a.a.O. (Anm. 37), S. 28; nach SPETZLER, a.a.O. (Anm. 44), S. 149 und CASTRÉN, Law of war, a.a.O. (Anm. 73), S. 70 ist die Warnung zumindest empfehlenswert bzw. erwünscht. In dem als "Naulilaa-Fall" bekannten Urteil eines Schiedsgerichtes von 1920 wurde Deutschland wegen rechtswidriger Repressalien zum Schadenersatz an Portugal verurteilt. In der Entscheidung wurde ausgeführt, die Repressalie sei u.a. nicht angekündigt gewesen und deshalb rechtswidrig. Siehe dazu PARTSCH K.J., Naulilaa-Fall, in: WBdVR II, S. 577;

ein Rechtsbruch, nicht unbeschränkt. Insbesondere gilt für sie das Prinzip der Proportionalität[122]. Demnach muß ihr Ausmaß in einem gewissen Verhältnis zum ursächlichen Verhalten des Gegners stehen[123]. Dieses sehr ungenau definierte Kriterium ist eine entscheidende Voraussetzung für die Rechtmäßigkeit einer Repressalienhandlung. Leider ist es selten möglich, einen Repressalienexzeß festzustellen, da mangels exakter Definition geradezu notwendigerweise Zweifel bezüglich der rechtmäßigen Proportion des Rechtsbruchs aufkommen[124]. Deshalb kommt man hier nur in Fällen besonders krasser Mißverhältnisse zu einem klaren Ergebnis.

Legt man all diese Voraussetzungen und Maßstäbe einer Beurteilung der als Repressalien deklarierten Luftangriffe während des Ersten Weltkrieges zugrunde, so erscheint es bei einem Großteil von ihnen zweifelhaft zu sein, ob sie als völkerrechtliche Repressalien anerkannt werden können. In vielen Fällen fehlte es an einem rechtswidrigen Anlaßfall, denn häufig wurden gegnerische Luftangriffe dann als gegen "offene Städte" gerichtet bezeichnet, wenn das angegriffene Ziel zwar ein eindeutiges militärisches Objekt war, aufgrund einer unvermeidbaren Bombenstreuung allerdings

122) a.a.O.; BERBER F., Lehrbuch des Völkerrechts, Bd. 2: Kriegsrecht, 2. Aufl., München 1969, S. 236; CASTRÉN, Law of war, a.a.O. (Anm. 73), S. 70; DELBRÜCK J., Proportionality, in: Encycl. 7, S. 397f. (unter Hinweis darauf, daß die Geltung des Proportionalitätsprinzips bei Repressalien bis 1945 nicht unumstritten war); DRAPER, a.a.O. (Anm. 118), S. 324; GARNER, International law, a.a.O. (Anm. 2), S. 494; KALSHOVEN, a.a.O. (Anm. 113), S. 33; PARTSCH K.J., Repressalie, in: WBdVR III, S. 105; SPETZLER, a.a.O. (Anm. 44), S. 150;

123) Insbesondere FAUCHILLE, Traité, a.a.O. (Anm. 37), S. 28, 618 äußerte die Ansicht, das zulässige Ausmaß einer Repressalie sei jenes, welches zum Erreichen des Repressalienziels, nämlich der Erzwingung eines völkerrechtsgemäßen Verhaltens des Gegners unbedingt notwendig sei. Siehe auch BOURUET-AUBERTOT, a.a.O. (Anm. 79), S. 74; ROLLAND, a.a.O. (Anm. 2), S. 561f.; diese Art der Formulierung befindet sich durchaus im Rahmen des Proportionalitätsprinzips, wenn sie auch wesentlich enger zu sein scheint. Noch enger faßt GREENSPAN, a.a.O. (Anm. 96), S. 412 dieses Prinzip auf, wenn er verlangt, daß das Ausmaß der Repressalie keinesfalls jenes des Anlaßfalles übersteigen darf.

124) Die mangelhafte Kodifikation des Repressalienrechts wird in diesem Zusammenhang u.a. von KALSHOVEN, a.a.O. (Anm. 113), S. 67 und GREENSPAN, a.a.O. (Anm. 96), S. 408ff. besonders bedauert;

einige Bomben auch in das Umfeld des Ziels fielen[125]. In diesem Fall hätte man objektiv feststellen müssen, ob der Angriff rechtswidrig, insbesondere, ob er gegen die Zivilbevölkerung gerichtet war oder nicht. Selbst wenn der Angriff rechtswidrig war, mußte nicht unbedingt die Gefahr einer Wiederholung bestehen.

Häufig wurden auch Bombardements, die sich gegen militärische Objekte richteten und damit legitime Kriegshandlungen waren, dennoch als Repressalien bezeichnet. Wie bereits festgestellt, können jedoch begriffsnotwendig nur Rechtsbrüche als Repressalienhandlungen gelten, somit fallen jene Angriffe aus der Beurteilung. Die Gründe, weshalb solche Bombardements als Repressalie bezeichnet wurden, obwohl sie es gar nicht waren, sind politischer Natur. Insbesondere in England machte sich nach den deutschen Angriffen gegen London und andere Städte im Volk eine starke Bewegung breit, die öffentlich Vergeltungsschläge gegen deutsche Städte forderte. Das Volk befindet sich in jedem Krieg in einer Lage, welche die zur Beurteilung eines Völkerrechtsbruches notwendige Objektivität nahezu vollständig ausschließt. Ihm stehen nur die von der jeweiligen Regierung offiziell mitgeteilten Informationen zur Verfügung, und diese wichtigen Tatsachendarstellungen sind in aller Regel durch Propaganda verzerrt oder gar völlig verfälscht. Auf der anderen Seite ist es dem Volk aufgrund seiner Masse möglich, politischen Druck auszuüben, der in keinem Verhältnis zu den tatsächlich vorhandenen Überlegungen steht. Vor diese Situation sah sich etwa die britische Regierung im Sommer 1917 gestellt, als die Bevölkerung nach den Tagesangriffen deutscher "Gothas" mit Vehemenz sofortige "Vergeltung" forderte[126]. Schließlich gab die Führung nach und die ins Leben gerufene strategische Offensive hatte ihre Grundlage in der Planung großer Repressalienangriffe gegen Deutschland[127]. Die wenigsten dieser Angriffe trugen tatsächlich den Charakter völkerrechtlicher Repressalien, da sie sich gegen militärische Ziele wie Munitions- und chemische Fabriken, Bahnanlagen und Flughäfen richte-

125) Siehe KUNZMANN, a.a.O. (Anm. 43), S. 171;

126) JONES, a.a.O. (Anm. 12), Bd. 6, S. 125f.;

127) JONES, a.a.O. (Anm. 32), S. 150f.;

ten[128]. Offensichtlich um die propagandistisch günstige Wirkung aufrechtzuerhalten, wurde die Offensive gegenüber der heimischen Bevölkerung in direkten Kausalzusammenhang zu den deutschen Angriffen gestellt und als "Repressalien" bezeichnet. So wurde ihr suggeriert, es geschehe nun das, was sie so lange von ihrer Regierung verlangt hatte. Der undifferenzierende Umgang mit dem Begriff Repressalie war es, der heute den Eindruck entstehen läßt, es habe im Ersten Weltkrieg ein "Repressalienkarussell", beziehungsweise eine Eskalation der Vergeltungsschläge gegeben. Natürlich gab es auch in diesem Konflikt viele Bombardements, welche tatsächlich als Repressalie für behauptete vorangegangene Völkerrechtsbrüche durchgeführt wurden[129]. Letztendlich aber fallen die meisten von ihnen mangels Anlaßfall oder Repressalienhandlung bereits aus der Beurteilung, bevor noch die Frage nach dem rechtmäßigen Motiv oder einem allfälligen Repressalienexzeß gestellt werden muß.

Zusammenfassend bleibt aber festzuhalten, daß beide Seiten die Repressalie als Sanktion gegen Verletzungen des Kriegsvölkerrechts auch gegen die gegnerische Zivilbevölkerung für grundsätzlich zulässig hielten. Neben dieser rechtlich bedeutsamen Tatsache entwickelte sich weiters die Tendenz, den Begriff Repressalie im Luftkrieg exzessiv zu verwenden. Die Gründe für dieses Verhalten lagen unter anderem in der kaum vermeidbaren Streuung der Bomben, durch welche die Zivilbevölkerung auch bei legitimen Bombardements in gewissem Maß geschädigt war. Von der betroffenen Seite wurde dies in der Regel als Absicht und Repressaliengrund gedeutet[130] und die angreifende Seite erkannte ihrerseits, daß es einfacher war, Verluste unter der gegnerischen Zivilbevölkerung mit der Durchführung einer Repressalie zu begründen als mit einem Versehen. Und außerdem bot die Repressalie immer wieder einen guten Vorwand dafür, den

128) JONES, a.a.O. (Anm. 12), Bd. 6, S. 126;

129) So z.B. das Bombardement von Freiburg/Brsg. am 14. April 1917, welches als Repressalie für die Versenkung der beiden Lazarettschiffe "Asturias" und "Gloucester Castle" durch deutsche U-Boote durchgeführt wurde (JONES, a.a.O. [Anm. 32], S. 123);

130) KUNZMANN, a.a.O. (Anm. 43), S. 168, 170f.;

Angriff der erhofften moralischen Wirkung wegen gegen die Wohnviertel der Städte zu richten.

# Kapitel III

# Die Fortbildung des Luftkriegsrechts bis 1923

## *Die Situation nach 1918*

Der Erste Weltkrieg hatte eine völlig neue Dimension des Kriegführens erkennen lassen. Noch nie zuvor waren so viele Nationen an einem Konflikt beteiligt gewesen und noch nie zuvor hatte sich die Technik als derart dominierender Faktor erwiesen. Panzer, Maschinengewehre, Giftgas, U-Boote und nicht zuletzt die Flugzeuge waren dafür verantwortlich, daß die Verluste an Menschen und Material in ungeahnte Höhen stiegen. Der Krieg forderte in den vier Jahren seiner Dauer mindestens zehn Millionen Menschenleben und hinterließ mehrere Staaten in einer sozialen und wirtschaftlichen Krise.

Gerade aufgrund der Neuartigkeit sowohl des Krieges als weltumspannender Konflikt als auch wegen des Einsatzes bisher unbekannter Techniken, deren Zerstörungskraft jene der traditionellen Kriegsmittel bei weitem überstieg, wäre es logisch gewesen, daß sich die Nationen nach Beendigung des Weltkrieges um eine Anpassung der völkerrechtlichen Regeln an die neuen Gegebenheiten bemühten. Insbesondere erschien eine Revision des Kriegsrechts als unumgänglich. Wider Erwarten entwickelte sich das Völkerrecht nach 1918 aber in eine ganz andere Richtung: Das Kriegsrecht selbst wurde weitgehend außer Acht gelassen, vielmehr versuchte man, durch komplizierte Systeme von Schiedsgerichtsbarkeiten Streitfragen zu klären, bevor sie noch zum Ausbruch eines Krieges führen konnten. Man hatte noch zu gut in Erinnerung, wie die einzelnen Staaten durch ihre Bündnispolitik und unbedachte Handlungen im Jahre 1914 in den Weltkrieg "geschlittert" waren. Dies sollte durch die geplante Friedenssicherung unmöglich gemacht werden. Zentrale Institution dieser Planung war der Völkerbund, der als Staatenforum der Streitbeilegung dienen sollte[1]. Es ging sowohl Wissenschaftlern als auch Staatsmännern weniger darum, die Auswirkungen künftiger Kriege einzuschränken als sie überhaupt unmöglich zu machen. Die Gründe dafür liegen gerade in dem erschreckenden Ausarten des Ersten Weltkrieges: Dieses gigantische Vernichtungswerk hatte die Zweifel am Bestand von Regeln und Normen über die Art und Weise der Kriegführung genährt. So schien die Verhinderung des Konfliktes, bevor er noch das Stadium einer bewaffneten Auseinandersetzung erreichen konnte, der einzig gangbare Weg. Solange ein Krieg seine Ursache in lediglich politischen Streitfragen hatte, konnte dieses System der friedlichen Streitbeilegung noch funktionieren, seine Proponenten übersahen aber seine Machtlosigkeit, wenn es um Gebietsansprüche ging. In dieser Situation nämlich ist regelmäßig kaum eine Partei bereit, nachzugeben und freiwillig auf Territorium zu verzichten. Die kollektive Friedenssicherung mußte versagen, als die Konflikte auf die Befriedigung imperialistischer Absichten zielten.

Diese entscheidende Schwäche wurde allerdings sowohl von Politik als auch der Wissenschaft weitgehend übersehen und so etablierte sich die Tendenz, das Kriegsrecht selbst nur am Rande zu behandeln. Dies ging allmählich so weit, daß man sich - insbesondere nach der Ächtung des Angriffskrieges durch den Briand-Kellogg-Pakt 1928 - der Illusion hingab, der Krieg sei nun rechtlich unmöglich, daher sei es absolut unnötig, Regeln für seine Führung aufzustellen[2]. Aus dem Verbot des Krieges zog man den logischen Schluß, daß es unmöglich sei, einen rechtswidrigen Zustand in rechtliche Bahnen zu lenken, denn dies käme der Akzeptanz des Krieges gleich. In Anlehnung an die "bellum justum"-Lehre behauptete man, es sei

1) Siehe zu dieser Entwicklung GREWE W.G., Epochen der Völkerrechtsgeschichte, Baden-Baden 1984, S. 714ff.; sowie DERS., History of the law of nations - World War I to World War II, in: Encycl. 7, S. 252ff.; ANONYM, The League of Nations and the laws of war, in: BYIL 1920/21, S. 115;

2) Vgl. BERBER F., Lehrbuch des Völkerrechts, Bd. 2: Kriegsrecht, 2. Aufl. München 1969, S. 32ff.; KUNZ J.L., The chaotic status of the laws of war and the urgent necessity for their revision, in: 45 AJIL 1951, S. 46;

unmoralisch, Regeln für den ungerechten Krieg zu entwerfen[3]. Manche Wissenschaftler, welche sich besonders am Anfang der Zwanzigerjahre dennoch mit dem ius in bello auseinandersetzten, sahen sich bald mit einer ehernen Intoleranz ihrer kollegialen Umwelt konfrontiert.

Nach anderer Ansicht war es verfehlt, die Unmenschlichkeit des modernen Krieges durch seine Reglementierung zu lindern, denn gerade die unermeßliche Brutalität des Kampfes sollte die Regierungen daran hindern, ihn zu entfesseln[4]. Ein "humaner" Krieg mache ihn als Mittel zur Durchsetzung von Ansprüchen nur noch wahrscheinlicher. Gerade die guten und idealistischen Absichten der Völkerrechtswissenschaft nach dem Ersten Weltkrieg führten so zu einer stark ablehnenden Haltung gegenüber dem Kriegsrecht[5]. Das unüberschaubar gewordene System von bi- und multilateralen Schiedsverträgen, die Einrichtung internationaler Gremien, deren Zuständigkeiten immer undurchsichtiger wurden, brachten eine wahre Flut an Verträgen mit sich. Diese "Paktomanie"[6] war allerdings für eine fortschreitende Verdrossenheit der Regierungen gegenüber vorgelegten Kodifikationsprojekten verantwortlich.

Faßt man diese Tendenz der Nachkriegszeit zusammen, so kommt man zu dem Ergebnis, daß trotz des großen Aufholbedarfes des Rechts der

---

3) Siehe BERBER, a.a.O. (Anm. 2), S. 57ff.; LAPRADELLE A. de, Les bombardements aériens et la population civile, in: Revue des Deux Mondes 46, 1938, S. 522; SPETZLER E., Luftkrieg und Menschlichkeit, Göttingen 1956, S. 155 mit weiteren Hinweisen;

4) a.a.O., S. 154f.; SPAIGHT J.M., Air power and war rights, 3. Aufl., London 1947, S. 244;

5) Diese Entwicklung wurde bis heute vielfach kritisiert und bedauert, so z.B. BERBER, a.a.O. (Anm. 2), S. 57ff.; CHARPENTIER J., L'humanisation de la guerre aérienne, Paris 1938, S. 124; GREWE, History, a.a.O. (Anm. 1), S. 259; KUNZ, Chaotic status, a.a.O. (Anm. 2), S. 44ff.; DERS., Kriegsrecht im allgemeinen, in: WBdVR 2, S. 356; MEYER A., Völkerrechtlicher Schutz der friedlichen Personen und Sachen gegen Luftangriffe, Berlin-Königsberg 1935, S. 109ff.; PICTET J., Development and principles of international humanitarian law, Dordrecht-Boston-Lancaster 1985, S. 80ff.; SPETZLER, a.a.O. (Anm. 3), S. 154f.;

6) So GREWE, Epochen, a.a.O. (Anm. 1), S. 716;

Kriegführung in technischen Bereichen dieses zugunsten des Kriegsverhütungsrechts geradezu sträflich vernachlässigt wurde. Ausdruck dieser Entwicklung in Bezug auf das Luftkriegsrecht waren auch die Regelungen der Friedensverträge zwischen den Alliierten und den Mittelmächten im Jahre 1919. Die Siegermächte versäumten die Gelegenheit, aus ihrer Position der Stärke heraus eine allgemeine Revision des Kriegsvölkerrechts durchzusetzen. Der Inhalt der Friedensverträge bestand - soweit es die Luftmacht betraf - lediglich aus dem absoluten Verbot, Militärflugzeuge herzustellen und eine Luftwaffe zu besitzen[7]. Anstelle eines konstruktiven Beitrags zur Entwicklung des Völkerrechts wurden den Mittelmächten aus einem Rachebedürfnis heraus Bestimmungen auferlegt, deren Zukunft als Instrument der Friedenserhaltung äußerst zweifelhaft war[8]. Zusammen mit den großen Gebietsverlusten und den realitätsfernen Reparationsverpflichtungen trugen insbesondere die als ehrenkränkend empfundenen militärischen Restriktionen (Auslieferung der Hochseeflotte, Beschränkung auf ein winziges Heer) dazu bei, daß sich besonders Deutschland gegen den "Schandfrieden" zur Wehr setzte und der Revanchismus an Bedeutung gewann[9]. Der Zweite Weltkrieg war damit gleichsam vorprogrammiert, und auf lange Sicht hätte auch eine schärfere Kontrolle der Durchführung der Friedensbestimmungen durch die Siegermächte den Eklat kaum verhindern können[10].

---

7) Für Deutschland: Vertrag von Versailles, Art. 198-202; für Österreich: Vertrag von St. Germain, Art. 144-148; für Ungarn: Vertrag von Trianon, Art. 128-132; für Bulgarien: Vertrag von Neuilly, Art. 89-93;

8) So wurde den Friedensverträgen von deutscher Seite eine künftige kriegsrechtliche Bedeutung rundweg abgesprochen: FRANKENBERG H. von, Vom Luftkriegsrecht zum Luftschutz, in: DJZ 1933, Sp. 1340ff.; MANCHOT K.R., Die Entwicklung der völkerrechtlichen Regelung der Luftfahrt und des Luftkriegs, Diss. Erlangen 1930, S. 60f.;

9) Vgl. CHURCHILL W.S., Der Zweite Weltkrieg, Bern-München-Wien 1948, Ausg. 1985, S. 18f.; FULLER J.F.C., Der Zweite Weltkrieg 1939-1945, Wien 1950, S. 12ff.;

10) a.A. offenbar SPAIGHT, Air power, a.a.O. (Anm. 4), S. 41, der die Schuld am Wiedererstarken der deutschen Luftmacht ausschließlich den laschen Kontrollen durch die Alliierten zuschrieb;

## *Regelungsbestrebungen bis 1922*

Aufgrund der oben geschilderten Tendenz der Überbewertung des Kriegsverhütungsrechts zu Lasten des Kriegsrechts gab es in den Jahren nach 1919 nur einige wenige Initiativen, das überkommene Recht den neuen Gegebenheiten anzupassen. So richtete im November 1920 das Internationale Komitee vom Roten Kreuz einen Brief an den Völkerbund und verlangte darin neben der Beschränkung des Luftkriegs auf ausschließlich militärische Objekte das Verbot des Abwurfs von Geschossen, "qui portent la mort au milieu d'une population paisible, de femmes et d'enfants étrangers à la guerre."[11]

Auch das Comité juridique international de l'aviation setzte sich mit den Problemen des Luftkriegsrechts nur am Rande auseinander. Anläßlich seines Kongresses in Monaco 1921 wurde lediglich beschlossen, sich bei der nächsten Tagung mit der Frage zu beschäftigen. Dies geschah beim fünften Kongreß des Comité in Prag 1922. Der tschechische Professor Hobza stellte vier allgemeine Forderungen auf, welche bei der Schaffung eines kodifizierten Luftkriegsrechts besonders berücksichtigt werden sollten[12]: An erster Stelle stand der Schutz der Zivilbevölkerung gegen Luftangriffe. Dieser sollte durch ein allgemeines Verbot, Städte, Dörfer und Häuser zu bombardieren, gewährleistet werden. Eine Ausnahme von diesem Verbot sollte es nur dann geben, wenn es sich bei den Zielen um Objekte ausgesprochen militärischen Charakters handelte. Weiters sollten Angriffe auf Handelsschiffe untersagt werden, sofern diese nicht zuerst Kampfhandlungen setzten. An zweiter Stelle folgte eine weitere Einschränkung der

11) FAUCHILLE P., Traité de droit international public, Bd. II, Paris 1921, S. 602; Druck des Briefes in vollem Wortlaut (engl.), in: IKRK (Hrsg.), Draft rules for the limitation of the dangers incurred by the civilian population in time of war, 2. Aufl. Genf 1958, S. 151f.;

12) Siehe dazu den Wortlaut der Forderungen bei POHL H., Luftkriegsrecht, Stuttgart 1924, S. 18; weiters HEIL E., Die völkerrechtlichen Regeln über den Bombenabwurf aus Luftfahrzeugen in ihrer geschichtlichen Entwicklung, Diss. Gießen 1935, S. 61f.; KOTSCHY W., Recht der Luftkriegführung - seine geschichtliche Entwicklung und gegenwärtiger Stand, Diss. Rostock 1940, S. 14f.; MANCHOT, a.a.O. (Anm. 8), S. 61f.;

Kampfmittel im Interesse der Menschlichkeit. Zu diesem Zweck seien Angriffe gegen Hospitäler oder Lazarettschiffe sowie die Verwendung von Gift und anderen Waffen, welche unnötige Leiden verursachen, zu verbieten. In den Punkten drei und vier verlangte Professor Hobza eine exakte Begriffsbestimmung der Kennzeichnung von Flugzeugen und ihres Status als Feindflugzeuge bzw. neutrale Luftfahrzeuge und einen internationalen Gerichtshof zur Ahndung von Verstößen gegen das Luftkriegsrecht.Trotz des Beschlusses, eine Spezialkommission mit der Abfassung eines Regelungsentwurfes zu betrauen, wurde ein solcher vom Comité juridique international de l'aviation niemals ausgearbeitet und den Regierungen vorgelegt[13].

Ebenfalls 1922 befaßte sich die International Law Association im Rahmen ihres 31. Kongresses in Buenos Aires mit dem Luftkrieg. Der angefertigte Entwurf folgte im Prinzip der bekannten Erklärung des Institut de droit international von Madrid 1911, nach welcher die Zivilbevölkerung im Luftkrieg nicht größeren Risiken ausgesetzt werden durfte als im Land- oder Seekrieg[14]. In Anlehnung an Art. 25 HLKO enthielt der Entwurf immer noch eine Bestimmung, nach welcher Bombardements von unverteidigten Ortschaften untersagt waren[15]. Wesentlich interessanter ist jedoch die erstmals öffentlich geäußerte Forderung nach einem Verbot von Luftangriffen, welche den Zweck verfolgen, die Zivilbevölkerung zu terrorisieren[16]. Ein Gesamtentwurf der ILA scheiterte letztendlich daran, daß

---

13) Das Comité Directeur hatte dem 1924 in Rom tagenden Kongreß aufgrund eines Berichtes von Prof. Rolland eine Definition des militärischen Objektes vorgeschlagen:

"Sont considérés comme constituant des objectifs militaires toutes les formations, installations ou établissements coopérant directement par leur existence ou leur fonctionnement à l'armament ou aux opérations militaires." (zit. bei MEYER, a.a.O. [Anm. 5], S. 67);

Der dem Comité im Mai 1923 vorgelegte Entwurf eines Luftkriegsrechts entsprach im wesentlichen den LKR (KOTSCHY, a.a.O. [Anm. 12], S. 20). Die Beratungen in Rom 1924 ergaben kein Ergebnis (a.a.O.; HEIL, a.a.O. [Anm. 12], S. 62).

14) KOTSCHY, a.a.O. (Anm. 12), S. 16;

15) a.a.O.;

16) a.a.O.;

es nicht möglich war, sich über die geplante Definition des militärischen Objekts zu einigen. Diese sollte aus einem taxativen Katalog von Zielen bestehen, welche bei einem Angriff als militärische Objekte gelten sollten. Nach Ansicht der Konferenz war die vorgeschlagene Aufzählung zu elastisch und wurde daher nicht akzeptiert[17].

## *Die Abrüstungskonferenz von Washington 1921/22*

Von größerer Bedeutung für die Entwicklung des Luftkriegsrechts war die internationale Abrüstungskonferenz in Washington. Im August 1921 lud der Präsident der Vereinigten Staaten die Regierungen Großbritanniens, Frankreichs, Italiens und Japans zu einer Abrüstungskonferenz ein. Ziel dieser Konferenz war nicht nur die allgemeine Beschränkung des Einsatzes moderner Waffen, sondern auch die Erörterung der Situation im Pazifik und im Fernen Osten. Deshalb ergingen speziell für den letzteren Teil auch Einladungen an China sowie an Belgien, Portugal und die Niederlande, welche ihr Interesse an Verhandlungen bezüglich dieses Raumes angemeldet hatten[18].

Soweit es die Limitierung moderner Waffen betraf, sah sich die Konferenz bald vor schier unlösbare Probleme gestellt: Der Erste Weltkrieg hatte den rasanten Fortschritt der Militärtechnik in allen Gebieten deutlich gemacht. In jedem Konflikt wurden nunmehr Waffen und Kampfmethoden verwendet, welche man bisher nicht für möglich gehalten hatte. U-Boote, Minen, massive Seeblockaden und der damit verbundene uneingeschränkte

---

17) Die Formulierung lautete:

"A military objective ... includes naval and military centres and depôts, naval and military works, workshops, plant, ammunition, and all war stores and depôts, railways and railway bridges and stations if used for naval and military purposes, and places specifically used for war purposes." (zit. bei MEYER, a.a.O. [Anm. 5], S. 66; Report of the Aerial Law Committee, in: ILA-Report of the 33rd Conference, 1924, S. 115); vgl. auch a.a.O., S. 114, sowie RIESCH E., Das Luftkriegsrecht seit dem Weltkrieg, in: MwR 1940, S. 193;

18) MOORE J.B., Rules of warfare: Aircraft and radio, in: DERS., International law and some current illusions, New York 1924, S. 184f.;

Handelskrieg eröffneten im Seekrieg eine neue Dimension. Im Landkrieg war der Einsatz von Giftgas und von Artillerie mit höchster Reichweite etwas Neues gewesen, und schließlich hatte auch das Flugzeug bewiesen, daß es eine voll einsatzfähige Waffe von überragender Schlagkraft war. So ist es nicht verwunderlich, daß die Konferenz angesichts der Fülle von ungeregelten Materien kapitulieren mußte und sich während ihrer Dauer vom 12. November 1921 bis zum 6. Februar 1922 auf einige wenige Dinge beschränkte.

Gemäß der dem U-Boot- und Giftgaskrieg eingeräumten Priorität stellte das am 6. Februar 1922 unterzeichnete Abkommen, welches den U-Boot-Einsatz gegen die Handelsschiffahrt sowie die Verwendung von Giftgasen und ähnlich wirkenden Flüssigkeiten unter den fünf Signatarstaaten verbot, den einzigen greifbaren Erfolg der Washingtoner Abrüstungskonferenz dar[19]. Allerdings waren in deren Verlauf bereits einige Kodifikationsentwürfe über das Recht der Luftkriegsführung vorgelegt, aber nicht weiter behandelt worden. So präsentierte die amerikanische Delegation am 8. Dezember 1921 ein Projekt, in dessen Artikeln 33-36 Bestimmungen über die Zulässigkeit von Luftbombardements festgelegt waren[20]. Gemäß Art. 33 des Entwurfs war das Luftbombardement von unverteidigten Städten, Dörfern, Siedlungen und Gebäuden verboten. Dieser Artikel war lediglich eine Übernahme von Art. 25 HLKO. Eine Ausnahme von diesem Verbot sah Art. 34 vor, wonach der Angriff gegen gewisse Objekte ohne Rücksicht auf ihre Lage erlaubt war. Diese Objekte waren taxativ aufgezählt und ihrer Natur nach größtenteils militärische Objekte im Sinne der Weltkriegspraxis: Kommunikationszentren und -linien, Anlagen des Heeres oder der Marine, Waffenlager, Werkstätten und Fabriksanlagen, welche tatsächlich zur Produktion von Kriegsmaterial benützt werden. Weiters waren Bombardements zum Zweck der Erzwingung von Geldkontributionen verboten, während es interessanterweise gestattet wurde, Requisitionen von Versorgungsgütern mit Luftangriffen durchzusetzen (Art. 35).

19) a.a.O.; Druck (franz.) in: La guerre aérienne. Révision des lois de la guerre. La Haye 1922-1923, Paris 1930, S. 150f.;

20) PRO AIR 5/568, 12 C; siehe die Wiedergabe in Anhang B, Dokument 1;

Schließlich beinhaltete der amerikanische Entwurf in Art. 36 eine nahezu wörtliche Übernahme von Art. 27 HLKO, wonach die Pflicht des Angreifers statuiert wurde, sakrale, künstlerische und wissenschaftliche Gebäude sowie Krankenhäuser nach Möglichkeit zu schonen. Bemerkenswert war in dieser Beziehung die vorgesehene Markierung von geschützten Objekten durch aus der Luft deutlich auszumachende Zeichen.

Dieser Vorschlag der amerikanischen Delegation wurde insbesondere von britischer Seite stark kritisiert. Hauptsächlich wurde die Aufrechterhaltung der Unterscheidung von verteidigten und unverteidigten Plätzen als Kriterium für die Zulässigkeit eines Angriffs bemängelt[21]. Aus britischer Sicht hatte dieses Kriterium bereits im Weltkrieg seine Unzulänglichkeit, soweit es die Luftbombardements betraf, bewiesen. So sollte die Rechtmäßigkeit eines Luftangriffes allein daran beurteilt werden, ob das Ziel ein militärisches Objekt enthielt oder nicht. In einem entsprechenden Entwurf des britischen Air Ministry wurde dann auch der Weltkriegspraxis insofern Rechnung getragen. Ergänzt wurde die statuierte Doktrin vom militärischen Objekt durch eine erschöpfende Aufzählung solcher Objekte. Tatsächlich war der Katalog so weit gefaßt, daß damit nahezu die gesamte Administration und Industrie des Gegners, ohne Unterscheidung, ob sie ziviler oder militärischer Natur waren, als legitime Angriffsziele bezeichnet wurden[22]. Mit besonderer Rücksicht auf die häufigen Kolonialkriege waren auch Getreidefelder und Bewässerungsdämme in der Liste enthalten. Die Regelung von Geldkontributionen und Sachrequisitionen, wie sie der amerikanische Entwurf vorgesehen hatte, wurde vom Air Ministry als schlicht unnötig abgelehnt[23]. Wie bereits betont, kamen diese Entwürfe während der Abrüstungskonferenz von Washington nicht über ein erstes Diskussionsstadium hinaus. Da sich die Konferenz nicht weiter mit dem Luftkriegsrecht beschäftigt hatte, wurde am 4. Februar 1922 der Beschluß

---

21) Siehe die Anmerkung des Air Ministry zu Art. 33 des amerikanischen Entwurfs, a.a.O.; außerdem PRO AIR 5/192, 1 A, S. 1f.;

22) a.a.O., S. 3;

23) Siehe den Kommentar des Air Ministry zu Art. 35 des amerikanischen Entwurfs (Anhang B, Dokument 1);

gefaßt, eine internationale Juristenkommission mit dieser Frage zu betrauen. Die aus Delegationen der fünf in Washington teilnehmenden Staaten bestehende Kommission sollte folgende Fragen erörtern:

a) Erfassen die Regeln des internationalen Rechts jene neuen Angriffs- und Verteidigungsmethoden, welche aus der Einführung neuer Kampfmittel seit der Haager Friedenskonferenz von 1907 resultieren?

b) Wenn nicht, welche Änderungen müssen infolgedessen an den existierenden Regeln als Teil des internationalen Rechts durchgeführt werden?[24]

## *Die Haager Juristenkommission*

Im Anschluß an diese Resolution entwickelte sich insbesondere im britischen Air Ministry eine rege Vorbereitungstätigkeit, deren Ziel die neuerliche Zusammenstellung eines luftkriegsrechtlichen Regelungsentwurfes war. Das Motiv für diese Bemühungen ist in der wichtigen Rolle, welche die Luftwaffe in der britischen Militärplanung einnahm, zu suchen. Wie im vorangegangenen Kapitel bereits betont, hatte sich die Royal Air Force unter der Führung ihres Kommandeurs Trenchard auf eine strategische Doktrin festgelegt, nach welcher die gesamte wirtschaftliche und administrative Tätigkeit des Gegners Ziel der Angriffshandlungen war. Im Zuge der Entwicklung des Völkerrechts nach dem Ersten Weltkrieg wurde in den Stäben die Befürchtung gehegt, es könnte anläßlich der Beratungen der Juristenkommission zu einer Kodifikation kommen, welche die Prinzipien dieser Doktrin nicht berücksichtigen - oder schlimmer - gänzlich negieren würde. Dem aufsteigenden Idealismus vieler Staaten sollte daher durch die Vorlage eines eigenen Regelungsentwurfes als Verhandlungsgrundlage zuvorgekommen werden, damit sich Großbritannien nicht durch Normen gebunden sah, welche seiner militärischen Planung völlig widersprachen[25].

---

24) Guerre aérienne, a.a.O. (Anm. 19), S. 149;

25) In einem Memorandum des Air Ministry heißt es entsprechend:

So wurden durch das Committee of Imperial Defence mehrere Entwürfe ausgearbeitet, welche im Haag unterbreitet werden sollten. Soweit es das Luftbombardement betraf, legte man besonderes Gewicht auf das militärische Objekt als einzigem Kriterium für die Zulässigkeit von Angriffen. Im Entwurf vom 3. August 1922 wurde festgestellt, daß ein Luftbombardement nur dann rechtmäßig war, wenn es sich gegen militärische Objekte richtete[26]. Zusätzlich wurde dem alten Kriterium der Verteidigung eine ausdrückliche Absage erteilt (Art. 35). Wie bereits zuvor in Washington wurde auch hier eine Definition der als militärische Objekte legitimen Angriffsziele in Form einer taxativen Aufzählung angefügt (Art. 36). Diese war wiederum so umfangreich, daß im gegnerischen Territorium kaum ein Ort übrigbleiben konnte, auf den die Voraussetzungen nicht zutrafen. Schließlich enthielt Artikel 37 eine Regelung analog dem Art. 27 HLKO und dem Art. 5 des IX. Haager Abkommens 1907, auf welche dezidiert verwiesen wurde. Interessanterweise wurde die Art der Kennzeichnung geschützter Objekte von dem amerikanischen Vorschlag von 1921 übernommen. Während der Regelungsentwurf des Committee im allgemeinen von den zuständigen Instanzen akzeptiert wurde, kam es bezüglich der Auflistung militärischer Objekte in Art. 36 zu erheblichen Differenzen zwischen den Militärs und dem Außenministerium. Letzteres übte scharfe Kritik sowohl am Wortlaut der Bestimmung als auch an deren Prinzip selbst. Grundsätzlich sei das militärische Objekt deshalb undefinierbar, weil jedes Objekt unter bestimmten Umständen entscheidende militärische Bedeutung erlangen könne, es komme daher immer auf die konkrete Situation an. Darüber hinaus sei der Katalog so umfassend, daß seine Annahme einer de facto Legalisierung des unterschiedslosen Bombardements gleichkomme. Die Ratifikation einer Bestimmung wie dem

---

"It is important that, if possible, this country should be the first in the field with an official, considered and comprehensive draft. Otherwise there is a danger that proposals may be put forward which will be found to be irreconcilable with British ideas and interests." (PRO AIR 5/568, 40 A);

26) PRO AIR 5/568, 45 A; für die weiteren Verweise siehe die auszugsweise Wiedergabe in Anhang B, Dokument 2;

vorgeschlagenen Art. 36 würde schließlich auch einem potentiellen Gegner die Möglichkeit geben, beinahe ganz England zu bombardieren[27]. Die Gründe für die unterschiedliche Beurteilung lagen offenbar in der politischen Denkweise des Außenministeriums: Der Wortlaut des Art. 36 war geradezu prädestiniert, Ablehnung durch die anderen Kommissionsmitglieder hervorzurufen, denen es ehrlich um die Einschränkung des Luftkrieges gegen die Zivilbevölkerung ging. Damit hätte Großbritannien von Anfang an eine denkbar schlechte Verhandlungsposition. Schließlich setzte sich diese Besonnenheit durch, denn im endgültigen Entwurf des Committee of Imperial Defence vom 7. Dezember 1922, welcher dann auch im Haag vorgelegt wurde, fehlte die umstrittene Definition[28].

Besonders gut wurden die für die Juristenkommission bestimmten britischen Delegierten darauf vorbereitet, allfälligen Bestrebungen, das Kriterium der Verteidigung wieder als Beurteilungsmaßstab zu restituieren, entgegenzuwirken. Mit den bereits aus der Zeit des Ersten Weltkrieges bekannten Argumenten stellte man in zahlreichen Denkschriften die entscheidenden Schwächen dieses Kriteriums dar, sobald es um die Beurteilung von Angriffen im Rahmen des strategischen Luftkrieges ging[29]. Diese Vorbereitungen zielten insbesondere gegen den erwarteten amerikanischen Entwurf, hatte doch der in Washington vorgelegte eine dem Art. 25 HLKO analoge Bestimmung enthalten. Doch erwiesen sich die Befürchtungen später als unbegründet, denn die USA hatten ihren Vorschlag in Anbetracht der in der Völkerrechtswissenschaft vorherrschenden Meinung und der Weltkriegspraxis abgeändert und den Artikel gestrichen[30].

---

27) Siehe a.a.O., S. 272f.;

28) PRO AIR 5/568, 85, S. 7 (auch Anhang B, Dokument 3); siehe auch Guerre aérienne, a.a.O. (Anm. 19), S. 165;

29) Siehe beispielsweise in Anhang B, Dokument 2, Kommentar zu Art. 36; in diesem Sinne weiters PRO AIR 5/568, sowie das Memorandum von Vizeluftmarschall Higgins und dem Air Staff vom November 1922, PRO AIR 5/568, 76 A, in welchem die Entwicklung der Doktrin vom militärischen Objekt im Ersten Weltkrieg dargelegt und verteidigt wurde;

30) Vgl. die Art. 32-36 des amerikanischen Entwurfs von 1922, Anhang B, Dokument 4;

Die Juristenkommission tagte vom 11. Dezember 1922 bis 12. Februar 1923. Zu den fünf Teilnehmerstaaten der Washingtoner Abrüstungskonferenz (USA, Großbritannien, Frankreich, Italien und Japan) kam noch eine niederländische Delegation hinzu. Die einzelnen Abordnungen bestanden aus jeweils ein bis zwei Juristen, denen umfangreiche Stäbe von Militärexperten sowie Diplomaten und Ministerialbeamte zugeteilt waren[31]. Obwohl im Wortlaut der oben erwähnten Resolution vom 4. Februar 1922 keine dezidierte Eingrenzung der Verhandlungsgegenstände der Kommission enthalten war, sondern alle neuen Kampfmittel seit 1907 erfaßt werden sollten, war das Kommissionsmandat dennoch beschränkt. Wie der zum Vorsitzenden gewählte amerikanische Richter J.B. Moore bemerkte, war neben dem obigen Beschluß noch ein weiterer gefaßt worden, nach welchem die Kommission weder den Gas- noch den U-Bootkrieg zu berücksichtigen habe, da jene bereits in Washington ausreichend abgehandelt worden seien[32]. Weiters waren die Teilnehmerstaaten der Abrüstungskonferenz übereingekommen, daß sich die Juristenkommission auf die rechtlichen Probleme des Luftkrieges und des militärischen Gebrauchs der Radiotelegraphie konzentrieren solle[33]. Von Anfang an klargestellt wurde außerdem die Tatsache, daß die Kommission keinerlei Kompetenz zum Abschluß eines völkerrechtlichen Vertrages habe, sondern lediglich Vorschläge ausarbeiten solle, welche später Gegenstand und Grundlage von zwischenstaatlichen Verhandlungen sein könnten[34]. Die Schwierigkeit dieses Unterfangens war den Juristen durchaus bewußt, zumal die ungünstige Entwicklung, welche das Kriegsvölkerrecht seit dem Ende des Ersten Weltkrieges genommen hatte, offensichtlich war. Dem vorherrschenden puren Idealismus und der Skepsis gegenüber dem ius in bello stellten sie die Notwendigkeit einer Weiterentwicklung gegenüber, auch wenn diese nur in kleinen Schritten erfolge:

---

31) Die genaue Aufstellung der Kommissionsmitglieder und ihrer Berater findet sich in Guerre aérienne, a.a.O. (Anm. 19), S. 5ff., sowie bei MOORE, a.a.O. (Anm. 18), S. 182f.;

32) Guerre aérienne, a.a.O. (Anm. 19), S. 149;

33) a.a.O., S. 16;

34) MOORE, a.a.O. (Anm. 18), S. 188;

> "It is evident that this work is necessary. Nevertheless, at this period in the world's history, so soon after the great war, some sceptics may feel inclined to doubt the usefulness of your work; others, who will accept none but ideal and final solutions of the existing difficulties, may hesitate to acknowledge its importance. They are wrong. In the midst of the passions which agitate mankind, law is irresistibly moving forward throughout history and extending its empire in every direction. To doubt of its usefulness and of its power to educate the human mind means to despair of progress and not to believe in the promptings of the international conscience. Whatever future may lie in store of us, the work you are undertaking, Gentlemen, is necessary; it is a striking realisation of the wish that the work for the development of International Law shall be resumed."[35]

Da sowohl zum Luftkrieg als auch zum Gebrauch der Radiotelegraphie bereits Kodifikationsentwürfe vorlagen, beschloß man, spezielle Unterkommissionen mit deren Bearbeitung zu betrauen. Die beiden luftkriegsrechtlichen Vorschläge stammten von Großbritannien und den Vereinigten Staaten und stellten geringfügige Abwandlungen von den im Vorjahr in Washington präsentierten Projekten dar. Soweit es die Regelung des Luftbombardements betraf, unterschieden sie sich nicht mehr wesentlich, da die USA wie erwähnt den Begriff des verteidigten Ortes als Beurteilungskriterium endgültig fallengelassen hatte. Aus diesem Grund beschloß die Juristenkommission, bei der Erarbeitung eines eigenen Vorschlages dem amerikanischen Entwurf zu folgen und nur im Fall bedeutender Abweichungen den britischen zu berücksichtigen[36]. Die Verhandlungen der zuständigen Unterkommission verzögerten sich über den geplanten Endtermin hinaus, da es in zwei Fragen zu keiner Einigung kam: Erstens die Anhaltung und Durchsuchung von neutralen Schiffen durch Flugzeuge, welche bis zum Ende nicht zufriedenstellend geklärt werden konnte und deshalb

35) a.a.O., S. 187;

36) Guerre aérienne, a.a.O. (Anm. 19), S. 195;

nicht in den Luftkriegsregeln auftaucht[37], und zweitens das Luftbombardement. Bezüglich des letzteren Problems drehten sich die Debatten insbesondere um die Definition des militärischen Objekts als legitimem Angriffsziel. Der ursprünglich eingereichte amerikanische Entwurf enthielt in Artikel 34 eine taxative Liste jener Objekte, welche ungeachtet ihrer Lage immer angegriffen werden durften[38]. Eine Definition durch abstrakte Umschreibung der von einem militärischen Objekt geforderten Qualitäten war nicht vorhanden. Demgegenüber hatte das britische Projekt überhaupt keine nähere Definition enthalten, sondern nur die prinzipielle Geltung der Doktrin vom militärischen Objekt im Gegensatz zu dem überkommenen Kriterium der Verteidigung postuliert (Art. 35)[39].

Der Konflikt um diese gegensätzlichen Meinungen äußerte sich in wiederholten Abänderungen der beiden Entwürfe und in mehreren Anträgen anderer Kommissionsmitglieder, welche - wie es das britische Air Ministry erwartet hatte - eine wesentlich strengere Beschränkung des Luftbombardements auf das unmittelbare Kampfgebiet der Bodentruppen forderten[40]. Die britische Delegation brachte erstmals eine abstrakte Definition des militärischen Objektes ein und betonte ihre Notwendigkeit[41]. Außerdem hatte sie daran einen taxativen Katalog angeschlossen, welcher sich nur noch wenig von dem des amerikanischen Entwurfes unterschied[42]. Dennoch kam es auch jetzt noch nicht zu einer Einigung. Mehrere Alternativentwürfe sowohl Frankreichs als auch Italiens wechselten sich ab,[43] schließlich kapitulierte die Unterkommission vor dem Problem und übertrug dessen Lösung der Vollversammlung der Juristenkommission. Auch dort konnte man sich lange nicht für eine Definition des militärischen Objekts entscheiden, und als der Schlußtermin der Beratungen bedrohlich nä-

37) Siehe dazu a.a.O., S. 138ff.;

38) Anhang B, Dokument 4;

39) Anhang B, Dokument 3;

40) Guerre aérienne, a.a.O. (Anm. 19), S. 195;

41) a.a.O., S. 196;

42) a.a.O., S. 195f.;

43) a.a.O., S. 101 und 196;

herrückte, ohne daß eine Einigung in Griffweite schien, sprach der Vorsitzende John Bassett Moore ein Machtwort und erinnerte die Delegierten daran, daß sie über ihrer Definitionsdiskussion niemals das oberste Prinzip des Kriegsvölkerrechts vergessen dürften:

> "Parmi les principes élémentaires que le développement actuel des règles de la guerre aura à établir et confirmer, le principe le plus essentiel, dont nombre de règles de détail servent à assurer l'observance, est la distinction entre combattants et non-combattants contre les violences que ne sont pas la suite d'opérations militaires contre des combattants.
> La Commission a déjà adopté des règles qui tendent à assurer une protection à des édifices employés à différentes fins et en particulier aux monuments historiques. La protection de la vie des non-combattants, et parmi eux les femmes et les enfants, est aussi digne de considération pour le moins que la protection des objets inanimés."[44]

Gleichzeitig präsentierte er einen weiteren Vorschlag, der nach einigen oberflächlichen Änderungen einstimmig angenommen wurde[45]. Die endgültige Version der Bestimmung militärischer Objekte bestand nunmehr aus einer abstrakten Definition (Art. 24, Abs. 1) sowie einer taxativen Aufzählung der legitimen Angriffsziele (Absatz 2)[46]. Die abstrakte Umschreibung fußte auf der Erkenntnis, daß ein Luftangriff prinzipiell nur gegen solche Ziele zulässig sei, deren Zerstörung zumindest einen gewissen militärischen Vorteil bedeuten würde. Dieser Vorteil wurde nun - erheblich konkreter formuliert - entscheidend für die Beurteilung als militärisches Objekt.

Wesentlich einfacher gestaltete sich die Formulierung der restlichen Bestimmungen über das Luftbombardement. Über das in Artikel 22 statu-

44) a.a.O., S. 121;

45) a.a.O., S. 120f.;

46) Siehe Anhang B, Dokument 5;

Es fehlte aber auch nicht an Versuchen, einzelnen Staaten die Verantwortung für die "Unterzeichnungsabstinenz" in die Schuhe zu schieben: Frankreich hätte sich geweigert, die LKR zu unterzeichnen, weil es die bestehenden Regeln für den Land- und Seekrieg als ausreichend auch für den Luftkrieg erachtete[54]. Auf der anderen Seite wurde behauptet, die Anglo-Amerikaner hätten ihr Verteidigungskonzept bereits zu sehr auf den Luftkrieg ausgerichtet, um dessen Beschränkung zustimmen zu können[55]. Wie dem auch sei, es haben sicher viele Faktoren zusammen mitgespielt, damit die Haager Luftkriegsregeln ein Entwurf geblieben sind. Mangelnde Kompromißbereitschaft der Staaten und ein viel zu großes Vertrauen in die Möglichkeit der Friedenssicherung durch internationale Schiedsgerichtsbarkeit und den Völkerbund dürften hauptsächlich mitgespielt haben.[56]

## *Die Auslegung der Haager Luftkriegsregeln*

Mit den Haager Luftkriegsregeln wurden erstmals detaillierte Vorschriften über die Durchführung von Luftbombardements präsentiert. Aufgrund ihrer für damalige Verhältnisse großen Komplexität und ihrer Bedeutung für die spätere Entwicklung des Luftkriegsrechts ist es unerläßlich, sich näher mit den einzelnen Bestimmungen zu befassen.

Bedeutendste Neuerung der LKR war die endgültige Abkehr vom Merkmal der Verteidigung eines Ortes als Voraussetzung für die Rechtmäßigkeit eines Bombenangriffes. Allen Mitgliedern der Kommission war bewußt, daß der Artikel 25 der Haager Landkriegsordnung im Luftkrieg

---

54) SPAIGHT, Air power, a.a.O. (Anm. 4), S. 244f.;

55) RIESCH, a.a.O. (Anm. 17), S. 180; WILHELM, a.a.O. (Anm. 52), S. 12 unter Hinweis auf Royse; lt. ERDELBROCK A., Das Luftbombardement, Diss. Tübingen 1929, S. 58 beruht die Nichtannahme der LKR sogar auf reiner Böswilligkeit.

56) RODGERS W.L., The laws of war concerning aviation and radio, in: 17 AJIL 1923, S. 633; scharfe Kritik an der Konzentration auf das ius contra bellum als eine der Ursachen für die Nichtannahme der LKR üben CHARPENTIER, a.a.O. (Anm. 5), S. 124; SPAIGHT, Air Power, a.a.O. (Anm.4), S. 244; S. insbes. KUNZ, Chaotic status, a.a.O. (Anm. 2), S. 38ff.;

insbesondere hinter der Front ausgedient hatte. In Anlehnung an die auf der Grundlage des Artikels 2 des IX. Haager Abkommens von 1907 entwickelte Doktrin wurde in Art. 24 LKR die Berechtigung eines Bombardements an das Vorhandensein von militärischen Objekten geknüpft. Wie bereits geschildert, stellte sich die Bestimmung dieser Objekte aber als ein Hindernis heraus, welches die Kommissionsverhandlungen beinahe zum Scheitern gebracht hätte[57]. Es bedurfte langwieriger Debatten, bis man sich schließlich zu einer Kombination beider grundsätzlicher Definitionsmöglichkeiten, sowohl der abstrakten Umschreibung als auch der Aufzählung, entschloß. Diese Lösung ist bis heute umstritten, jedoch ist es bisher nicht gelungen, eine bessere anzubieten. Die Auslegung insbesondere der abstrakten Definition in Art. 24 Absatz 1 LKR bereitet kaum Probleme: Ziel eines Luftangriffs darf ausschließlich ein militärisches Objekt sein, das heißt, daß sich der Zerstörungsvorsatz des Angreifers einzig und allein auf das Objekt beziehen muß. Das Element des Vorsatzes ist tatsächlich entscheidend für die Deutung jeder derartigen Regel. Weiters kann nicht jedes Objekt schlechthin als militärisches betrachtet werden, sondern nur ein solches, dessen gänzliche oder teilweise Zerstörung einen klaren militärischen Vorteil darstellt. Es ist zu beachten, daß der Vorteil einer Qualifikation bedarf, mithin genügt nicht jeder irgendwie in Aussicht gestellte Vorteil. Dadurch soll vermieden werden, daß auf kasuistische Art alle Objekte schlechthin zu legitimen Angriffszielen erklärt werden, da jegliche Zerstörung sich irgendwann und irgendwie militärisch auswirken könnte. Auch lediglich nebensächliche Vorteile sind nach der gegebenen Definition als Berechtigung auszuschließen. Zwar muß die Zerstörung kausal für den Eintritt des Erfolges - des klaren militärischen Vorteils - sein, es wird aber nicht gefordert, daß er auch tatsächlich eintritt. Der Angreifer muß aber zumindest von seiner reellen Wahrscheinlichkeit ausgehen. Schließlich und endlich muß das angegriffene Objekt einer der in Absatz 2 aufgezählten Kategorien zuzuordnen sein. Diese abschließende Aufzählung wurde allerdings später zum steten Stein des Anstoßes, da die einzelnen Kategorien selbst verschiedenen Interpretationen zugänglich waren.

---

57) Guerre aérienne (Rapport général), a.a.O. (Anm. 19), S. 252f.;

Das in Absatz 1 angesprochene Element des Angriffsvorsatzes gewinnt insbesondere im Zusammenhang mit Artikel 22 entscheidende Bedeutung: Das Verbot von "Terrorangriffen" gegen die Zivilbevölkerung verlangt nicht einen erweiterten Vorsatz, mithin einen "Terrorisierungsvorsatz", sondern es genügt der Vorsatz, die Zivilbevölkerung oder privates Eigentum anzugreifen, auch wenn dies nicht ausdrücklich zum Zwecke der Verbreitung von Schrecken geschieht. Im gegebenen Wortlaut stellte der Art. 22 offensichtlich eine Reaktion auf die beginnende Inkorporation des Terrors in einigen Luftkriegsdoktrinen dar. Nicht übersehen werden darf die Tatsache, daß sich der Anwendungsbereich des Art. 22 nicht auf Angriffe beschränkt, welche sich ausschließlich gegen die Zivilbevölkerung richten. Auch wenn diese nur teilweise das Ziel darstellt, ist der Angriff rechtswidrig. Als Beispiel kommt hierfür insbesondere das Bombardement eines Stadtgebietes als Ganzes in Betracht: Betrachtet der Angreifer die gesamte Stadt als Angriffsziel, so ist die dort lebende Zivilbevölkerung notwendig Teil des Ziels und somit Teil des Angriffsvorsatzes.

Eine weitere bedeutende Neuerung enthalten die Absätze 3 und 4 des Art. 24, nämlich die rechtliche Zweiteilung von Kampfgebiet und Hinterland. Bereits im Ersten Weltkrieg hatte sich gezeigt, daß das Flugzeug weit hinter dem Gebiet, in dem sich die feindlichen Heere unmittelbar gegenüberstanden, operieren konnte. Diese Fähigkeit war der Grund für das Scheitern von Art. 25 HLKO im sogenannten strategischen Luftkrieg. Die Haager Juristenkommission ging von der Vorstellung aus, daß direkt an der Front andere Verhältnisse herrschten als in den ehemalig "friedlichen" rückwärtigen Gebieten. Umso folgerichtiger war es, daß auch im Luftkriegsrecht verschiedene Maßstäbe angelegt werden sollten. Die Zweiteilung in eine "Kampfzone" und ein "Hinterland" war bereits von Art. 33 des amerikanischen Entwurfs vorgesehen worden, und zwar waren Angriffe gegen Ortschaften als solche in der Kampfzone nicht verboten[58]. Sowohl die niederländische als auch die japanische Delegation wollten das Luftbombardement im Hinterland generell verboten wissen[59]. Die italienischen

58) Siehe Anhang B, Dokument 4;

59) Guerre aérienne, a.a.O. (Anm. 19), S. 195;

Vertreter bejahten ebenfalls die unterschiedliche Regelung des Luftangriffes an und hinter der Front[60]. Hinter einer solchen Beurteilung stand der Gedanke, daß an der Front in der Regel alle irgendwie geeigneten Gebäude zu militärischen Zwecken benützt werden. Gerade wenn eine Stadt oder ein Dorf erobert werden soll, kommt es zumeist zum Häuserkampf. Da die sonst dort ansässige Zivilbevölkerung fast immer bereits evakuiert oder geflohen, sich auf jeden Fall aber des Risikos eines weiteren Verbleibens gewiß ist, mußte der militärischen Notwendigkeit insoweit Rechnung getragen werden, als der Angriff nicht so strengen Beschränkungen unterworfen werden konnte wie weit hinter der Front, wo der Schlag für die Bevölkerung überraschend erscheinen muß. Aus diesem Grund enthielten die Absätze 3 und 4 des Art. 24 LKR je nach der geographischen Lage des Zieles unterschiedliche Vorschriften.

Probleme ergeben sich allerdings bei der Deutung der Ausdehnung von Kampfzone und Hinterland. Artikel 24 spricht von "unmittelbarer Umgebung der Operationen der Landstreitkräfte", aber weder aus den Protokollen noch aus anderen Materialien der Juristenkommission ist ersichtlich, daß über eine genauere Definition diskutiert worden ist. Der erste amerikanische Entwurf sprach von der "Kampfstätte" ("théâtre des combats"), die späteren Vorschläge bereits von der in der Endfassung enthaltenen "voisinage immédiat des opérations des forces de terre". Davon läßt sich nicht zweifelsfrei ableiten, ob sich das Kampfgebiet im Sinne der LKR nur auf die tatsächliche Kampftätigkeit gegnerischer Truppen erstreckt oder ob auch die hinter der unmittelbaren Front liegenden Aufmarsch- und Bereitstellungsräume dazugehören. Bei einer Entscheidung für eine Beschränkung auf die eigentliche Kampftätigkeit stellt sich die Frage, ob auch das Artilleriefeuer dazuzählt. In diesem Fall wäre das Kampfgebiet durch den Aktionsradius der Artillerie begrenzt, was nach dem damaligen Stand der Technik bereits 20-30 km gewesen wären. Dies scheint doch etwas zu weit gezogen. Viel eher dürfte sich das Kriterium der Kampfzone mit der Verteidigung nach Art. 25 HLKO decken, d.h. jenes Gebiet, in welchem dem Vormarsch der Landstreitkräfte direkter erheblicher Widerstand ent-

---

60) Ib., S. 195;

gegengesetzt wird, und zwar mit Hilfe von Handfeuerwaffen und schweren automatischen Waffen sowie nur jener Form der Artillerie, wie sie gewöhnlich zur unmittelbaren Feuerunterstützung herangezogen wird. Diese Auffassung wird auch durch den Wortlaut der einzelnen Entwürfe von Art. 24 LKR unterstützt: Bezüglich der von der amerikanischen Delegation gewählten Formulierung "théâtre des combats" erscheint eine Interpretation im Sinne einer strikten Beschränkung auf die eigentliche Hauptkampflinie unumgänglich. Selbst die später geschehene Abschwächung ("voisinage immédiat") kann kaum so weit gegangen sein, daß damit der fragliche Raum erheblich ausgedehnt worden ist, andernfalls hätte ein solcher Vorstoß sicherlich zu einer Diskussion geführt.

Außerhalb des Kampfgebietes war gemäß Art. 24(3) LKR der Angriff gegen militärische Objekte nur dann gestattet, wenn er nicht in eine unterschiedslose Bombardierung der Zivilbevölkerung ausartete. Dieses Kriterium der Unterschiedslosigkeit bereitete den Interpreten der Haager Luftkriegsregeln in der Folge großes Kopfzerbrechen, da es die Juristenkommission verabsäumt hatte, eine "Legaldefinition" anzufügen. Auch in den Sitzungsprotokollen findet sich kein direkter Hinweis auf den exakten Inhalt des Begriffes "unterschiedslos". Deshalb wurde es auch sehr häufig als unrealistisch kritisiert, insbesondere in der Verbindung mit der Formulierung "müssen die Luftfahrzeuge von der Bombardierung abstehen". In der Regel wurde dies so ausgelegt, daß ein Angriff bereits dann verboten war, wenn auch nur die Möglichkeit der Schädigung der Zivilbevölkerung bestand. Jedoch geben die Materialien hierauf eine eindeutig andere Antwort:

Der Begriff "indiscriminate bombing" wurde bereits während des Ersten Weltkrieges vereinzelt gebraucht. In einer Denkschrift vom 26.8.1919 bezog sich der Chief of Air Staff auf ein Rechtsgutachten des Committee of Imperial Defence, nach dem ein unterschiedsloses Bombardement der Zivilbevölkerung ohne der Intention, militärische Objekte anzugreifen, illegal sei[61]. Hier ist bereits die Verknüpfung mit dem Vorsatz bemerkens-

61) PRO AIR 5/192, 1 A, S. 2;

wert. Während der Verhandlungen der Unterkommission im Haag 1922/23 wurde in dem Entwurf, mit welchem die britische Delegation eine abstrakte Definition des militärischen Objekts einbrachte, auch dargelegt, daß der Angriff gegen ein legitimes Ziel keinesfalls in ein generelles Bombardement von Städten und Dörfern ausarten dürfe, sondern immer und ausschließlich gegen das militärische Objekt gerichtet zu sein habe (§§ 1,4)[62]. Auch hier wiederum die Betonung des Vorsatzes. Der für das rechtmäßige Bombardement notwendige Vorsatz, ausschließlich das legitime Ziel zu treffen, kam im italienischen Entwurf vom 8.2.1923 (§ 1) zum Tragen[63] sowie noch klarer im amerikanischen Vorschlag vom 12.2.1923. In dessen § 1 heißt es:

> "Il ne doit pas comprendre le bombardement sans distinction de la population civile, mais doit être dirigé uniquement contre les objectifs militaires ci-dessus désignés."[64]

Die Worte "sans distinction" wurden in der endgültigen Fassung durch "sans discrimination" ersetzt, allerdings ohne etwas an ihrer Bedeutung zu ändern.

Aus alledem ergibt sich, daß der Schlüssel zur Definition im Angriffsvorsatz liegen muß. Der Vorsatz, die Zivilbevölkerung zu treffen - zu welchem Zweck auch immer - kann hier nicht gemeint sein, denn er ist bereits durch Artikel 22 LKR ausdrücklich verboten. Eine Subsumption des an dieser Stelle geregelten "Terrorangriffs" unter das unterschiedslose Bombardement wäre dann zwecklose Tautologie. Auch die unbeabsichtigten Schäden an Leben und Gut der Zivilbevölkerung, wie sie bei einem sonst rechtmäßigen Angriff auftreten können, sind aus der Erörterung auszuschließen. Der erste britische Vorschlag ließ auch hierüber keine Zweifel zu:

---

62) Guerre aérienne, a.a.O. (Anm. 19), S. 195f.;

63) Ib., S. 101: "1° Le bombardement aérien n'est licite que lorsqu'il est dirigé exclusivement contre les objectifs suivants:..."

64) Ib., S. 121;

"Mais il n'encourt aucune responsabilité pour les dégâts inévitables qui pourront résulter du bombardement légitime d'un objectif militaire se trouvant dans le voisinage."[65]

Die Kommission war auch realistisch genug um einzusehen, daß eine zu strikte Beschränkung keine Chance auf Annahme durch die Militärmächte hätte. Auf diese Weise bleibt nur eine Art des Vorsatzes übrig, welche vom Verbot des unterschiedslosen Bombardements betroffen sein kann: der dolus eventualis, der bedingte Vorsatz[66]. Der Angriff gegen ein in einem besiedelten Gebiet gelegenes militärisches Objekt sollte vor allem dann rechtswidrig sein, wenn der Angreifer die Möglichkeit, dabei die Zivilbevölkerung zu treffen, als sehr wahrscheinlich einstuft, ihm dies aber gleichgültig ist. Damit ist das unterschiedslose Bombardement abgegrenzt von der bewußten Fahrlässigkeit, welche nicht völkerrechtswidrig sein soll. So richtet sich die Beurteilung eines Angriffs nach der Intention: Im letzteren Fall erkennt der Angreifer zwar die Möglichkeit einer Schädigung, er hofft aber dennoch, daß seine Vorbereitung ausreicht, um die Angriffswirkung auf das legitime Ziel zu beschränken. Verboten werden sollte mit der Vorschrift des Art. 24(3) das "generelle" Bombardement, beziehungsweise das Flächenbombardement, bei welchem der Angriff zwar einer Mehrzahl militärischer Objekte gilt, aber so ausgeführt wird, daß dabei zwangsweise auch die zwischen den Objekten wohnende Bevölkerung getroffen wird und dies dem Angreifer egal ist. Vom durch Art. 22 LKR verbotenen direkten Angriff gegen die Zivilbevölkerung ist diese Konstellation dadurch abgegrenzt, daß es dem Angreifer beim unterschiedslosen Bombardement nicht auf die Schädigung der Zivilbevölkerung ankommt, was aber beim Terrorbombardement oder beim bewußten Angriff auf ein gesamtes Stadtgebiet der Fall wäre.

Soweit es die unterschiedslosen Angriffe betrifft, ist das Gebot, davon abzustehen, absolut. Bezüglich der gestatteten bewußten Fahrlässigkeit

65) Ib., S. 165;

66) So auch richtig KUNZMANN K.H., Die Fortentwicklung des Kriegsrechts auf den Gebieten des Schutzes der Verwundeten und der Beschießung von Wohnorten, Diss. Bonn 1960, S. 185;

aber gilt das Prinzip des Ausgleichs zwischen den militärischen Erfordernissen und dem Schutz der Zivilbevölkerung, das sogenannte Proportionalitätsprinzip. Das bedeutet, daß ein Angriff dann nicht durchgeführt werden darf, wenn der Angreifer zwar hofft, der Schaden bei der Zivilbevölkerung würde nicht eintreten, er sich aber der Tatsache bewußt war, daß er, wenn doch aufgetreten, außerhalb jeden Verhältnisses zur eigentlichen Bedeutung des militärischen Objektes stehen würde. Dies soll den Angreifer bzw. den Kommandierenden dazu zwingen, die möglichen Folgen eines Bombardements in der Nähe von Siedlungen vorher genau abzuwägen. Leider wurde das Proportionalitätsprinzip in Absatz 3 nicht ausdrücklich erwähnt, nur so ist es zu erklären, daß später allgemein die Ansicht vertreten wurde, das absolute Verbot betreffe auch die bewußte Fahrlässigkeit. Teilweise stützte sich diese Meinung auf den Schlußbericht der Kommission, in welchem angegeben wurde, der Artikel 24 sei stark von dem italienischen Vorschlag vom 8.2.1923 beeinflußt[67]. In diesem Entwurf befand sich tatsächlich ein absolutes Verbot aller Angriffe im Hinterland, wenn nur die Gefahr einer Schädigung der Zivilbevölkerung bestand[68]. Doch diese Vorschrift verzichtete auf das Merkmal "unterschiedslos", welches in obiger Auslegung in begrifflichem Gegensatz zu einem absoluten Verbot stehen würde. Die Kommission fügte aber dieses Merkmal ein und entfernte sich auch sonst vom Wortlaut des italienischen Vorschlags. Wäre Art. 24(3) LKR mit demselben Gedanken formuliert worden wie der Entwurf vom 8.2., hätte die Kommission dies mit der Übernahme der unmißverständlichen Diktion demonstriert. Bestärkt wird dieser Schluß weiters durch die Tatsache, daß sonst jeder Entwurf die An-

---

67) Guerre aérienne (Rapport général), a.a.O. (Anm. 19), S. 252;

68) Ib., S. 101: "2° ...Au cas où des objectifs qui peuvent être soumis au bombardement ... se trouvent à proximité de villes, de villages ou d'habitations civiles quelconques, le bombardement n'en pourra être effectué qu'à la condition qu'aucun dommage ne soit subi par la population civile.
Au cas où cette condition ne porrait être respectée d'une façon absolue, l'aéronef devra s'abstenir du bombardement."

wendung des Prinzips der Verhältnismäßigkeit vorgesehen hatte, einerlei, ob sich der Angriff im Kampfgebiet oder im Hinterland ereignet[69].

Durch die Annahme der Zweiteilung des Kampfraumes wurde die Erwähnung des Proportionalitätsprinzips - wahrscheinlich unüberlegt - nur der Bestimmung über den Angriff im Kampfgebiet zugeteilt. Absatz 4 gestattete im Gegensatz zu Absatz 3 den unterschiedslosen Angriff, mithin den dolus eventualis im eigentlichen Kampfgebiet der Landstreitkräfte. Diese Regelung ging davon aus, daß in einer solchen Situation jedes Gebäude, jedes Objekt militärisch genützt und deshalb angegriffen werden kann. Gleichzeitig kann es aber immer noch zivilen Zwecken dienen. Beispielsweise kann ein Haus von Zivilpersonen bewohnt sein, während am Dach Artilleriebeobachtungsposten eingerichtet sind. Um einem unlösbaren Konflikt zwischen dem Schutz der Bevölkerung und den militärischen Interessen vorzubeugen, wurde ersterer zugunsten des letzteren beschränkt. Weiterhin verboten blieb aber immer noch der absichtliche Angriff gegen die Zivilbevölkerung und zivile Objekte auch im Kampfgebiet. Seinem Wesen nach war Art. 24(4) LKR nichts weiter als eine Applikation des Art. 25 HLKO auf den "taktischen" Luftkrieg.

Eine noch deutlichere Anlehnung an das Haager Landkriegsrecht stellte der Artikel 25 LKR dar, welcher die den Schutz von Kulturgütern und Krankenhäusern betreffenden Vorschriften (Art. 27 HLKO; Art. 5 IX. Haager Abkommen) an die Verhältnisse des Luftkrieges anpaßte. Wirklich neu war hingegen der ausgedehnte Schutz des Artikels 26, der auf eine italienische Initiative hin in den Entwurf eingefügt wurde[70]. Italien hatte auf-

69) So wurde die grundsätzliche Geltung des Proportionalitätsprinzips auch im Luftkriegsrecht von der Wissenschaft allgemein anerkannt: z.B. CASTRÉN E., The present law of war and neutrality, Helsinki 1954, S. 70; GULDIMANN W., Luftkriegsrecht, Diss. Basel 1940, S. 68; KUNZMANN, a.a.O. (Anm. 66), S. 187f.; ROSENBLAD E., Area bombing and international law, in: RDPM 1976, S. 72; DE SAUSSURE H., The laws of air warfare: are there any?, in: U.S. Naval War College - International Law Studies 62, Newport 1980, S. 286,289; SIBERT M., Gutachten, in: HAMMARSKJÖLD A./MACDONOGH G./ROYSE M.W. u.a., La protection des populations civiles contre les bombardements, Genf 1930, S. 164; SPETZLER, a.a.O. (Anm. 3), S. 194;

70) Vgl. Guerre aérienne, a.a.O. (Anm. 19), S. 50 und a.a.O. (Rapport général), S. 254ff.;

grund der großen Anzahl historischer Kunstdenkmäler ein besonderes Interesse an deren wirksamem Schutz. Deshalb sollte den Staaten die Möglichkeit geboten werden, ihren geschichtlichen Denkmälern einen speziell erweiterten Schutz zu garantieren, indem bereits in Friedenszeiten entsprechende Abmachungen getroffen wurden. Ein völliges Novum war in diesem Zusammenhang die Idee der Schaffung einer Schutzzone um das geschützte Denkmal. Auch diese Zone sollte vor Angriffen immun sein, vorausgesetzt, daß kein Objekt innerhalb zu militärischen Zwecken benützt würde und auch keinerlei militärische Handlungen gesetzt würden. Der Radius von 500 Metern um das geschützte Objekt wurde mit Bedacht darauf gewählt, daß es im Luftkrieg nicht möglich sei, die Waffenwirkung sehr präzise zu beschränken, deshalb müsse bereits eine gewisse Fläche kenntlich gemacht werden, um dem Denkmal im Zentrum einen reellen Schutz zu bieten. Die Kommission entschied sich für das Erfordernis einer Notifikation geschützter Denkmäler mitsamt ihren Sicherheitszonen schon zu Friedenszeiten, damit der Gegnerstaat diesen Schutz nicht durch Verweigerung der Annahme der Notifikation unterlaufen könne[71]. Ebenfalls neu war die vorgesehene Bildung einer Überwachungskommission (Absatz 8). Der aus drei Botschaftern neutraler Staaten, welche bei der Partei, die den Schutz des Artikel 26 in Anspruch nahm, akkreditiert sein mußten, bestehende Ausschuß sollte die Einhaltung der Verpflichtung kontrollieren, sich innerhalb der Schutzzone jeder militärischen Handlung zu enthalten. Gerade dieses in Absatz 7 statuierte Verbot sollte äußerst rigoros ausgelegt werden. Nach der Meinung der Unterkommission war innerhalb der Sicherheitszone bereits jegliche Nutzung von Fabrikationsanlagen und Eisenbahnen, soweit sie militärische Aktionen unterstützen könnten, untersagt.[72]

Natürlich war sich die Kommission auch der Tatsache bewußt, daß verschiedene Orte derart reich an Kulturdenkmälern sind (als Beispiele wurden Venedig und Florenz genannt), daß sich die verschiedenen Schutzzonen gegenseitig überlappen und damit eine nahezu durchgehende Fläche

71) Ib., S. 255;

72) Ib.;

über das Stadtgebiet bilden würden. Doch da die Anwendung des Art. 26 fakultativ war, sollte es der Entscheidung des Staates, auf dessen Boden diese Städte lagen, überlassen sein, ob er die militärische Nutzung dieser Orte ganz aufgeben und damit die dortigen Denkmäler schützen sollte oder nicht[73]. Das für geschützte Denkmäler sowohl gem. Artikel 25 als auch Art. 26 vorgesehene Erkennungszeichen war übrigens dasselbe wie das in Art. 5 des IX. Haager Abkommens statuierte: ein Viereck, das durch eine diagonale Linie in zwei Dreiecke geteilt ist, wobei das eine Dreieck schwarz und das andere weiß sein sollte.

Obgleich die Haager Luftkriegsregeln niemals offiziell ratifiziert oder auch nur verhandelt wurden, stellten sie dennoch das bisher detaillierteste Instrument zur Regelung des Luftbombardements dar und beeinflußten die weitere Entwicklung des Kriegsrechts in entscheidendem Ausmaß. In der Folge konnte niemand, der sich mit der Fortentwicklung des Luftkriegsrechts beschäftigte, umhin, sich auch mit den LKR auseinanderzusetzen, sodaß diese - wie später gezeigt wird - bei der Entstehung einer allgemeinen Rechtsüberzeugung sowie der Beurteilung der Kriegspraxis eine wichtige Rolle spielten.

73) Ib.;

# KAPITEL IV

# Die Rechtsentwicklung 1924 - 1939

## *Kodifikationsentwürfe*

In der Zeit nach 1923 nahm die Diskussion um ein modernes Luftkriegsrecht nur wenig mehr Raum ein als in der Periode davor. Deutlicher Unterschied war allein die Tatsache, daß nun in den Haager Luftkriegsregeln ein detaillierter Entwurf als Arbeitsgrundlage zur Verfügung stand. Als bisher einziges Projekt waren diese Regeln von einer auf Regierungsebene zusammengestellten Kommission, in der die damals größten Militärmächte der Welt vertreten waren, angefertigt worden. Aus diesem Grund war klar, daß die LKR allen künftigen Kodifikationsentwürfen als Grundlage oder gar Vorlage dienen mußten.

### Bemühungen internationaler Organisationen und Gesellschaften

Auch die International Law Association wurde in ihrer Tätigkeit von den Ergebnissen der Haager Juristenkommission deutlich beeinflußt. Wie bereits geschildert, war es ihr anläßlich ihres Kongresses 1922 in Buenos Aires nicht gelungen, über einen luftkriegsrechtlichen Kodifikationsentwurf Einigkeit zu erzielen. Insbesondere scheiterte das Projekt an der Definition des militärischen Objekts, welche von vielen Kongreßteilnehmern als zu elastisch und daher unannehmbar erachtet wurde. Vom 8. bis 13. September 1924 fand in Stockholm die 33. Konferenz der ILA statt, bei der das Luftkriegsrecht erneut auf der Tagesordnung stand. Wiederum wurde ein vorbereiteter Entwurf vorgelegt, der sich diesmal eng an den Haager Luftkriegsregeln orientierte[1]. In den §§ 3-5 des zweiten Teiles wurden das Verbot von Terrorbombardements, der Erpressung von Geldkontributionen und Sachrequisitionen, der Katalog der militärischen Objekte sowie das Verbot unterschiedsloser Angriffe erneut ausgesprochen beziehungsweise nahezu wörtlich von den LKR übernommen[2]. Diskussionen gab es im Verlauf der Tagungen vor allem über die unterschiedslosen Bombardements[3]. Und zwar wurde von den Kritikern dieses Verbots angeführt, eine solche Bestimmung ermögliche es den Kriegführenden, ihre militärischen Objekte gegen Angriffe dadurch gleichsam zu immunisieren, daß sie sie mitten in dichtbevölkerten Ansiedlungen plazierten[4]. Demgegenüber erklärten die Verfechter des Verbots, es sei nicht daran gedacht, daß der Begriff unterschiedslos so streng aufgefaßt werde. Ihrer Ansicht nach seien unter unterschiedslos ausgeführten Bombenangriffen jene zu verstehen, bei welchen keine vernünftige Chance auf Treffer an den angegriffenen militärischen Objekten bestünde, deren Zerstörung durch diesen Angriff mithin praktisch unmöglich sei[5]. Schließlich wurde der Wortlaut des Entwurfes angenommen[6].

Erst 1938 beschäftigte sich die ILA wieder intensiver mit dem Luftkriegsrecht. In diesem Jahr wurde anläßlich der 40. Konferenz in Amsterdam ein Entwurf präsentiert und auch im wesentlichen angenommen[7]. Die Tatsache, daß er sich in vielen Punkten weit von den Haager Luftkriegsregeln entfernt hatte und nun Bestimmungen enthielt, welche noch 1924 als

---

1) Druck: ILA-Report on the 33rd Conference 1924, S. 118ff.; auszugsweise Abdruck in Anhang B, Dokument 6; siehe dazu weiters MEYER A., Völkerrechtlicher Schutz der friedlichen Personen und Sachen gegen Luftangriffe, Berlin-Königsberg 1935, S. 66; RIESCH E., Das Luftkriegsrecht seit dem Weltkrieg, in: MwR 1940, S. 193;

2) Siehe Anhang B, Dokument 6;

3) ILA-Report, a.a.O. (Anm. 1), S. 132ff.;

4) a.a.O., S. 133f.;

5) a.a.O., S. 135;

6) a.a.O., S. 136;

7) Druck: SCHINDLER D./TOMAN J. (Hrsg.), The laws of armed conflicts, Leiden 1973, S. 155ff.; auszugsweiser Abdruck in Anhang B, Dokument 7;

inpraktikabel und realitätsfern betrachtet wurden, beweist den großen Einfluß der britischen Appeasement-Politik nicht nur im Völkerbund, sondern auch in der ILA. Bezüglich des Luftbombardements fand sich in Art. 2 des Entwurfs wieder das Verbot von Angriffen gegen unverteidigte Orte. Das Kriterium der Verteidigung wurde nun in einem der ursprünglichen Regelung in der HLKO völlig fremden Sinn definiert: Unverteidigt seien Orte, in denen sich weder Streitkräfte noch gewisse militärische Anlagen befinden, wobei diese in einer extrem kurzen Aufzählung genannt wurden[8]. Gemäß Art. 3 durften auch verteidigte Orte nur bei klarer Identifizierung der militärischen Objekte angegriffen werden. Vom Kodifikationsprojekt des Jahres 1924 blieben nur zwei Bestimmungen weiterhin bestehen: Das Verbot von Terrorbombardements (Art. 4) und von unterschiedslosen Angriffen (Art. 5 Abs. 2). Interessant sind aber auch die Beschränkungen hinsichtlich der verwendeten Waffen: In den Artikeln 6-9 wurde ein absolutes Verbot der Anwendung chemischer und bakteriologischer Waffen sowie von Brandwaffen ausgesprochen[9]. Die in Art. 10ff. vorgesehene Schaffung von Sanitäts- und Sicherheitszonen zum Schutz der Zivilbevölkerung lag, wie sich später zeigen wird, im internationalen Trend[10].

Während andernorts nur noch vom Verbot des Krieges und von der friedlichen Streitbeilegung die Rede war, hatte es sich das Internationale Komitee vom Roten Kreuz zur Aufgabe gestellt, das Los der Zivilbevölkerung im tatsächlich ausgebrochenen Krieg zu verbessern. Erstes konkretes Ergebnis dieser Bemühungen war das "Genfer Protokoll von 1925 betreffend das Verbot des Kriegsgebrauchs von Erstickungs-, Gift- oder gleichartigen Gasen, und bakteriologischen Mitteln"[11]. Dieser Vertrag, welcher

8) Siehe a.a.O.;

9) SCHINDLER/TOMAN, a.a.O. (Anm. 7), S. 156f.;

10) a.a.O., S. 157ff.;

11) Druck: u.a. in RGBl. II 1929, S. 174; DELTENRE M. (Hrsg.), Allgemeine Sammlung der Gesetze und Gebräuche des Krieges zu Lande, zur See, unter See und in der Luft, Brüssel 1943, S. 444ff. (dt., frz., engl.); SCHINDLER/TOMAN, a.a.O. (Anm. 7), S. 109ff.; HINZ J./RAUCH E. (Hrsg.), Kriegsvölkerrecht, 3. Aufl., Köln-Berlin-Bonn-München 1984, Nr. 1519 (dt.);

bis 1939 von 43 Staaten ratifiziert wurde, verminderte zwar die Gefahr eines Gaskrieges gegen die Zivilbevölkerung vor allem aus der Luft, hatte aber gravierende Schwächen, insbesondere das völlige Fehlen von Sanktionsbestimmungen bei Zuwiderhandlungen. Ende 1929 stellte das Deutsche Rote Kreuz dem IKRK die Summe von 10.000 Mark zur Verfügung, um damit bei international bekannten Völkerrechtlern Gutachten darüber einzuholen, ob die bestehenden Regeln über den Schutz der Zivilbevölkerung außerhalb der Kampfzone soweit präzisiert werden können, damit sie auf Bombardements aller Art anwendbar werden[12]. Die acht Gutachter verschiedener Nationalität beantworteten diese Frage durchwegs negativ[13]. Ihrer Meinung nach reichte der bestehende rechtliche Schutz der Zivilbevölkerung in keiner Weise aus, um im modernen Krieg effektiv zu werden. Auch bezüglich einer möglichen Konkretisierung existierender Regeln waren sie pessimistisch. Eine zielführende Lösung sahen sie einzig und allein in einer umfassenden Kodifikation des Luftkriegsrechts beziehungsweise in der Abschaffung des Krieges überhaupt[14]. Alle acht Juristen aber erstellten ihre Folgerungen auf der Grundlage oder zumindest unter Heranziehung der Haager Luftkriegsregeln von 1923.

Die 1930 veröffentlichten Juristengutachten waren nicht das einzige entmutigende Ergebnis, mit welchem das IKRK konfrontiert war. Zuerst sorgten die nur spärlich vollzogenen Ratifikationen des Gasprotokolls 1925 für Besorgnis. Dazu kam die katastrophale Schlußfolgerung einer Sachverständigenkonferenz, welche im April 1929 in Rom tagte. Diese hatte sich mit den Möglichkeiten beschäftigt, die Zivilbevölkerung durch technische Vorkehrungen und Zivilschutz vor den Auswirkungen von Gas-, Brisanz- und Brandbomben zu bewahren. Als Ergebnis hielten die Spezialisten fest, daß es sowohl technisch als auch finanziell kaum möglich sei, einem Luftkrieg vorzubeugen, selbst wenn dieser mit den beschränkten Mitteln des

12) HAMMARSKJÖLD A./MACDONOGH G./ROYSE M.W. u.a., La protection des populations civiles contre les bombardements, Genf 1930, S. 5;

13) Siehe die acht Gutachten in a.a.O.;

14) In letzterem Sinne insbes. SIMONS W., Gutachten, in: a.a.O., S. 206f.;

Ersten Weltkrieges geführt würde[15]. Der zweifellos wesentlich massiveren Drohung aus der Luft in einem modernen Krieg sah man sich völlig macht- und hilflos gegenüber. Unter diesem Eindruck beschloß das IKRK anläßlich der XIV. Internationalen Rot-Kreuz-Konferenz in Brüssel im Oktober 1930, eine Juristenkommission mit der neuerlichen Untersuchung der rechtlichen Möglichkeiten des Zivilschutzes zu betrauen, da auf technische Lösungen nicht zu hoffen war[16]. Diese Kommission tagte vom 1. bis 5. Dezember 1931 in Genf. Die Ergebnisse waren mager: Ausgehend von der Erkenntnis, daß die Arbeiterschaft in den Städten durch ihre Produktivität nunmehr eine viel bedeutendere Rolle spielte als in vergangenen Kriegen, erkannte man die Schwierigkeit bei der Definition des Begriffs "Zivilbevölkerung", beschloß aber doch, auch Fabriksarbeiter zu diesem geschützten Personenkreis zu zählen[17]. Darüber hinaus war den Juristen nur klar, daß Angriffe mit dem hauptsächlichen Ziel, Terror zu verbreiten, auch nach bestehendem Recht illegal wären. In der Tradition des Briand-Kellogg-Paktes von 1928 sah man die einzige Lösung in der Abschaffung des Krieges und seiner Substituierung durch Schiedsgerichtsbarkeiten. Alternativ dazu sei aber das allgemeine Verbot des Luftbombardements durch die Regierungen anzustreben[18].

Während der XVI. Konferenz in London 1938 wandten sich die 54 nationalen Rotkreuzgesellschaften in der Resolution Nr. 9 an die Staatengemeinschaft mit der Aufforderung, Luftbombardements soweit einzuschränken, daß die Sicherheit von wehrlosen Frauen, Kindern und Alten

---

15) HOEPPNER G. von, Bombenkrieg und Internationales Rotes Kreuz, in: Die Luftwacht 1929, S. 552; CHARPENTIER J., L'humanisation de la guerre aérienne, Paris 1938, S. 44;

16) a.a.O., S. 45f.;

17) a.a.O., S. 47; MEYER, a.a.O. (Anm. 1), S. 75;

18) Siehe Rundschreiben Nr. 300 des IKRK vom 22.12.1931 an die nationalen Rot-Kreuz-Gesellschaften, abgedruckt in: IKRK (Hrsg.), Draft Rules for the limitation of the dangers incurred by the civilian population in time of war, 2. Aufl., Genf 1958, S. 153; dazu auch SPETZLER E., Luftkrieg und Menschlichkeit, Göttingen 1956, S. 167f.; CHARPENTIER, a.a.O. (Anm. 15), S. 47f.;

gewährleistet sei[19]. Ein Kodifikationsentwurf wurde aber vom Roten Kreuz niemals erstellt.

Von wesentlich größerer Bedeutung für die Entwicklung des Luftkriegsrechts waren auf jeden Fall die Bemühungen des Congrès international de Médicine et de Pharmacie militaire. Bereits in Art. 26 LKR war die Idee der Schaffung einer vor Angriffen immunen Sicherheitszone um geschützte Kulturdenkmäler aufgetaucht, es war aber unbestreitbar das Verdienst des Congrès, einen Vorschlag, derartige Zonen zum Schutz der Zivilbevölkerung vor Luftbombardements einzurichten, konkret zu formulieren. Im Zuge eines auf Einladung des Fürsten Louis II. von Monaco vom 5. bis 11. Februar 1934 dort stattfindenden Kongresses wurde ein Entwurf zusammengestellt, der in seinem I. Teil die Entstehung und den Schutz von eigenen Sanitäts- und Sicherheitsstädten vorsah[20]. Diese Städte konnten bereits während des Friedens notifiziert werden (Art. 3), durften keinerlei militärischer Verwendung dienen (Art. 2) und mußten von einem unabhängigen Kontrollausschuß überwacht werden (Art. 5f.). In einer Zone von 500 m um die als immun gekennzeichneten Städte waren keine militärischen Einheiten zugelassen (Art. 8 Ziff. 1). Im IV. Teil des Entwurfs waren weiters Vorschriften über die Durchführung von Luftbombardements enthalten, die sich aber neben der Aufzählung einer kurzen taxativen Liste militärischer Objekte auf die Bestimmung beschränkte, daß bei einem Angriff auf ein in der Nähe von Bevölkerungskonzentrationen gelegenes Objekt die Angriffsmittel so zu wählen seien, daß ihre Wirkung nicht über einen Umkreis von 500 m um dieses Objekt hinausgeht (Art. 4)[21]. 1935 wurde bei einem neuen Kongreß in Brüssel entschieden, die Weiterbehandlung des Problems der Sicherheitszonen dem Internationalen Roten Kreuz zu über-

---

19) a.a.O., S. 51;

20) Druck: DELTENRE, a.a.O. (Anm. 11), S. 850ff.; LAPRADELLE A. de/VONCKEN J./DEHOUSSE F., La reconstruction du droit de la guerre, Paris 1936, S. 61ff. (auszugsweiser Abdruck in Anhang B, Dokument 8); zur Geschichte des Projekts von Monaco siehe CHARPENTIER, a.a.O. (Anm. 15), S. 87ff.; insbes. CLÉMENS R., Le projet de Monaco - le droit et la guerre, Paris 1937;

21) Siehe a.a.O., S. 274ff.;

tragen[22]. Dieses setzte die Verhandlung des Entwurfs in mehreren Expertengruppen fort, konnte allerdings kein dahingehendes Staatenabkommen erreichen, es wurden auch keine detaillierten Entwürfe erstellt[23]. Leider zu spät für den Zweiten Weltkrieg wurde die Möglichkeit, die Zivilbevölkerung in immunen Schutzzonen unterzubringen, erst 1949 mit den Artikeln 14 und 15 der IV. Genfer Konvention völkerrechtlich fixiert.

## Die Abrüstungskonferenz des Völkerbundes 1932 - 1934

Die im Februar 1932 in Genf einberufene Abrüstungskonferenz des Völkerbundes stand von Anfang an unter einem ungünstigen Stern[24]. Zwischen Frankreich und Großbritannien herrschte ein gespanntes Verhältnis, da die französische Regierung keine Bereitschaft zeigte, ihrerseits auf die britische Abrüstung hin ihre Militärausgaben zu reduzieren[25]. Darüber hinaus verlangte Deutschland seine Anerkennung als gleichberechtigte Nation und drohte im Falle deren Verweigerung, sich von der Konferenz zurückzuziehen[26]. Von Frankreich wurde das deutsche Ansinnen mit Mißtrauen und sogar offener Ablehnung quittiert, denn es betonte sein Bedürfnis nach Sicherheit gegenüber dem ehemaligen Weltkriegsgegner[27].

---

22) CHARPENTIER, a.a.O. (Anm. 15), S. 59f.;

23) Siehe dazu IKRK, Report of the International Committee of the Red Cross on its activities during the Second World War (September 1, 1939 - June 30, 1947), Bd. 1: General Activities, Genf 1948, S. 693ff.; bereits im Oktober 1934 hatte sich das IKRK anläßlich der Konferenz in Tokio mit entsprechenden Vorschlägen beschäftigt (siehe CHARPENTIER, a.a.O. [Anm. 15], S. 49f.; RIESCH, a.a.O. [Anm. 1], S. 191;). Auch in den bewaffneten Konflikten bis zum Zweiten Weltkrieg bemühte sich das IKRK wiederholt um die tatsächliche Errichtung von Schutzzonen für die Zivilbevölkerung (siehe IKRK, Report, a.a.O., S. 695ff., sowie SPETZLER, a.a.O. [Anm. 18], S. 66ff.;).

24) Zur Ausgangsstellung der Konferenz siehe WATT D.C., Restraints on war in the air before 1945, in: HOWARD M. (Hrsg.), Restraints on war, Oxford 1979, S. 68f.;

25) CARTIER R., Vom Ersten zum Zweiten Weltkrieg, München-Zürich 1982, S. 305;

26) FEST J.C., Hitler, Frankfurt/M.-Berlin 1973, S. 600ff.; MEYER, a.a.O. (Anm. 1), S. 9f.;

27) FEST, a.a.O. (Anm. 26), S. 600ff.; SPAIGHT J.M., Air power and war rights, 3. Aufl., London 1947, S. 247;

Dazu kam die nach dem Ausbruch der Weltwirtschaftskrise allgemein gespannte Lage, welche die Entwicklung von extremem Nationalismus erheblich begünstigte[28].

Während die verschiedenen Gegensätze nur langsam bereinigt wurden, hatte die Arbeit an einer allgemeinen Rüstungsbeschränkung längst begonnen. Am 24. Februar 1932 wurde neben vier anderen Kommissionen eine Kommission für Luftfahrt mit der Ausarbeitung entsprechender Vorschläge betraut. Diese Vorschläge waren nicht juristischer, sondern technischer Natur und enthielten lediglich Angaben über Pferdestärken, Nutzlasten, Ausmaße und Anzahl künftig zu bauender Flugzeuge[29]. Gleichzeitig brachten die Delegationen verschiedene Vorschläge für eine internationale Regulierung der Luftfahrt ein, nach welchen ein Krieg aus der Luft in Hinkunft überhaupt unmöglich werden sollte. Diese Vorschläge zeigten deutlich, daß man von einer praxisbezogenen Einschränkung des Luftkriegs durch das Völkerrecht weiter denn je entfernt war, und zwar unterstützten die vertretenen Staaten folgende Forderungen:

* Abschaffung aller Militärflugzeuge (Deutschland, Dänemark, Schweden, Hedschasstaat);
* Abschaffung von Militärluftschiffen (UdSSR);
* Abschaffung der Militärluftfahrt, verbunden mit der Internationalisierung der Zivilluftfahrt (Spanien);
* Abschaffung des Luftbombardements (Niederlande);
* Abschaffung von Bombenflugzeugen (Österreich, Belgien, China, Ungarn, Italien, Portugal, Schweiz);
* Reduzierung der Luftwaffen auf ein bestimmtes Limit innerhalb von 10 Jahren (Türkei);

---

28) Darüber hinaus trug die Weltwirtschaftskrise durch die sprunghafte Erhöhung der Auslandsverschuldung vieler Staaten zur Belastung des politischen Klimas bei (siehe HENDERSON A. [Hrsg.], League of Nations - Conference for the reduction and limitation of armaments. Preliminary report on the work of the conference, Genf 1936, S. 12).

29) a.a.O., S. 82;

* Progressive und verhältnismäßige Reduzierung der Luftwaffen auf die Materialqualität eines zu bestimmenden Stichdatums (UdSSR);
* Aufstellung einer internationalen Luftwaffe sowie die Übergabe aller Militärflugzeuge einer bestimmten Gewichts- und Größenklasse an den Völkerbund (Frankreich);
* Internationalisierung des zivilen Lufttransports nach einem System, welches vom Völkerbund bestimmt wird (Frankreich);
* Internationalisierung der zivilen Luftfahrt (Belgien, Spanien);
* Internationalisierung oder strikte internationale Kontrolle der Zivilluftfahrt (Dänemark, Schweden);
* Internationale Kontrolle der Zivilluftfahrt (Schweiz, Deutschland, UdSSR);
* Publizität im Sinne einer völligen Offenlegung der Zivilluftfahrt und ihrer Geschäfte (UdSSR).[30]

Diese Vorschläge waren durchaus logisch, da die Mehrzahl der Delegationen davon ausging, daß eine Einschränkung des Luftbombardements nur durch das Verbot des Baues und Besitzes von Bombenflugzeugen, oder noch besser: von Militärflugzeugen allgemein Aussicht auf Einhaltung hätte. Nun waren sich die Sachverständigen durchaus der Tatsache bewußt, daß jeder Flugzeugtyp auch ziviler Bestimmung ohne viel Aufwand in ein Militärflugzeug umgewandelt werden kann. Deshalb die Forderung nach der Internationalisierung oder zumindest internationalen Kontrolle der Zivilluftfahrt. Damit sollte der Aufbau "potentieller" Bomberflotten von vorneherein verhindert werden[31].

Allgemein litt die Konferenz an ihrem erklärten Ziel, eine quantitative und qualitative Abrüstung großen Ausmaßes herbeizuführen. Ausgehend von dieser Absicht verfolgte die Mehrzahl der Delegationen das bereits im Briand-Kellogg-Pakt ausgedrückte Ideal, den Krieg unmöglich zu machen,

---

30) a.a.O.;

31) U.a. Denkschrift des Staatssekretärs für Luftfahrt (Entwurf) im britischen Air Ministry vom 18.8.1933 (PRO AIR 8/151);

oder zumindest seinem Ausbruch so viele faktische Hindernisse wie möglich entgegenzusetzen. Dies bedeutete eine starke Präferenz für "totale" Lösungen, mit welchen die Militärluftfahrt technisch aktionsunfähig gemacht werden sollte. Demgegenüber stand sowohl das Interesse der Militärs an einer möglichst geringfügigen Beschränkung ihrer Möglichkeiten als auch nationale Interessen wirtschaftlicher Natur: Während Frankreich die Internationalisierung der Zivilluftfahrt stark proponierte und im Laufe der Konferenz häufig auf Abschluß entsprechender Verträge drängte[32], sah die Insel Großbritannien darin eine Gefahr für ihre Versorgung. Auch die Vereinigten Staaten erklärten, eine solche Lösung sei eine Sache Europas und könne für den nordamerikanischen Kontinent nicht akzeptiert werden[33].

Insbesondere in den britischen Luftwaffenstäben und dem Air Ministry sah man in der möglichen Unterzeichnung eines Vertrages über das völlige Verbot des Luftbombardements oder gar der Militärluftfahrt eine immanente Gefahr für die Position Englands in einem neuerlichen Krieg[34]. Seit dem Ersten Weltkrieg hatte sich die britische Luftwaffe strategisch ausgerichtet und sah darin in Anbetracht der geringen Stärke des englischen Landheeres die einzige Möglichkeit, in einem Konflikt entscheidend einzugreifen. Da der Abrüstungswille der britischen Regierung feststand, versuchte man nun, die Bestrebungen von einer technischen und quantitativen Abrüstung weg und zu einer juristischen Beschränkung hin zu bringen. Zu diesem Zweck verwies das Air Ministry auf die Haager Luftkriegsregeln und drängte darauf, sie zu ratifizieren oder zumindest als Grundlage weiterer Verhandlungen in Genf zu akzeptieren[35]. Es betonte, daß die darin enthaltenen Bestimmungen über das Luftbombardement mit wenigen Ein-

32) HENDERSON, a.a.O. (Anm. 28), S. 86;

33) a.a.O.;

34) Zahlreiche Denkschriften des Air Ministry (insbes. in PRO AIR 8/151) beschäftigten sich mit diesem Thema;

35) Siehe dazu den auszugsweisen Abdruck verschiedener Memoranden in Anhang B, Dokument 9a-c; grundsätzlich ist darin die Rede von einer notwendigen Modifikation der LKR insbes. hinsichtlich der Schaffung von Schutzzonen für die Zivilbevölkerung;

schränkungen durchaus praxisgerecht und annehmbar seien[36]. Das Air Ministry warnte eindringlich vor der Bindung durch eine Beschränkung, welche vom Gegner im Ernstfall nicht eingehalten würde[37].

Auch die ursprünglich so weitreichenden Ziele der Abrüstungskonferenz wurden schrittweise zurückgesteckt, als erkannt wurde, daß eine Ideallösung durch zahlenmäßige und technische Abrüstung nicht erreichbar war. Von der gewünschten Abschaffung der Militärluftfahrt abgehend, konzentrierte man sich nach eingehender Untersuchung der Gefahren des Luftkrieges insbesondere für die Zivilbevölkerung auf das Bombardement aus der Luft[38]. Doch auch hier kam es zu ebensowenig zu einer Einigung wie in der Frage der Internationalisierung der Zivilluftfahrt, sodaß die französische Delegation am 22. Juni 1932 einen Kompromißvorschlag machte, nach dem der Einsatz von Gas, Bakterien und Brandwaffen aus der Luft absolut verboten würde[39]. Weiters sollte das Luftbombardement in der Kampfzone generell, außerhalb nur gegen Flugplätze und Stellungen der Langstreckenartillerie gestattet sein. Weitere Bestimmungen betrafen die Festsetzung von Maximalwerten bei der Zuladung von Militärflugzeugen und die schrittweise Internationalisierung der Zivilluftfahrt über dem Kontinent. Dieser französische Vorschlag wurde nicht angenommen, ebensowenig der im November 1932 vorgelegte revidierte Entwurf[40]. Am 23. Juli 1932 wurde von der Konferenz schließlich eine vom tschechischen Außenminister und Berichterstatter der General Commission, Edvard Benes, vorgeschlagene Resolution angenommen. In der "Benes-Resolution" wurde das existierende Verbot von gegen die Zivilbevölkerung gerichteten

36) a.a.O.;

37) Denkschrift des Committee of Imperial Defence, The restriction of air warfare, vom 1.3.1938, S. 4: "For this reason, there would be grave dangers for this country in any international agreement to impose restrictions on air action which could, in the event, be easily violated." (PRO AIR 8/155);

38) HENDERSON, a.a.O. (Anm. 28), S. 84f.;

39) a.a.O., S. 86;

40) Siehe SPAIGHT, Air power, a.a.O. (Anm. 27), S. 246;

Luftangriffen bestätigt[41]. Darüber hinaus enthielt sie eine Erklärung, daß die unterzeichnenden Staaten untereinander vollständig auf das Luftbombardement verzichten sollten, wenn vorher zwei Bedingungen erfüllt würden: Militärflugzeuge sollten technisch und numerisch limitiert sowie die Zivilluftfahrt öffentlicher Kontrolle unterliegen.

Lediglich der erste Teil der Benes-Resolution ist von rechtlicher Bedeutung: In ihm wurde von den Teilnehmerstaaten anerkannt, daß die Immunität der Zivilbevölkerung vor direkten Angriffen auch im Luftkrieg weiterhin bestand. Der zweite Teil stellte lediglich eine Absichtserklärung dar, deren Umsetzung in eine völkerrechtliche Bindung an die Erfüllung von Bedingungen geknüpft war. Solange letzteres nicht geschah, konnte keine Rechtspflicht zur Aufgabe des Luftangriffes als Kriegsmittel bestehen[42]. Letztendlich brachte aber auch die Benes-Resolution kein befriedigendes Ergebnis, sodaß die britische Delegation am 16. März 1933 einen neuen Vorschlag einbrachte. In diesem wurde neben einem völligen Verbot von Luftbombardements die allgemeine Reduktion der Militärflugzeugbestände auf bestimmte Werte verlangt[43]. So sollten Großbritannien, Frankreich, Italien, Japan, die UdSSR und die USA nicht mehr als jeweils

---

41) 1. Air attack against the civilian population shall be absolutely prohibited.
2. The High Contracting Parties shall agree as between themselves that all bombardment from the air shall be abolished, subject to agreement with regard to measures to be adopted for the purpose of rendering effective the observance of this rule.
These measures should include the following:
(a) There shall be effected a limitation by number and a restriction by characteristics of military aircraft;
(b) Civil aircraft shall be submitted to regulation and full publicity. Further, civil aircraft not conforming to the specified limitations shall be subjected to an international regime (except for certain regions where such a regime is not suitable) such as to prevent effectively the misuse of such civil aircraft.

(HENDERSON, a.a.O. [Anm. 28], S. 87);

42) So auch SPAIGHT, Air power, a.a.O. (Anm. 27), S. 247f.; HEIL E., Die völkerrechtlichen Regeln über den Bombenabwurf aus Luftfahrzeugen in ihrer geschichtlichen Entwicklung, Diss. Gießen 1935, S. 65 bezeichnete die Resolution als "nahezu wertlos";

43) HENDERSON, a.a.O. (Anm. 28), S. 88;

500 Flugzeuge besitzen[44]. Gerade von Frankreich hätte die Annahme eines solchen Vorschlags eine unverhältnismäßig weitgehende, einseitige Abrüstung verlangt, da seine Luftstreitkräfte zu diesem Zeitpunkt bereits wesentlich stärker waren[45]. Dazu kam, daß Deutschland in diesem Vorschlag nicht berücksichtigt worden war, mithin also überhaupt keine Luftwaffe besitzen sollte. Über kurz oder lang mußte deswegen mit deutschen Protesten gerechnet werden. Gegen das Vorgehen der britischen Regierung opponierten die Militärs. Sie bezeichneten den Vorschlag als inpraktikabel und für die Verteidigung Großbritanniens gefährlich. Von politischer Seite wurde das Drängen nach einem totalen Verbot von Luftbombardements mit der spezifischen Situation der englischen Hauptstadt London begründet. London war bereits im Ersten Weltkrieg Ziel deutscher Luftangriffe gewesen. Der ungeahnte technische Fortschritt hatte in den Nachkriegsjahren ein stetes Anwachsen der Reichweiten und Bombenlastkapazitäten von Militärflugzeugen mit sich gebracht. Die Diskussion um die radikalen Luftkriegstheorien des Generals Douhet erweckten in der Bevölkerung eine große Angst vor Bombardements der großen Städte. In bedrückenden Szenarien wurde die Vorstellung gefördert, London könne von einer Stunde auf die andere völlig vernichtet und die gesamte Bevölkerung dadurch ermordet werden[46]. Auch Winston Churchill bediente sich dieser Technik, um seiner Forderung nach Aufrüstung Nachdruck zu verleihen[47].

---

44) Die genauen Zahlen siehe a.a.O., Fußnote 3;

45) In einem Memorandum des Staatssekretärs für Luftfahrt im Air Ministry vom 18.8.1933 heißt es: "In brief, we are suggesting to the French that they should by accepting the prohibition of aerial bombardment submit to the emasculation of their air force (the largest in the world) and further that they should reduce it from 1667 machines to 500. It may well be doubted if they will agree to these proposals." (PRO AIR 8/151);

46) Siehe dazu insbesondere die Darstellung bei HASTINGS M., Bomber Command, New York 1979, Ausg. New York-London-Toronto u.a. 1989, S. 42ff.;

47) 1934 sprach er z.B. vor dem Unterhaus von London als größtem Angriffsziel der Welt, "... einer Art von ungeheurer, fetter, wertvoller Kuh, die zum Anlocken der Raubtiere angebunden ist..." (CHURCHILL W.S., Der Zweite Weltkrieg, Bern-München-Wien 1948, Ausg. 1985, S. 76);

Schließlich erwuchs im Volk ein sogenannter "Armada-Komplex"[48] und als dessen unmittelbare Wirkung eine starke Tendenz, von der Regierung Initiativen zur totalen Abschaffung des Luftbombardements zu verlangen. Unter diesem Druck entstand der britische Entwurf vom März 1933[49].

Entschieden anderer Meinung war das Militär, angeführt vom Air Ministry: Die Möglichkeiten des Luftbombardements seien von der Öffentlichkeit stark übertrieben worden. Keine Luftwaffe der Welt sei mächtig genug, um die Großstadt London in einem plötzlichen Schlag auszulöschen. Nicht einmal durch längere Zeit hindurch fortgesetzte Angriffe müßten notwendigerweise zur Vernichtung führen[50]. Außerdem wurde davor gewarnt, einem völkerrechtlichen Verbot zu vertrauen. Die Erfahrung habe gezeigt, daß das totale Verbot bestimmter Waffen kaum einen Kriegführenden tatsächlich von ihrer Verwendung abgehalten habe[51]. Die Einhaltung eines rigorosen Verbots sei nur dann zu sichern, wenn nicht nur alle Militärflugzeuge, sondern auch der gesamte zivile Lufttransport abgeschafft werde, da im Kriegsfall auch zivile Flugzeuge als Bombenträger eingesetzt werden könnten. Auch die Delegationen anderer Staaten hätten keinen Zweifel daran gelassen, daß ein totales Verbot kaum durchsetzbar sein würde[52].

Für das endgültige Scheitern des britischen Entwurfes wurde allgemein aber eine andere Bestimmung verantwortlich gemacht. Von dem totalen Verbot von Luftbombardements in Art. 34 gab es eine Ausnahme:

---

48) So HASTINGS, a.a.O. (Anm. 46), S. 44 unter Hinweis auf R.R. JAMES;

49) Denkschrift des Air Staff, vom 15.2.1932, S. 1 (PRO AIR 8/151);

50) Aus einer Denkschrift des Air Ministry vom Mai 1932, S. 2: "I wish, therefore, to make it clear that it is the considered opinion of the Air Ministry that, even with the present disparity between our Air Forces and those of the French, the physical knock-out of London within a few hours ... need not to be contemplated. It could only be achieved, if at all, as a result of a cumulative process, and on the assumption that the frequency and intensity of the raids could be maintained." (PRO Air 8/151);

51) Vgl. Denkschrift des Air Staff, a.a.O. (Anm. 49), S. 2;

52) Siehe dazu Anhang B, Dokument 9d;

"...except for police purposes in certain outlying regions"[53]. Gerade dieser Zusatz löste scharfe Diskussionen aus. England begründete ihn damit, der Einsatz von Flugzeugen in unwegsamen Landstrichen wäre die einzige Alternative zur Entsendung von Expeditionsstreitkräften, deren Einsatz wahrscheinlich langwieriger, verlustreicher und im Endeffekt unmenschlicher sei[54]. Die gesamten Umstände des britischen Vorbehalts und der internationalen Reaktionen deuten darauf hin, daß die meisten Delegationen froh waren, einen Vorwand für die Ablehnung eines Abrüstungsplanes gefunden zu haben. Denn mit diesem Vorbehalt war tatsächlich von vorneherein zu rechnen. Großbritannien war als Kolonialmacht in erster Linie daran interessiert, die Ruhe in den verwalteten Gebieten mit möglichst wenig Aufwand an Menschen und Material aufrechtzuerhalten[55]. Aus diesem Grund hatte es sich bereits im Zuge der ersten Haager Konferenz 1899 gegen ein Verbot der Dum-Dum-Geschosse gewehrt und die entsprechende Konvention nicht unterzeichnet. Bezüglich der HLKO war England der Auffassung, daß diese nicht im Kampf gegen Eingeborene in den Kolonien anwendbar sei. Darin wurde es durch die Martens'sche Klausel unterstützt, in der von den "unter gesitteten Völkern feststehenden Gebräuchen" die Rede war[56]. Auch die Haager Luftkriegsregeln wurden von Großbritannien nicht als ein Mittel zur Regulierung des Kolonialkrieges betrachtet. Selbst wenn sie völkerrechtlich bindend geworden wären, hätten aufständische Eingeborene nicht davon profitiert. Diesem Gedankengang lag der Grundsatz zugrunde, Krieg könne nur zwischen Staaten geführt werden, daher komme auch das Kriegsrecht nur zwischen Staaten zur

---

53) Siehe HENDERSON, a.a.O. (Anm. 28), S. 88;

54) a.a.O., S. 89;

55) Deshalb auch die starke Zurückhaltung des Air Ministry gegenüber dem absoluten Bombardierungsverbot (Denkschrift des Air Staff, a.a.O. [Anm. 49], S. 6f.; Denkschrift, a.a.O. [Anm. 50], S. 7); siehe auch DEIGHTON L., Luftschlacht über England, 2. Aufl., München 1985, S. 42f.; lt. WATT, a.a.O. (Anm. 24), S. 69 hatte das Air Ministry den Vorbehalt des Polizeieinsatzes gegen den Widerstand des Foreign Office durchgesetzt;

56) Präambel des Abkommens, betreffend die Gesetze und Gebräuche des Landkrieges vom 18. Oktober 1907;

Anwendung. Der Einsatz von Streitkräften zur Niederschlagung von Aufständen in den Kolonien war nach der britischen Ansicht nur ein Polizeiunternehmen auf eigenem Territorium und habe daher mit dem Kriegsvölkerrecht nichts zu tun[57]. Allgemein bekannt war, daß zur selben Zeit, als in Genf die Abrüstungskonferenz über ein Verbot von Bombardements beriet, die britische Luftwaffe Angriffe gegen die Dörfer moslemischer Rebellen an der indischen Nordwestgrenze flog. Als nach Bekanntwerden des Inhalts der Benes-Resolution die Kolonialregierung und der englische Luftwaffenstab in Indien besorgt in London anfragten, ob diese Erklärung irgendwelche Auswirkungen auf die Einsätze gegen die Aufständischen habe, wurden sie beruhigt: Sie seien in keiner Weise gebunden[58]. Allerdings waren sich die verantwortlichen Politiker in London der Tatsache bewußt, daß ein Fortführen der Befriedung durch Luftbombardements einen schlechten Eindruck in der Öffentlichkeit hinterlassen konnte[59]. Diese Umstände mußten den Delegierten in Genf zumindest in den Grundzügen bekannt gewesen sein, als der britische Vorschlag mit der Ausnahmeklausel vorgelegt wurde. Die plötzliche, nahezu einstimmige Empörung[60] führt zu der Annahme, daß diese Klausel nicht nur erwartet, sondern sogar erhofft wurde, um die ungeliebte Abrüstung daran scheitern zu lassen. Einige andere Vorschläge brachten ebenfalls kein Ergebnis, inzwischen war es jedoch zu ernsten Konflikten zwischen Frankreich und Deutschland um die Frage der deutschen Gleichberechtigung beim Aufbau seiner Streitkräfte gekommen. Nach der Machtübernahme Hitlers war die schwelende Auseinandersetzung offen zutage getreten, und als sich Frankreich mit der Unterstützung Englands unnachgiebig zeigte[61], verließ die deutsche Delegation die Konferenz und Deutschland trat am 14. Oktober 1933 aus dem Völkerbund aus. 1934 endete die Genfer Abrüstungs-

---

57) Siehe im Wortlaut des britischen Vorbehalts: "police purposes";

58) Anhang B, Dokument 10;

59) a.a.O.; sowie Denkschrift, a.a.O. (Anm. 50), S. 7;

60) HENDERSON, a.a.O. (Anm. 28), S. 88;

61) CARTIER, a.a.O. (Anm. 25), S. 311; FEST, a.a.O. (Anm. 26), S. 601;

konferenz, ohne in der Frage des Luftkrieges ein konkretes Ergebnis erbracht zu haben[62].

## Appelle und Resolutionen

Auch nach dem Fehlschlagen einer allgemeinen Abrüstung wurden von offizieller Seite mehrmals Vorschläge zur Regelung des Luftbombardements gemacht. Am 21. Mai 1935 forderte Adolf Hitler anläßlich einer Reichstagsrede das Verbot von Bombenangriffen außerhalb der unmittelbaren Kampfzone[63]. Am 1. April 1936 erging erneut ein ähnliches Angebot an die britische Regierung[64], blieb aber ohne Antwort[65]. In England wurde Hitlers Vorstoß mit Skepsis empfangen, die Stäbe der Royal Air Force erkannten durchaus, daß die Annahme einer solchen Regelung mit einem Schlag das Ende der britischen Luftkriegsplanung darstellen würde, andererseits wäre die deutsche Planung, welche auf den Bombereinsatz zur Heeresunterstützung aufbaute, einseitig bevorzugt[66]. Außerdem sei es unmöglich, eine eindeutige Bestimmung der Kampfzone im modernen Krieg

---

62) Ergebnislos blieben ferner die britisch-französischen Versuche im Februar 1935, die Locarno-Verträge durch einen gegenseitigen Garantievertrag gegen Luftangriffe zu erweitern. Bei diesem zwischen Deutschland, Großbritannien, Frankreich, Belgien und evt. Italien geplanten Vertrag hätten im Falle eines unprovozierten Luftangriffs eines Vertragspartners gegen das Gebiet oder die Schiffahrt eines anderen Mitgliedes die Luftwaffen aller restlichen Vertragsstaaten dem Opfer sofort beistehen müssen. (Archiv des Chief of Air Staff, The proposed aerial convention 1935, PRO AIR 8/201; siehe auch SPAIGHT, Air power, a.a.O. [Anm. 27], S. 248);

63) DOMARUS M. (Hrsg.), Hitler - Reden und Proklamationen 1932-1945, Bd. I/2, Wiesbaden 1973, S. 513; ebenso RIESCH, a.a.O. (Anm. 1), S. 182f.;

64) a.a.O., S. 183; DOMARUS, a.a.O. (Anm. 63), S. 618;

65) SPETZLER, a.a.O. (Anm. 18), S. 161f. hat sicher nicht unrecht mit seiner Behauptung, Hitlers Vorstoß sei hauptsächlich an Englands Luftkriegskonzeption gescheitert;

66) a.a.O., S. 160ff; BERBER F., Lehrbuch des Völkerrechts, Bd. 2: Kriegsrecht, 2. Aufl., München 1969, S. 179f.; zur britischen Haltung siehe insbes. SPAIGHT, Air power, a.a.O. (Anm. 27), S. 248f.;

durchzuführen[67]. Bei der Nichtannahme der deutschen Vorschläge spielte auch die Haltung kleinerer Staaten, so der Beneluxländer eine Rolle: Im Kriegsfall würden sie schnell überrannt sein und aufgrund ihrer geringen Ausdehnung wäre nahezu das gesamte Staatsgebiet Operationsgebiet der Landstreitkräfte und damit des Schutzes für die Zivilbevölkerung beraubt[68].

Der britische Premierminister Neville Chamberlain erklärte am 21. Juni 1938 vor dem Unterhaus, daß im Luftkrieg trotz des Fehlens einer völkerrechtlichen Kodifikation drei Grundsätze immer gelten würden: Erstens sei es verboten, Zivilisten als solche zu bombardieren beziehungsweise vorsätzliche Angriffe gegen die Zivilbevölkerung zu fliegen. Zweitens müssen die angegriffenen Ziele militärische Objekte und als solche identifizierbar sein, und schließlich sei der Angriff so durchzuführen, daß die Zivilbevölkerung nicht durch Unachtsamkeit Schaden erleiden könne[69]. Bei der folgenden Sitzung der Völkerbundversammlung brachte die britische Delegation einen Resolutionsentwurf ein, der die Erklärung Chamberlains im wesentlichen wiedergab. Ohne Gegenstimme nahm die Versammlung am 30. September 1938 folgende Resolution an:

1) The intentional bombing of civilian populations is illegal.
2) Objectives aimed at from the air must be legitimate military objectives and must be identifiable.

---

67) Committee of Imperial Defence, The restriction of air warfare, 1.3.1938, S. 26f.; hier wird außerdem der Gebrauch des Begriffes "offene Städte" in Hitlers Friedensplan kritisiert. (PRO AIR 8/155);

68) SPETZLER, a.a.O. (Anm. 18), S. 161;

69) Zit. bei SPAIGHT, Air power, a.a.O. (Anm. 27), S. 257; Les bombardements aériens en Espagne, in: RGDA 1938, S. 218ff.; lt. IRVING D., Von Guernica bis Vietnam, München 1982, S. 39ff. ging dem Appell Chamberlains eine Initiative der holländischen Königin im Februar 1938 voraus, diese wurde von England aber angeblich zurückgewiesen.
Der Appell Chamberlains beeinflußte die britische Luftkriegsführung in der Anfangsphase des Zweiten Weltkrieges in entscheidendem Ausmaß, wurde wegen seiner strengen Grundsätze aber später kritisiert. So z.B. SPAIGHT J.M., Legitimate objectives in air warfare, in: BYIL 1944, S. 161ff.;

3) Any attack on legitimate military objectives must be carried out in such a way that civilian populations in the neighbourhood are not bombed through negligence.[70]

Die Rechtsqualität dieser Resolution ist von zweifelhaftem Wert. Auf jeden Fall band sie nur die Mitglieder des Völkerbundes, also nicht die Vereinigten Staaten, Deutschland und Japan, welches im Zusammenhang mit der Mandschurei-Krise ausgetreten war. Darüber hinaus ist anzunehmen, daß die Geltung der Resolution stillschweigend unter dem Vorbehalt der Gegenseitigkeit stand, ein Kriegführender mußte sich also nicht daran halten, wenn sein Gegner die Bestimmungen mißachtete. Von Bedeutung ist allerdings der unverkennbare Einfluß der Haager Luftkriegsregeln, soweit das Element des Vorsatzes bei der Durchführung der Angriffe auch hier als entscheidendes Merkmal eines völkerrechtswidrigen Bombardements betrachtet wurde. Dies war sowohl im ersten als auch im zweiten Absatz der Fall: Die Zivilbevölkerung durfte nicht vorsätzlich angegriffen werden und das mit Vorsatz angegriffene Ziel mußte ein militärisches Objekt sein. Leider wurde auf eine Definition des militärischen Objektes verzichtet, aber wahrscheinlich wollte man den langwierigen Diskussionen über diesen Punkt aus dem Weg gehen. Lediglich Absatz 3 ist strenger gefaßt als das Verbot unterschiedsloser Angriffe in Art. 24(3) LKR. Während von letzterer Vorschrift ausschließlich der bedingte Vorsatz, die Zivilbevölkerung zu treffen, erfaßt war, bezog sich die Völkerbundresolution auch auf die (bewußte) Fahrlässigkeit. Demnach war dieses Verbot absolut, denn Angriffe durften nur dann durchgeführt werden, wenn der Schutz der benachbarten Zivilbevölkerung völlig sichergestellt war[71].

Neben den geschilderten Kodifikationsbestrebungen gab es noch zahlreiche andere Vorschläge nichtamtlicher Organisationen, die sich auf den

70) SCHINDLER/TOMAN, a.a.O. (Anm. 7), S. 153f.;

71) Nach ROTOCKI Z., Polish directives of 1939 concerning aerial bombardment in the light of international rules of air warfare, in: Polish Yearbook of International Law 1970, S. 154f. war die Völkerbundresolution 1938 lediglich die Ausformulierung bestehenden Gewohnheitsrechts. Dem ist mit Vorbehalt bezüglich des Absatz 3 zuzustimmen. Kritisch dagegen SPAIGHT, Air power, a.a.O. (Anm. 27), S. 258;

Schutz der Zivilbevölkerung in Kriegszeiten bezogen, jedoch erlangte keiner von ihnen allgemeine Bedeutung[72]. So war die Lage des Luftkriegsrechts vom Standpunkt des Vertragsrechts aus sehr ungünstig. Kurz vor Ausbruch des Zweiten Weltkrieges existierte noch immer kein internationales Abkommen, welches auf die besonderen Gegebenheiten im Luftkrieg Rücksicht nahm und den Schutz der Zivilbevölkerung vor Bombenangriffen in praxisgerechter Weise garantierte. Dies bedeutet aber keineswegs, daß die diesbezügliche Rechtsentwicklung auf dem Stand von 1918 stehengeblieben wäre, im Gegenteil: Gerade die umfangreiche Diskussion zwischen den Kriegen trug in entscheidendem Maße zur Schaffung eines Gewohnheitsrechts bei, welches erheblich differenzierter war als gemeinhin angenommen wird.

## *Gewohnheitsrechtliche Entwicklung*

### Die Entstehung einer Communis Opinio

Gerade beim Fehlen von internationalen Vertragswerken ist darauf zu achten, ob der betreffende Gegenstand nicht bereits durch Gewohnheitsrecht eine mehr oder minder deutliche Regelung erfahren hat. Einer einfachen Definition gemäß ist das Völkergewohnheitsrecht eine andauernde und allgemeine, mit Rechtsüberzeugung verbundene Übung mehrerer Staaten. Bedauerlicherweise herrscht über den exakten Inhalt der Bestimmungsfaktoren keine allgemeine Klarheit, sodaß es in vielen Grenzfällen immer wieder zur Unsicherheit darüber kommt, ob Gewohnheitsrecht vorliegt oder nicht[73]. So gab und gibt es in der Völkerrechtswissenschaft Uneinigkeit über die notwendige Dauer einer Übung als Grundlage für Gewohnheitsrecht[74]. Einerseits darf sie nicht zu kurz sein, weil sonst das

72) Siehe dazu die detaillierten Angaben bei SPETZLER, a.a.O. (Anm. 18), S. 164ff.;

73) Einen in dieser Hinsicht extremen Standpunkt vertritt z.B. DUNBAR N.C.H., The myth of customary international law, in: Australian Yearbook of International Law 1983, S. 18f., der das VGR als legale Fiktion bzw. Mythos bezeichnet:

74) Siehe dazu beispielsweise BERNHARDT R., Customary international law, in: Encycl. 7, S. 64f.;

dem Begriff "Gewohnheit" innewohnende Element der Zeit negiert würde. Andererseits darf man beim Erfordernis der Dauer gerade in einer Periode rasanter technologischer Entwicklung, welche die Staatengemeinschaft in schneller Abfolge mit völlig neuen Umständen konfrontiert, nicht so streng sein, daß eine Entstehung von Völkergewohnheitsrecht überhaupt unmöglich wird, da sich so die Situation bereits geändert hat, bevor sich die Rechtslage anpassen kann. Aus diesem Grund ging namentlich die neuere Lehre dazu über, das Element der Dauer erheblich niederrangiger zu bewerten[75]. Nachdem es immer eine gewisse Zeit in Anspruch nimmt, bis sich eine Übung als Staatenpraxis auf der Basis der Gegenseitigkeit etablieren kann, sollte dieser Zeitraum genügen. Vereinzelt gebliebene Vorkommnisse dürfen in diesem Fall nicht als Übung berücksichtigt werden. Gerade im Kriegsrecht muß diese Ansicht ihren Niederschlag finden, denn die Entwicklungen in der Militärtechnik gehen so schnell vonstatten, daß das Völkerrecht kaum Zeit hat, sich der neuen Lage anzupassen, bevor diese bereits wieder veraltet ist. Das Element der Allgemeinheit ist mit dem Grundsatz der Gegenseitigkeit verbunden[76]. Entscheidend ist die Tatsache, daß eine Reihe von Staaten eine bestimmte Praxis im Rechtsverkehr vor allem untereinander ausüben. Schließlich und endlich muß bei der Bewertung einer Übung als Gewohnheitsrecht insbesondere auf die opinio juris sive necessitatis, die Rechtsüberzeugung Rücksicht genommen werden. Sie dient sowohl nach älterer als auch neuerer Lehre dazu, das Ge-

---

75) a.a.O., unter Verweis auf den Nordsee-Kontinentalshelf-Fall; BOS M., The identification of custom in international law, in: 25 German Yearbook of International Law 1982, S. 28; BRAVO L.F., Méthodes de recherche de la coutume internationale dans la pratique des états, in: Recueil des Cours 1985/III, S. 248f.; SIMMA B., Das Völkergewohnheitsrecht, in: NEUHOLD H./HUMMER W./SCHREUER C. (Hrsg.), Österreichisches Handbuch des Völkerrechts, Bd. 1, Wien 1983, S. 45; VERDROSS A., Völkerrecht, 4. Aufl., Wien 1959, S. 85;

76) BONFILS H./FAUCHILLE P., Manuel de droit international public, 6. Aufl., Paris 1912, S. 23; FAUCHILLE P., Traité de droit international public, Bd. 1, 8. Aufl., Paris 1922, S. 42; KUNZMANN K.H., Die Fortentwicklung des Kriegsrechts auf den Gebieten des Schutzes der Verwundeten und der Beschießung von Wohnorten, Diss. Bonn 1960, S. 27; zum Problem der Allgemeinheit siehe auch BOS, a.a.O. (Anm. 75), S. 25ff.; BRAVO, a.a.O. (Anm. 75), S. 244ff.; KUNZ J.L., The nature of customary international law, in: 47 AJIL 1953, S. 666;

wohnheitsrecht von einfacher Übung ohne Rechtsüberzeugung abzugrenzen, da letztere keine Normwirkung ausüben und nicht als Anspruchsgrundlage herangezogen werden kann[77]. In der Regel erweist es sich als schwierig, die Existenz einer Rechtsüberzeugung bei den Staaten nachzuweisen, da sie sich oftmals nicht direkt, sondern in mehr oder minder versteckten Äußerungen manifestieren kann[78]. Umso mehr im Kriegsrecht, wo die Diplomatie und der Umgang mit unverbindlichen Erklärungen eine besonders große Rolle spielen, fällt es schwer festzustellen, ob ein tatsächliches Bekenntnis zu einer Norm vorliegt oder lediglich ein Scheinzugeständnis. In dieser Situation hilft oftmals die Berücksichtigung der wissenschaftlichen Meinung, der opinio communis. Die Autorität der herrschenden Lehre bei der Entstehung von Rechtssätzen ist von größter Bedeutung[79]. Die in der wissenschaftlichen Auseinandersetzung geprägten Sätze gehen sehr häufig in die politische Haltung eines oder mehrerer Staaten über. Schließlich machen sich die Staaten die herrschende Lehre zueigen

77) Tatsächlich ist die Rechtsüberzeugung die fundamentalste aller Voraussetzungen für die Entstehung von VGR. In ihr äußert sich die "allgemeine Anerkennung" einer gewissen Praxis als rechtmäßig und rechtserheblich. Siehe LISZT F. von/ FLEISCHMANN M., Das Völkerrecht, 12. Aufl., Berlin 1925, S. 16; STRUPP K., Grundzüge des positiven Völkerrechts, 2. Aufl., Bonn 1922, S. 9; KUNZMANN, a.a.O. (Anm. 76), S. 28f.; BOS, a.a.O. (Anm. 75), S. 14ff.; KUNZ, Customary law, a.a.O. (Anm. 76), S. 667; SIMMA, a.a.O. (Anm. 75), S. 46; VERDROSS, a.a.O. (Anm. 75), S. 85; DERS., Völkerrecht, Berlin 1937, S. 73; KARL W., Vertrag und spätere Praxis im Völkerrecht, Berlin-Heidelberg 1983, S. 97ff.; die Bedeutung der opinio juris ist nicht völlig unbestritten: siehe dazu a.a.O., S. 89, sowie BERNHARDT, a.a.O. (Anm. 74), S. 62;

78) Zur Feststellung der Existenz einer opinio juris siehe insbes. BOS, a.a.O. (Anm. 75), S. 30ff.;

79) Die bedeutende Rolle der Völkerrechtswissenschaft bei der Auffindung bestehenden Völkerrechts (insbes. des VGR) wurde auch durch Art. 38(4) des Statuts des Ständigen Internationalen Gerichtshofes von 1920, sowie nach dem Krieg in Art. 38 lit. d des IGH-Statuts von 1945 bestätigt. Sicherlich aber ist in der opinio communis keine selbständige Völkerrechtsquelle zu sehen. Siehe dazu KARL W., Sonstige Quellen des Völkerrechts, in: NEUHOLD H./HUMMER W./SCHREUER C. (Hrsg.), Österreichisches Handbuch des Völkerrechts, Bd. 1, Wien 1983, S. 101f.; VERDROSS, a.a.O. (Anm. 75), S. 94;

und verarbeiten sie in ihrer Jurisdiktion oder ihrer Politik, wodurch sie zu einer Grundlage für die Entwicklung des VGR wird.

Bezüglich des Luftkriegsrechts wurde bereits festgestellt, daß es seit der allgemeinen Einführung des Flugzeuges als Kriegswaffe im Ersten Weltkrieg nicht gelungen war, zu einer vertraglichen Regelung seines Einsatzes insbesondere jenseits der umkämpften Front zu kommen. Dennoch entwickelte sich auf diesem Gebiet eine wissenschaftliche Tätigkeit, welche trotz der allgemeinen Zurückhaltung in Bezug auf das jus in bello und zugunsten eines Kriegsverhütungsrechts erstaunlich rege war. Während es die Völkerrechtswissenschaft aber in den Jahren nach dem Ersten Weltkrieg an einheitlichen Ansätzen vermissen ließ, brachte die Veröffentlichung der Haager Luftkriegsregeln im Jahre 1923 den entscheidenden Durchbruch. Nun war erstmals ein Kodifikationsentwurf vorhanden, welcher durch die Zusammensetzung der Kommission aus offiziellen Staatenvertretern genug Autorität hatte, um von Anfang an als Diskussionsgrundlage akzeptiert zu werden. So wurde die Wertung der LKR fester Bestandteil jeder luftkriegsrechtlichen Darstellung der Zwischenkriegszeit. Abseits der Beurteilung als Ganzes, welche von der Ablehnung als nutzlos und weltfremd[80]

80) CHARPENTIER, a.a.O. (Anm. 15), S. 81f.; RANDELZHOFER A., Flächenbombardement und Völkerrecht, in: KIPP H./MAYER F. u.a. (Hrsg.), Um Recht und Freiheit (FS von der Heydte), Berlin 1977, S. 476f.; ebenso LAUTERPACHT H., The problem of the revision of the laws of war, in: 29 BYIL 1952, S. 367ff.; interessanterweise liest man in der von Lauterpacht bearbeiteten und herausgegebenen 7. Auflage des Werkes von OPPENHEIM L., International law, Bd. II: Disputes, war and neutrality, London 1952, Nachdr. 1965, S. 519 das genaue Gegenteil;

bis zu ihrer Anerkennung als allgemein akzeptiertes Recht[81] reichte, kristallisierten sich um die einzelnen Bestimmungen der LKR gerade bezüglich des Luftbombardements Ansichten, deren Homogenität letztendlich die Entstehung einer herrschenden Meinung mit sich brachte. Anhand der Art. 22 bis 26 LKR entwickelte sich zu den einzelnen Regeln durch allgemeine Zustimmung einerseits und ebenso allgemeine Ablehnung andererseits ein geschlossenes Bild des Rechts der Luftangriffe, welches von der Wissenschaft akzeptiert wurde.

So wurde das Verbot von vorsätzlichen Angriffen gegen die Zivilbevölkerung im Wortlaut des Artikels 22 gemeinhin bejaht und auch bis heute

81) DINSTEIN Y., The laws of war in the air, in: 11 Israel Yearbook on Human Rights 1981, S. 42; DERS., Warfare, methods and means, in: Encycl. 4, S. 342; LEROY H.S., Limitation of air warfare, in: Air Law Review 1941, S. 25, 30;

Zwischen den beiden Extrempositionen gab es ein breites Spektrum vorwiegend positiver Beurteilungen der LKR. Als Erkenntnisquelle für bereits bestehendes VGR wurden sie gesehen von CZESANY M., Nie wieder Krieg gegen die Zivilbevölkerung, Graz 1964, S. 17; ERDELBROCK A., Das Luftbombardement, Diss. Tübingen 1929, S. 58f.; HAMMARSKJÖLD A., Gutachten, in: DERS./MACDONOGH G./ROYSE M.W. u.a., La protection des populations civiles contre les bombardements, Genf 1930, S. 35; HEYDTE F.A. von der, Haager Luftkriegsregeln von 1923, in: WBdVR 2, S. 442; KUNZMANN, a.a.O. (Anm. 76), S. 178; RÖHRIG G., Die Ziele selbständiger Luftangriffe, Königsberg-Berlin 1938, S. 33; SPETZLER, a.a.O. (Anm. 18), S. 156f.; VERDROSS, a.a.O. (Anm. 75), S. 396.

Häufig wurden die LKR jedoch als gelungener Versuch der Kodifikation des Luftkriegsrechts beurteilt: beispielsweise MEYER, a.a.O. (Anm. 1), S. 8; POHL H., Luftkriegsrecht, Stuttgart 1924, S. 21; OPPENHEIM/LAUTERPACHT, a.a.O. (Anm. 80), S. 519; die Nichtannahme der LKR wurde teilweise ausdrücklich bedauert: CASTRÉN E., The present law of war and neutrality, Helsinki 1954, S. 386; MANCHOT K.R., Die Entwicklung der völkerrechtlichen Regelung der Luftfahrt und des Luftkriegs, Diss. Erlangen 1930, S. 63; DE SAUSSURE H., The laws of air warfare: are there any?, in: U.S. Naval War College - International Law Studies 62, Newport 1980, S. 282; SPAIGHT, Air power, a.a.O. (Anm. 27), S. 43;

noch stets bekräftigt[82]. Probleme ergaben sich allerdings bei der Definition der Zivilbevölkerung. Konkret ging es um die Stellung der Rüstungsarbeiter. Wie bereits betont, hatte sich das Bild des Krieges nach der Jahrhundertwende grundsätzlich geändert. Je technisierter die Kampfmittel wurden, umso weniger Bedeutung hatte der einzelne Soldat. Demgegenüber stieg aber die Wichtigkeit der Rüstungsindustrie in der Heimat und mit ihr die der Arbeitskraft der Werktätigen. Die Einschränkung oder gar Vernichtung der Produktion von Kriegsgerät wurde daher zu einem wichtigen Kriegsziel. Prinzipiell trug der einzelne Arbeiter sogar mehr zum Kriegsgeschehen bei als der Soldat an der Front, denn er hatte die Möglichkeit, die Vernichtungskapazität seines Heeres durch unentwegte Produktion von Waffen schnell zu vergrößern[83]. So schien es unlogisch, daß der Rüstungsarbeiter mehr Schutz genießen sollte als der uniformierte Kämpfer an der Front[84]. Der traditionelle Kombattantenstatus der HLKO[85] war auf die Arbeiter in der heimischen Rüstungsindustrie nicht anzuwenden, so ent-

---

82) Zum Bsp. BECKERT E., Kriegsvölkerrecht - Luftkriegsrecht, in: Unterrichtsblätter für die Bundeswehrverwaltung 1976, S. 181f.; BLIX H., Area bombardment: rules and reasons, in: 49 BYIL 1978, S. 32; BRUHA T., Bombardment, in: Encycl. 3, S. 55; GULDIMANN W., Luftkriegsrecht, Diss. Basel 1940, S. 82f.; HOIJER O., Les bombardements aériens, in: RGDA 1932, S. 827f.; SIBERT M., Gutachten, in: HAMMARSKJÖLD A./MACDONOGH G./ROYSE M.W. u.a., La protection des populations civiles contre les bombardements, Genf 1930, S. 160; WHERRY W.M., Aerial bombardment in international law, in: New York Law Review 1940, S. 139; sogar der sonst so pessimistische LAUTERPACHT, a.a.O. (Anm. 80), S. 369 bekräftigte das Verbot von Terrorbombardements.

83) SPAIGHT, Air power, a.a.O. (Anm. 27), S. 46;

84) a.a.O., S. 43f.;

85) Art. 1 HLKO;

wickelte sich für sie der Begriff der "Quasikombattanten"[86]. Eine umfangreiche Diskussion drehte sich um die allfällige Zulässigkeit direkter Kampfhandlungen gegen die Quasikombattanten. Es stellte sich die Frage, ob die Arbeiter nur zusammen mit ihren Fabriken oder auch zu Hause in den Wohnvierteln angegriffen werden durften[87]. Die radikalere Ansicht hätte konsequenterweise die völlige Aufhebung der Trennung von Kombattanten und Nichtkombattanten zur Folge, denn erstens wäre es absolut unmöglich gewesen, in den Wohngebieten zwischen den Wohnungen von Rüstungsarbeitern und jenen der friedlichen Zivilbevölkerung zu unterscheiden, und zweitens gab es ebensowenig eine exakte Definition des angreifbaren Fabriksarbeiters wie eine der Fabrik als legitimem militärischen Objekt. In der Folge müßte man dazu übergehen, die gesamte Bevölkerung als ein solches Angriffsziel zu betrachten, da die Kriegsanstrengungen eines Staates in der Regel jeden einzelnen Bürger miteinbezogen, mithin jeder

---

86) Die Einführung dieses Begriffs für Nichtkombattanten, welche aber nicht die völlige Immunität der Zivilbevölkerung in Anspruch nehmen sollten, geschah durch SPAIGHT, beruhend auf Aussagen von ROLLAND L., Les pratiques de la guerre aérienne dans le conflit de 1914 et le droit des gens, in: RGDIP 1916, S. 554. Soweit es die Rüstungsarbeiter betraf, wurde die Erweiterung des Kombattantenstatus in Anbetracht des modernen Krieges von der Lehre weitgehend akzeptiert. Beispielsweise ging MEYER, a.a.O. (Anm. 1), S. 78ff. bei seiner Unterscheidung von "friedlicher" und "nicht friedlicher" Bevölkerung von der strafrechtlichen Adäquanztheorie (von ihm selbst als Kausalitätstheorie bezeichnet) aus. Auch danach sind Rüstungsarbeiter, deren Handlung eine adäquate Ursache für den Kampferfolg ist, als "nicht friedlicher" Bevölkerungsteil legitimes Angriffsziel;

87) SPAIGHT, der als Beamter des Air Ministry während des Zweiten Weltkrieges seine Ansichten zunehmend radikalisierte, ging dem Vorwurf, die Unterscheidung von Kombattanten und Nichtkombattanten völlig negiert zu haben, dadurch aus dem Weg, daß er die Rolle der Industriestadt im "vorfabrizierten Krieg" als Grund nahm, um sie als Ganzes zu einem "place d'armes" und zu einem militärischen Objekt zu erklären. Damit wäre die Tötung der vorhandenen Zivilbevölkerung als notwendiges Übel entschuldbar. (SPAIGHT, Legitimate objectives, a.a.O. [Anm. 69], S. 162f.) Allerdings wird ihm von BLIX, a.a.O. (Fn 82), S. 43 fälschlich vorgeworfen, er würde den Angriff gegen die Arbeiterschaft auch in ihren Wohnungen legitimieren. vgl. dazu MEYER, a.a.O. (Anm. 1), S. 69 mit Hinweis auf mehrere Werke Spaights; zu dieser Diskussion siehe insbes. SPETZLER, a.a.O. (Anm. 18), S. 187ff. mit detaillierten Hinweisen;

Bewohner für sich kriegswichtig war[88]. Dies erkannte auch die Völkerrechtswissenschaft und wehrte sich gegen eine Aushöhlung des Begriffs der Zivilbevölkerung durch den der Quasikombattanten. Das Ergebnis der Diskussion war die nahezu einhellige Ansicht, daß die Arbeiter in Rüstungsbetrieben ohnehin dann gefährdet waren, wenn ihre Fabrik Ziel eines Angriffs war[89]. Es war klar, daß man ein militärisches Objekt nicht durch die Verwendung von Zivilpersonen als Arbeitskräfte "immunisieren" konnte[90]. Trafen die Bomben eine Fabrik, so waren notwendigerweise die Arbeiter betroffen, wenn auch der Angriffsvorsatz den Fabriksgebäuden galt, aber dieses Risiko der Arbeiterschaft mußte in Kauf genommen werden. Der Arbeiter selbst stand aber - sobald er die Fabrik verlassen hatte - unter demselben Schutz wie die restliche Zivilbevölkerung[91], deshalb war es auch nach der herrschenden Meinung strikt verboten, Arbeiterwohn-

---

88) Zu dieser Konsequenz gelangte praktisch SPAIGHT, als er die Arbeiter nahezu aller Industriezweige, die Transportarbeiter und die im Zivilschutz Tätigen den Quasikombattanten zurechnete (SPAIGHT, Legitimate objectives, a.a.O. [Anm. 69], S. 162). Noch radikaler war wohl LE GOFF M., Les bombardements aériens dans la guerre civile espagnole, in: RGDIP 1938, S. 586:

"Lorsqu'on parle, lorsqu'on agite ... l'opinion internationale par les procédés toujours créateurs d'emotion que sont les douleurs, les morts des victimes innocentes des bombardements aériens dans les agglomérations urbaines, il faut aussi se souvenir que les populations civiles atteintes sont mêlées et participantes à la vaste entreprise de la guerre."

89) Zum Bsp. BEST G., Humanity in warfare, London 1983, S. 265; BLIX, a.a.O. (Fn 82), S. 42; SPETZLER, a.a.O. (Anm. 18), S. 188; CLÉMENS, a.a.O. (Anm. 20), S. 278; GARNER J.W., International regulation of air warfare, in: ALR 1932, S. 117; VERDROSS, a.a.O. (Anm. 75), S. 366f.; OPPENHEIM/LAUTERPACHT, a.a.O. (Anm. 80), S. 525;

90) a.a.O.;

91) Das Problem der Beurteilung eines direkten Angriffs gegen einzelne Arbeiter auf dem Fabriksgelände, beispielsweise im Zuge eines Tieffluges, ist eher akademischer Natur (so richtig SPETZLER, a.a.O. [Anm. 18], S. 188f.);

siedlungen direkt anzugreifen[92]. Unterstützt wurde diese Haltung erneut durch die Beratungen der Expertenkommission des IKRK im Dezember 1931. Diese ergaben im Zusammenhang mit der problematischen Definition der Zivilbevölkerung im modernen Krieg das Ergebnis, daß auch die Arbeiterschaft der Rüstungsbetriebe an sich niemals ein militärisches Objekt darstellen und direkt angegriffen werden dürfe[93]. Diese allgemein von der Völkerrechtswissenschaft vertretene Ansicht bedeutete, daß auch Arbeiterwohnsiedlungen als genauso geschützt betrachtet wurden wie beispielsweise ein Altersheim oder eine Schule. Der Schutz der Rüstungsarbeiter und ihrer Familien vor direkten Angriffen im Sinne des Art. 22 LKR war also als herrschende Lehre anerkannt.

Der Artikel 23 ging in seinem Inhalt weit über die analoge Regelung im Seekrieg hinaus. Nach den Artikeln 3 und 4 des IX. Haager Übereinkommens waren Bombardements auch unverteidigter Orte erlaubt, wenn der Aufforderung, für den Betrieb der Flotteneinheiten benötigte Güter bereitzustellen, nicht nachgekommen wurde. Das Verbot derartiger Beschießungen im Luftkrieg ging auf den amerikanischen Vorschlag zurück[94]. Wahrscheinlich wollte man damit verhindern, daß Sachrequisitionen als Vorwand für rechtswidrige Angriffe dienten[95]. Generell jedoch stand man dieser Vorschrift mit Unverständnis gegenüber. Zwar gab es keinerlei Einwände, aber die praktische Bedeutung einer solchen Norm war zwei-

92) BEST, a.a.O. (Anm. 87), S. 265; BLIX, a.a.O. (Fn 80), S. 42; CASTRÉN E., La protection juridique de la population civile dans la guerre moderne, o.O. und o.J., S. 3; CZESANY, a.a.O. (Anm. 81), S. 41f.; DINSTEIN, Laws of war, a.a.O. (Anm. 81), S. 58; GARNER, Regulation, a.a.O. (Anm. 87), S. 117; KALSHOVEN F., The law of warfare, Leiden 1973, S. 38; RÖHRIG, a.a.O. (Anm. 81), S. 48; SPETZLER, a.a.O. (Anm. 18), S. 189; VERDROSS, a.a.O. (Anm. 75), S. 366;

93) CHARPENTIER, a.a.O. (Anm. 15), S. 47; MEYER, a.a.O. (Anm. 1), S. 75;

94) Siehe Anhang B, Dokument 4, Art. 32;

95) GARNER, Regulation, a.a.O. (Anm. 89), S. 116;

felhaft[96]. Tatsächlich kamen derartige Vorfälle in keinem der beiden Weltkriege jemals vor.

Ein interessantes Bild bietet die Diskussion um den Artikel 24. Wie zu erwarten, stand die Definition des militärischen Objektes im Brennpunkt. Während die abstrakte Umschreibung mit wenigen Ausnahmen als brauchbar akzeptiert wurde[97], konzentrierte sich die Kritik gegen den taxativen Katalog in Absatz 2. Der erste Teil der Angriffe richtete sich generell gegen das System der Definition durch Aufzählung von erlaubten Zielen[98]. Der zweite Teil kritisierte die Verwirklichung des Prinzips einer taxativen Liste, nach ihrer Meinung konnte eine Definition sinnvollerweise nur in einer beispielhaften Aufzählung bestehen[99]. Der dritte und weitaus größte Teil erachtete den Kataloginhalt als unbrauchbar. Zuerst wurde angemerkt, daß die Liste viele Objekte nicht umfaßte, welche während des Ersten Weltkrieges durchaus als legitime Angriffsziele betrachtet wurden. Dazu zählten insbesondere die Energie- und Wasserversorgung sowie die Einrichtungen zur Gewinnung und Verarbeitung von Rohstoffen (Erz-

---

96) CASTRÉN, Law of war, a.a.O. (Anm. 81), S. 405; KUNZMANN, a.a.O. (Anm. 76), S. 179; ROYSE M.W., Aerial bombardment and the international regulation of warfare, New York 1928, S. 221;

97) BOURUET-AUBERTOT J., Les bombardements aériens, Diss. Paris 1923, S. 53; GARNER J.W., Proposed rules for the regulation of aerial warfare, in: 18 AJIL 1924, S. 69; GUGGENHEIM P., Lehrbuch des Völkerrechts, Bd. 2, Basel 1951, S. 899; HAMMARSKJÖLD, a.a.O. (Anm. 81), S. 48; KOTSCHY W., Recht der Luftkriegsführung, Diss. Rostock 1940, S. 60; MEYER, a.a.O. (Anm. 1), S. 79; mit geringen Einschränkungen SPETZLER, a.a.O. (Anm. 18), S. 172, 180; GULDIMANN, a.a.O. (Anm. 82), S. 67 hält die abstrakte Definition in Art. 24 LKR für zu eng; ROSENBLAD E., Area bombing and international law, in: RDPM 1976, S. 90 akzeptiert sie nur in Verbindung mit einem demonstrativen Katalog.

Dezidiert ablehnende Haltung bei RANDELZHOFER, a.a.O. (Anm. 80), S. 483;

98) ROYSE, Aerial bombardment, a.a.O. (Anm. 96), S. 226f.; DERS., Gutachten, in: HAMMARSKJÖLD A./MACDONOGH G./ROYSE M.W. u.a., La protection des populations civiles contre les bombardements, Genf 1930, S. 106; SIMONS, Gutachten, a.a.O. (Anm. 14), S. 198;

99) Beispielsweise MEYER, a.a.O. (Anm. 1), S. 83; ROSENBLAD, a.a.O. (Anm. 97), S. 90; SIBERT, a.a.O. (Anm. 82), S. 155f.; SPETZLER, a.a.O. (Anm. 18), S. 179;

minen, Hochöfen etc.)[100]. Weiters empfand man die Umschreibung der anderen Ziele als sehr unklar: Was war unter "wichtigen und wohlbekannten Werken" zu verstehen, woran sollte man erkennen, ob Verkehrs- oder Transportlinien für militärische Zwecke benutzt werden[101]? Kurz: Genauso allgemein wie die Zustimmung zur abstrakten Definition des militärischen Objekts in Abs. 1 war die Ablehnung des Kataloges in Abs. 2.

Noch komplizierter gestaltete sich die Angelegenheit bei Absatz 3: Das Verbot von unterschiedslosen Bombardements war - wie bereits angedeutet - aufgrund seiner Formulierung Anlaß zu zahlreichen Mißverständnissen[102]. Viele Autoren wußten mit den verwendeten Begriffen offensichtlich nichts anzufangen. Durch die fehlerhafte Auslegung des Verbots als absolute Schranke auch bei leichtester Gefahr des Schadens für die Zivilbevölkerung waren jene Stimmen, welche die Vorschrift als inpraktikabel und viel zu streng ablehnten, äußerst zahlreich[103]. Da die Praxis der Flächenbombardements zu dieser Zeit noch in den Kinderschuhen steckte, fehlte der direkte Bezug auf das Anwendungsgebiet des Verbots. Dies änderte aber nichts an einer weitläufigen Akzeptanz bezüglich der Idee zweier verschieden behandelter Kampfräume, nämlich dem an der eigent-

---

100) DINSTEIN, Laws of war, a.a.O. (Anm. 81), S. 57; KUNZMANN, a.a.O. (Anm. 76), S. 184f.; MEYER, a.a.O. (Anm. 1), S. 56ff.; RÖHRIG, a.a.O. (Anm. 81), S. 52; de SAUSSURE, a.a.O. (Anm. 81), S. 284;

101) CZESANY, a.a.O. (Anm. 81), S. 44f.; HOIJER, a.a.O. (Anm. 82), S. 828f.; LE GOFF, a.a.O. (Anm. 86), S. 586f.; RIESCH, a.a.O. (Anm. 1), S. 180; SIBERT, a.a.O. (Anm. 82), S. 155ff.; WILLIAMS P.W., Legitimate targets in aerial bombardment, in: 23 AJIL 1929, S. 577;

Insgesamt positiv zum Katalog des Art. 24(2) LKR: GOSNELL H.A., The Hague rules of aerial warfare, in: American Law Review 1928, S. 420; SPETZLER, a.a.O. (Anm. 1), S. 175f.; WILHELM, a.a.O. (Anm. 38), S. 14;

102) Siehe oben Kapitel III, S. 78.;

103) CASTRÉN, Protection juridique, a.a.O. (Anm. 89), S. 13; HAMMARSKJÖLD, a.a.O. (Anm. 81), S. 48; HOIJER, a.a.O. (Anm. 82), S. 828; RANDELZHOFER, a.a.O. (Anm. 80), S. 484; RÖHRIG, a.a.O. (Anm. 81), S. 69f.; ROYSE, Gutachten, a.a.O. (Anm. 98), S. 107ff.; DERS., Aerial bombardment, a.a.O. (Anm. 96), S. 228ff.; SIBERT, a.a.O. (Anm. 82), S. 162f.: SPETZLER, a.a.O. (Anm. 18), S. 193; WILLIAMS, a.a.O. (Anm. 101), S. 577f.;

lichen Front gelegenen Kampfgebiet und dem Hinterland[104]. Die Logik der unterschiedlichen Beurteilung war greifbar, insbesondere deshalb, da man trotz des großen Fortschrittes der Militärflugtechnik immer noch in zwei Dimensionen dachte - die Bodentruppen diktierten das Geschehen, nur sie konnten das gegnerische Gebiet besetzen. Die Luftwaffe mußte sie entweder unterstützen oder selbständig, "strategisch" operieren. In beiden Fällen waren die Umstände grundverschieden. Daß die an der Front verbliebene Zivilbevölkerung aber zumindest Schutz durch das Proportionalitätsprinzip erhielt, wurde ebenfalls anerkannt[105].

Nicht nur einzelne Völkerrechtswissenschaftler, sondern auch internationale Organisationen beschäftigten sich mit den LKR und kamen zu ähnlichen Ergebnissen[106]. Und wie bereits angedeutet, wurden die einzelnen Bestimmungen der LKR auch in den Regierungen und Ministerien verarbeitet. Chamberlain übernahm die Hauptgrundsätze der LKR, den Schutz der Zivilbevölkerung vor vorsätzlichen Angriffen sowie die Doktrin des militärischen Objekts in seiner Erklärung von 1938. Die Praxis der Luftbombardements in den zahlreichen Konflikten der späten Dreißigerjahre veranlaßte mehrere Staaten, durch Proteste und Appelle gegen direkte oder unterschiedslose Angriffe gegen die Zivilbevölkerung vorzugehen. Während des Japanisch-chinesischen Krieges 1938 erklärte die japanische Regierung, die Haager Luftkriegsregeln freiwillig in diesem Konflikt anwenden zu wollen[107]. Doch nicht nur in offiziellen Regierungs-, sondern

---

104) BOURUET-AUBERTOT, a.a.O. (Anm. 97), S. 41f.; CASTRÉN, Protection juridique, a.a.O. (Anm. 92), S. 12; GARNER, Regulation, a.a.O. (Anm. 89), S. 122f.; KUNZMANN, a.a.O. (Anm. 76), S. 187f.; SPAIGHT, Air power, a.a.O. (Anm. 27), S. 251f.; ZÜBLIN A., Gutachten, in: HAMMARSKJÖLD A./MACDONOGH G./ROYSE M.W. u.a., La protection des populations civiles contre les bombardements, Genf 1930, S. 252 (Art. 4 lit.g);

105) Beispielsweise DINSTEIN, Laws of war, a.a.O. (Anm. 81), S. 58f.; GARNER, Regulation, a.a.O. (Anm. 89), S. 122; KUNZMANN, a.a.O. (Anm. 76), S. 185; SIBERT, a.a.O. (Anm. 82), S. 164; SPETZLER, a.a.O. (Anm. 18), S. 194;

106) Siehe oben S. 83;

107) RAY J., Les bombardements aériens: Quelques aspects de la position prise par le Japon, in: RGDA 1938, S. 418;

auch in Militärkreisen hatten die "Haager Luftkriegsgrundsätze" starken Nachhall gefunden. Bereits während der Genfer Völkerbundkonferenz strebte das britische Air Ministry eine Regelung des Luftkriegs auf der Grundlage der LKR an. Obwohl einige Bestimmungen kontinuierlich kritisiert wurden - so konnte sich das Air Ministry niemals mit der Zweiteilung des Kampfraumes sowie dem Wortlaut des Kataloges in Art. 24(2) anfreunden[108] - waren die Stabschefs der RAF bereit, die LKR zumindest als Ausgangsbasis für eine neue Regelung anzuerkennen[109]. In einer Notiz an den Chief of Air Staff vom 18.6.1936 wurde davor gewarnt, die Haager Luftkriegsregeln zu verunglimpfen. Schließlich habe das Air Ministry die Ratifikation durch die britische Regierung mehrfach empfohlen. Diese sei sogar vom Kabinett genehmigt worden. Nur aufgrund der französischen Opposition gegen die Luftkriegsregeln habe man letztendlich von einer Ratifikation Abstand genommen[110].

Das Committee of Imperial Defence stellte in einer geheimen Denkschrift vom 1.3.1938 fest, daß die LKR eine ausreichende Basis für eine Neuregelung des Luftkriegsrechts bieten würden. Im einzelnen könne man das Verbot von Terrorbombardements (Art. 22), den Artikel 23, die abstrakte Definition des militärischen Objektes in Art. 24(1), sowie die Bestimmungen zum Schutz des Kulturgutes in Art. 25 und 26 bereits in ihrer bestehenden Form akzeptieren. Lediglich der Katalog in Art. 24(2) müsse konkretisiert werden. Außerdem sei es notwendig, den Absatz 3 von seiner mißverständlichen Formulierung zu befreien. Das unterschiedslose Bombardement der Zivilbevölkerung solle verboten sein, verknüpft mit der Auflage an den Angreifer, den Angriff mit allen Mitteln auf das militärische Objekt zu beschränken. Auch Absatz 4 wurde hingenommen, allerdings deshalb, weil er genügend "Schlupflöcher" freilasse und deshalb im Ernstfall keine allzu große Beschränkung darstelle[111].

---

108) Denkschrift des Committee of Imperial Defence, The restriction of air warfare, 1.3.1938, S. 24f., 27 (PRO AIR 8/155); Notiz vom 21.11.1932 (PRO AIR 8/141);

109) Siehe Anhang B, Dokument 9b;

110) Notiz vom 18.6.1936 (PRO AIR 8/155);

111) Siehe Anhang B, Dokument 11;

Aus der communis opinio der Völkerrechtswissenschaft war bereits vor Ausbruch des Zweiten Weltkrieges eine opinio juris geworden, nach der die so akzeptierten Teile der LKR zwar nicht als bindendes Vertragsrecht, aber doch als von der Menschlichkeit und dem Rechtsbewußtsein gefordert angesehen wurden. Diese Entwicklung setzte sich auch 1939 und sogar noch später dahingehend fort, daß die Grundsätze als bindend und gegenüber dem Gegner als Anspruchsgrundlage betrachtet wurden.

**Die Stellung der Praxis**

Die Rechtsüberzeugung alleine reicht aber für die Entstehung von Völkergewohnheitsrecht nicht aus. Nach der traditionellen Definition ist zur Bildung von VGR auch die Staatenpraxis erforderlich. Bevor man jedoch deshalb vorschnell die Existenz der aufgezeigten Grundsätze als Gewohnheitsrecht verneint, muß man sich über die Rolle der Praxis als Komponente des VGR im klaren sein. Normalerweise bereitet es keine Mühe, das Vorliegen einer Praxis festzustellen, viel schwieriger ist es, eine Rechtsüberzeugung nachzuweisen, welche aus dieser Praxis bindendes Gewohnheitsrecht machen könnte. Im vorliegenden Fall ist die Situation eher umgekehrt: Die Rechtsüberzeugung, nach der auch im Luftkrieg gewisse Regeln einzuhalten seien, selbst wenn diese nicht aufgeschrieben waren, hatte sich aus der herrschenden Lehre der Wissenschaft entwickelt und in die Politik Eingang gefunden. Doch wo war die dazugehörige Praxis? Unter der völkerrechtlich relevanten Staatenpraxis ist üblicherweise jedes faktische Handeln von Staatsorganen, welches nach außen erkennbar ist, zu verstehen[112]. So zählen hierzu nicht nur tatsächliche Aktionen militärischer, wirtschaftlicher oder diplomatischer Natur, sondern auch amtliche Verlautbarungen und Bulletins, Reden der führenden Staatsorgane und

112) Die Definition der rechtsrelevanten Staatenpraxis schafft einen sehr großen Anwendungsbereich: Tatsächlich kann grundsätzlich jedes Tun und Unterlassen von Staatsorganen Staatenpraxis sein, sofern es den geforderten Qualifikationen (Allgemeinheit, Kontinuität) entspricht. siehe dazu BERNHARDT, a.a.O. (Anm. 74), S. 63; BOS, a.a.O. (Anm. 75), S. 22ff.; SIMMA, a.a.O. (Anm. 75), S. 43f.;

auch Akte der staatlichen Jurisdiktion und Legislative[113]. Grundsätzliche Voraussetzung ist nur, daß diese Praxis auch nach außen als solche erkannt werden kann. Dies unterscheidet die Übung von der Rechtsüberzeugung. Letztere entsteht in einem internen Meinungsbildungsprozeß, welcher die Außenwelt völlig außer Betracht läßt. In diesem ersten Stadium wird die opinio juris nur in Quellen dokumentiert, welche nicht für die Öffentlichkeit bzw. für andere Staaten bestimmt sind, beispielsweise in geheimen Denkschriften, Regierungspapieren, Weisungen und Befehlen. Wird die Rechtsüberzeugung als solche nach außen hin durch eine politische oder faktische Handlung demonstriert, so tritt sie in das zweite und entscheidende Stadium, das der Praxis ein. Durch die Manifestation einer opinio juris mittels offizieller Verlautbarungen, diplomatischer Handlungen etc. wird sie gleichzeitig praktisch ausgeübt, dann ist die nach außen zur Schau getragene Rechtsüberzeugung identisch mit der Praxis[114]. Für den Nachweis einer Staatenpraxis ist es daher nicht erforderlich, bezüglich der Entstehung von Kriegsgewohnheitsrecht ausschließlich militärische Kampfhandlungen heranzuziehen[115]. Im Gegenteil, durch die politische Übung einer bestimmten Rechtsüberzeugung kann sich Kriegsvölkerrecht als Gewohnheitsrecht durchaus auch im Frieden entwickeln[116]. Es kommt nur darauf an, daß gewisse Normen schon vor Ausbruch eines bewaffneten

113) a.a.O.; BRAVO, a.a.O. (Anm. 75), S. 257ff.;

114) a.a.O., S. 261ff.; siehe dazu auch LISZT/FLEISCHMANN, a.a.O. (Anm. 77), S. 16, der die "tatsächliche Übung als Kundgebung des allgemeinen Rechtsbewußtseins" betrachtete; vgl. auch ULLMANN E. von, Völkerrecht, Tübingen 1908, S. 42; strenge Maßstäbe an die Beurteilung als Staatenpraxis legte ANZILOTTI D., Lehrbuch des Völkerrechts, Bd. 1, Berlin-Leipzig 1929, S. 55, unter Heranziehung der "pactum-tacitum-Lehre";

115) Eine solcherart begrenzte Definition entspräche dem von KARL, Vertrag, a.a.O. (Anm. 77), S. 97 verwendeten Begriff der "materiellen Praxis". Darunter versteht er "regelmäßiges Verhalten in den von der Regel erfaßten Situationen". Jedoch erkennt er (S. 98) prinzipiell die Möglichkeit an, daß rechtsrelevante Staatenpraxis auch nur durch mittelbare Teilnahme, d.h. durch verbale Äußerungen, Stellungnahmen etc. an der materiellen Praxis gesetzt werden kann. Mutatis mutandis bedeutet dies, daß auch Nichtkriegführende mittelbar an der Entstehung von gewohnheitsrechtlichem ius in bello teilnehmen können.

116) KALSHOVEN, a.a.O. (Anm. 92), S. 317; a.A. BECKERT, a.a.O. (82), S. 179;

Konfliktes allgemein akzeptiert und ihre Einhaltung direkt oder indirekt zugesichert worden sind, ohne daß es allerdings zu einem dahingehenden Vertragsabschluß kam[117]. Wenn sich die Staatengemeinschaft darin einig ist, daß bestimmte Praktiken im Kriege verboten sind, auch ohne daß dieses Verbot in Form eines Vertrages festgelegt worden wäre, dann kann sich jeder einzelne Staat darauf verlassen, daß sich die anderen daran halten - der entsprechende Grundsatz wird zur Anspruchsgrundlage. Auf diese Art und Weise wird aus einer nicht positivierten völkerrechtlichen Norm VGR.

Eine solche gewohnheitsrechtliche Norm des Kriegsvölkerrechts geht auch nicht einfach durch eine scheinbar zuwiderlaufende militärische Praxis unter. Zwar gehört es zu den Prinzipien der kriegsvölkerrechtlichen Verantwortlichkeit, daß die Handlungen jedes Soldaten direkt dem entsprechenden Staat zurechenbar sind[118], doch dies gilt nur für das völkerrechtliche Unrecht, auf keinen Fall jedoch für die Änderung bestehenden Gewohnheitsrechts im Wege der desuetudo[119]. Gibt ein Offizier Befehle, welche dem bestehenden Recht - also auch dem VGR - widersprechen, so ist daraus allein noch nicht auf eine rechtsändernde Übung zu schließen. Selbst wenn die rechtswidrige Praxis über längere Zeit anhält, schafft sie

117) Siehe dazu insbes. BRAVO, a.a.O. (Anm. 75), S. 248f., der unter Hinweis auf das Weltraumrecht die Bildung von Gewohnheitsrecht über Entwicklungen, deren technische Durchführbarkeit in diesem Zeitpunkt noch gar nicht gegeben ist, grundsätzlich für möglich hält. Von der Lehre wird auch anerkannt, daß Vertragsbestimmungen allgemein bindendes VGR werden können und dadurch auch Staaten, welche nicht Vertragspartei sind, verpflichten (KUNZMANN, a.a.O. [Anm. 76], S. 30f.). Konsequenterweise muß dies auch möglich sein, wenn es zwar überhaupt keine Vertragsmitglieder, dafür aber allgemeine Anerkennung der Vertragsnormen gibt.

118) Art. 3 des Abkommens, betreffend die Gesetze und Gebräuche des Landkrieges von 1907;

119) Zum Begriff der desuetudo siehe KARL, Vertrag, a.a.O. (Anm. 77), S. 257ff.; ursprünglich bezeichnete die desuetudo die Auflösung gewohnheitsrechtlicher Normen, heute wird der Begriff aber zumeist für die gewohnheitsrechtliche Änderung von Verträgen gebraucht (a.a.O., S. 260f.); vgl. dazu ULLMANN, a.a.O. (Anm. 114), S. 43; BONFILS/FAUCHILLE, a.a.O. (Anm. 76), S. 24; FAUCHILLE, a.a.O. (Anm. 76), S. 44;

dann kein neues Gewohnheitsrecht, wenn sie nicht gleichzeitig von einer neuen Rechtsüberzeugung des jeweiligen Staates mitgetragen wird. Beteuert ein Staat nach außen hin trotz anderer Befehls- und Kampfpraxis weiterhin sein Festhalten an der früher akzeptierten Norm, so erkennt er diese als unverändert bindend an. Versuche der Rechtfertigung des rechtswidrigen Handelns beispielsweise als Repressalien ändern nichts am Bestand des ursprünglichen Rechtssatzes, im Gegenteil: Gerade das Unrechtsbewußtsein beweist, daß der rechtswidrig Handelnde die Norm und die Illegalität seines Tuns erkennt und als solche akzeptiert.

Wendet man diese dargelegten Grundsätze auf die Entwicklung des Luftkriegsrechts an, so gelangt man zu folgendem vorläufigen Schluß: Anhand der Diskussion um die Haager Luftkriegsregeln entstand eine herrschende Lehre, welche gewisse Regeln akzeptierte, andere ablehnte. Angenommen wurden vor allem das Verbot vorsätzlicher Angriffe gegen die Zivilbevölkerung, insbesondere in der Absicht, sie zu terrorisieren, wobei der Begriff der Zivilbevölkerung prinzipiell weit auszulegen war. Weiters akzeptierte man das Prinzip, nach dem nur militärische Objekte legitime Angriffsziele waren, wobei die abstrakte Definition der LKR allgemein anerkannt wurde. Schließlich sollten hinter der Hauptkampflinie unterschiedslose Angriffe gegen Ortschaften verboten sein. Diese Regeln fanden in wechselndem Wortlaut Eingang in die internationale Politik und wurden allgemein als Mindeststandard verbreitet. Die politische Praxis, die ständige Demonstration der staatlichen Rechtsüberzeugung nach außen erbrachte den betreffenden Sätzen gewohnheitsrechtliche Geltung bereits im Frieden. Trotz gegenläufiger militärischer Praxis in den bewaffneten Konflikten der Zwischenkriegszeit änderte sich die politische Praxis nicht, sondern wurde im Gegenteil noch intensiviert. Nach Luftangriffen, deren Art der Durchführung rechtswidrig erschien, bemühten sich die entsprechenden Staaten immer wieder unter Hinweis auf die ursprüngliche, gewohnheitsrechtliche Norm um eine Rechtfertigung. Nicht einmal der Zweite Weltkrieg änderte etwas an dieser Situation. Während sich auch die äußerliche Luftkriegspraxis in der ersten Zeit nach Kriegsausbruch regelgemäß abspielte, so gibt es selbst aus der Periode des totalen Bombenkrieges gegen die Zivilbevölkerung keinen Hinweis darauf, daß die Staaten damit offiziell die existierenden Normen aufgeben wollten[120]. Tatsächlich wurden diese Normen immer wieder nach außen bekräftigt und die geschehenen Bombardements als legale Sanktion (Repressalie) oder als völkerrechtsgemäß dahingehend dargestellt, daß niemals die Zivilbevölkerung allein oder als Teil das Ziel der Angriffe gewesen sei. So ergibt sich auch für die Zeit des Zweiten Weltkrieges die Existenz verhältnismäßig konkreter gewohnheitsrechtlicher Normen über die Durchführung von Luftbombardements, deren Entstehungsprozeß teilweise auch anhand der Luftkriegspraxis in der Zwischenkriegszeit verfolgt werden kann.

120) Die herrschende Lehre hat trotz der Bombardierungspraxis im Zweiten Weltkrieg keine Entstehung von neuem VGR anerkannt: z.B. ROTOCKI, a.a.O. (Anm. 71), S. 168; SPETZLER, a.a.O. (Anm. 18), S. 377ff.; BECKERT, a.a.O. (Anm. 82), S. 182; KUNZ J.L., The laws of war, in: 50 AJIL 1956, S. 329ff.; VERDROSS, a.a.O. (Anm. 75), S. 397; SIMMA, a.a.O. (Anm. 75), S. 49f., allerdings mit unbelegter Pauschalbehauptung, Flächenbombardements seien völkerrechtswidrig; KUNZMANN, a.a.O. (Anm. 76), S. 243f., der aber den Alliierten fälschlicherweise das Unrechtsbewußtsein abspricht; denselben Fehler begehen HEYDTE F.A. von der, Völkerrecht, Bd. 2, Köln 1960, S. 249; und LAUTERPACHT, Problem, a.a.O. (Anm. 80), S. 365f.;

# Kapitel V

# Die Luftkriegspraxis zwischen den Weltkriegen

## *Kolonialkriege und Aufstände*

Neben der diplomatischen und politischen Praxis als Komponente des VGR bezüglich des Luftbombardements gab es während der Zwischenkriegszeit zahlreiche Anlässe, bei denen auch die militärische Praxis hinzutrat. Die Luftwaffeneinsätze in der Zeit von 1918 bis 1939 sind insbesondere aufgrund der mit ihnen verbundenen diplomatischen Tätigkeit für die Entwicklung des Luftkriegsrechts von Bedeutung. In den ersten zehn Jahren nach 1918 waren es lediglich die großen Industriestaaten, welche sich eine Luftwaffe leisten konnten. Diese waren auch bedeutende Kolonialmächte, deshalb setzten sie ihre Flugzeuge in erster Linie im Kampf gegen Nationalisten und Aufständische in ihren Kolonien ein.

### Der Kampf Englands gegen rebellische Stämme

Während der gesamten Zwischenkriegszeit praktizierte England seine Politik der gewaltsamen Befriedung von Kolonien. Schon 1917 und 1919 wurden in Afghanistan Flugzeuge gegen Aufständische eingesetzt[1]. Die erstmalige Verwendung größeren Maßstabes im Kolonialkrieg sah die britische Luftwaffe aber in den Jahren 1919 und 1920 gegen Rebellen in Waziristan. Dieser gebirgige Landstrich an der heutigen Nordwestgrenze Pakistans war Schauplatz anhaltender Kämpfe moslemischer Rebellen vom Volk der Mahsuds gegen die britische Kolonialherrschaft. Der Konflikt hatte das typische Gepräge eines Partisanen- oder Guerillakrieges: Die Mahsud-Kämpfer waren die meiste Zeit über praktisch unsichtbar, blitzar-

---

1) So wurde z.B. während des dritten Afghanistankrieges im Mai 1919 die Hauptstadt Kabul von einem einzelnen britischen Flugzeug bombardiert:

tig überfielen sie englische Armeeinheiten und zogen sich danach wieder in das unwegsame Gebirge zurück[2]. Dementsprechend wurden die englischen Flugzeuge in erster Linie zur Feindaufklärung eingesetzt[3]. Soweit sie überhaupt Bombenangriffe außerhalb der Unterstützung von Bodentruppen durchführten, so griffen sie systematisch jede größere Siedlung an, wobei sie in der Anfangsphase des Krieges diesen jeweils vorher eine Warnung zugehen ließen[4]. Die materiellen Schäden waren gering, auch die Anzahl der Opfer hielt sich in Grenzen, da sich die Aufständischen regelmäßig in nahegelegene Höhlen zurückzogen, in welchen sie und ihre Familien vor Bomben geschützt waren[5]. Ein militärischer Kommentator jener Zeit machte den Mangel an Flugzeugen und die fehlende Möglichkeit, die Bombardements beständig und massiv durchzuführen, für das offensichtliche Scheitern der RAF in Waziristan verantwortlich[6]. Diese Ansicht sollte sich mehr als sechzig Jahre später, nach den Angriffen in Vietnam und Afghanistan, erneut als grundsätzlicher Irrtum erweisen.

Nachdem die direkten Bombenangriffe gegen die Aufständischen und ihre Dörfer als erfolglos erkannt worden waren, änderten die Briten ihre Taktik: Ihr Ziel waren nun Versorgung und Moral der Bevölkerung. Besonders in Nordindien, Afghanistan und Waziristan griffen die Flugzeuge Viehherden, Getreidefelder, Brunnen und auch kleine Häuser an[7], Bomben mit Verzögerungszünder wurden abgeworfen und explodierten erst, nachdem die Bevölkerung die schützenden Höhlen wieder verlassen hatte[8]. Von manchen Kommandanten wurde die Terrorisierungsabsicht an erste Stelle gesetzt, man überlegte, mit welchen Mitteln man die Bevölkerung aufständischer Provinzen moralisch unter Druck setzen könnte. Als pro-

2) WATTEVILLE H. de, Waziristan 1919-1920, London 1925, S. 194f.;

3) a.a.O., S. 202f.;

4) a.a.O., S. 197;

5) a.a.O.;

6) a.a.O.;

7) a.a.O., S. 197ff.;

8) KUROWSKI F., Der Luftkrieg über Deutschland, Düsseldorf-Wien 1977, Taschenbuchausg. München 1979, S. 14;

bate Mittel wurden neben den Verzögerungszündern auch Phosphorbomben, "Krähenfüße" und Tränengas bezeichnet[9]. Der Vizeluftmarschall Sir Ellington verlangte angeblich brutalere Methoden gegen Eingeborene. Eine unmenschliche Kriegführung gegen sie sei nicht unmenschlich[10]. Doch gab es auch andere Meinungen: Der britische Hochkommissar für den Irak sprach sich in einem Schreiben an den Staatssekretär für Kolonialangelegenheiten vom 12.02.1924 gegen unterschiedslose Bombenangriffe aus und begründete dies damit, daß die Terrorisierung der Aufständischen doch zwecklos sei[11]. Auch der für den Irak zuständige Luftwaffenstab sah in Angriffen gegen die Bevölkerung nur ein letztes Mittel und verlangte dafür den verstärkten Einsatz von Propagandamitteln[12].

Eine völkerrechtliche Beurteilung der britischen Bombardierungspraxis in den Kolonien wird entscheidend von der Frage der Anwendbarkeit des Kriegsrechts auf die in Frage stehenden Konflikte bestimmt. Nach der klassischen Doktrin des ius in bello konnten nur Staaten miteinander Krieg im rechtlichen Sinne führen[13]. Deshalb galten auch in einem Bürgerkrieg nicht die Sätze des Kriegsrechts, außer die kämpfenden Parteien erkannten einander als Belligerenten an und sagten zu, das Kriegsvölkerrecht zu beachten[14]. Diese Einstellung kam auch deutlich in der Martens'schen Klausel der Präambel zur HLKO 1899 zum Ausdruck, wo von "gesitteten Völkern" die Rede war. Nachdem die aufständischen Stämme weder von Großbritannien noch von einem anderen Staat als Kriegführende anerkannt worden waren, noch selbst einseitig die Einhaltung des Kriegsrechts

---

9) Siehe Anhang B, Dokument 12;

10) KUROWSKI, a.a.O. (Anm. 8), S. 14; vgl. SPETZLER E., Luftkrieg und Menschlichkeit, Göttingen 1956, S. 207f.;

11) PRO AIR 5/338, 24 B;

12) Denkschrift vom 13.12.1923, PRO AIR 5/338, 20 A;

13) Siehe BERBER F., Lehrbuch des Völkerrechts, Bd. 2: Kriegsrecht, 2. Aufl., München 1969, S. 5f.; MENG W., War, in: Encycl. 4, S. 283; PARTSCH K.J., Armed conflict, in: Encycl. 3, S. 25; VERDROSS A., Völkerrecht, 4. Aufl., Wien 1959, S. 352;

14) AKEHURST M.B., Civil War, in: Encycl. 3, S. 92; MENG, a.a.O. (Anm. 13), S. 283; PARTSCH, a.a.O. (Anm. 13), S. 25; SCHMID J.H., Bürgerkrieg und Völkerrecht, in: WBdVR 1, S. 262;

erklärten, konnte das Kriegsrecht im konkreten Fall nicht eingreifen[15]. Es ist auch fraglich, ob trotzdem gewisse Mindeststandards der Menschlichkeit, wie sie beispielsweise im gemeinsamen Artikel 3 der Genfer Konventionen von 1949 aufgeführt sind, zu beachten waren. Bis zu diesem Datum gab es jedenfalls keine vertragliche Regelung der Kriegführung in nicht-internationalen Konflikten. Es wäre allerdings möglich, daß sich - ähnlich wie im Falle des Luftbombardements - seit 1918 ein diesbezügliches Gewohnheitsrecht entwickelt hatte, doch dies wäre der Inhalt einer eigenständigen Untersuchung. Dafür sprechen die häufigen Versuche, den Kolonialkrieg in Form von Vorbehalten in kriegsrechtlichen Verträgen unterzubringen, was - geht man von der prinzipiellen Nichtgeltung des Kriegsrechts in den Kolonien aus - gar nicht nötig gewesen wäre. So wurde die Nichtunterzeichnung des Verbots der Dum-Dum-Geschosse von England mit deren Notwendigkeit gegen aufständische Eingeborene begründet[16]. Hin und wieder wurde auch versucht, Sachverhalte, welche typisch für den Kampf in unzivilisierten Gegenden waren, in internationalen Kodifikationen zu regeln. In dem anläßlich der Washingtoner Konferenz 1921/22 von England vorgelegten Entwurf der Luftkriegsregeln waren im Katalog der militärischen Objekte auch Getreidefelder, Kornspeicher, Bewässerungsdämme und Viehherden enthalten[17]. Andererseits waren Hinweise auf eine gegenteilige Ansicht der britischen Regierung ebenso häufig. Grundsätzlich wird man solange davon ausgehen müssen, daß die Bombardierungspraxis in den englischen Kolonien nicht völkerrechtswidrig war, bis die Existenz von Gewohnheitsrecht über den nicht-internationalen Konflikt nachgewiesen wird.

---

15) a.A. SPETZLER, a.a.O. (Anm. 10), S. 208, der den Kriegsbegriff auch auf die fraglichen Kolonialkämpfe anwendet, nachdem er offenbar von der falschen Voraussetzung ausgeht, ein "Eingeborenen-Staat" sei daran beteiligt gewesen; vgl. BERBER, a.a.O. (Anm. 13), S. 7;

16) DÜLFFER J., Regeln gegen den Krieg? Die Haager Friedenskonferenzen 1899 und 1907 in der internationalen Politik, Frankfurt/M.-Berlin-Wien 1978, S. 151; SPETZLER, a.a.O. (Anm. 10), S. 92;

17) Siehe Anhang B, Dokument 2, Art. 36 lit. c;

## Der Rifkrieg 1925 - 1926

In der spanisch verwalteten Zone Nordmarokkos erhoben sich 1921 mehrere Berberstämme, welche vorwiegend im unzugänglichen Rifgebirge lebten. Ihr Führer war Abd el-Krim, der nach Beginn des gewaltsamen Widerstandes gegen die Spanier die unabhängige Rif-Republik proklamierte[18]. Diese wurde allgemein nicht anerkannt. Als der Aufstand auch auf die französische Zone überzugreifen begann, schlossen sich Frankreich und Spanien zur Bekämpfung der Rebellen zusammen. Ab 1925 setzte Frankreich sein modernes Militärpotential, darunter auch Flugzeuge im Kampf ein[19]. In der Hauptsache diente die Luftwaffe zur Aufklärung sowie zur taktischen Unterstützung der Bodentruppen, wobei sie bei der Bewältigung der letzteren Aufgabe besonders erfolgreich war[20]. Auf das Drängen einiger Kommandeure hin wurden aber auch Bombenangriffe gegen Städte und Dörfer weit im Landesinneren durchgeführt[21]. Sie sollten der Demoralisierung der Bevölkerung sowie der Desorganisierung des täglichen Lebens dienen und somit den Anführer der Aufständischen seiner Unterstützung berauben[22]. Dieses Ziel wurde letztendlich nicht erreicht, obwohl die Angriffe, welche viele Opfer unter Frauen und Kindern forderten, bis wenige Tage vor der Kapitulation Abd el-Krims 1926 fortgesetzt wurden[23]. Das Ergebnis war für die Kritiker der Theorie von der Allmacht des strategischen Luftkriegs Grund darauf hinzuweisen, daß die nutzbrin-

---

18) Zum Rifkrieg siehe CARTIER R., Vom Ersten zum Zweiten Weltkrieg, München-Zürich 1982, S. 190ff.; zu Abd el-Krim und zur Rifrepublik siehe FURNEAUX R., Abdel Krim: Emir of the Rif, 1967, sowie WOOLMAN D.D., Rebels in the Rif: Abd el Krim and the Rif Rebellion, 1968;

19) CARTIER, a.a.O. (Anm. 18), S. 194ff.;

20) Siehe dazu insbes. ARMENGAUD, Quelques enseignements des campagnes du Riff en matière d'aviation, Paris 1928, S. 36ff.; FEUCHTER G.W., Geschichte des Luftkriegs, Bonn 1954, S. 41;

21) ARMENGAUD, a.a.O. (Anm. 20), S. 27ff.;

22) a.a.O., S. 28f.;

23) a.a.O., S. 29;

gendste Anwendung der Luftwaffe in der Unterstützung anderer Truppenteile lag[24].

Auch völkerrechtlich bietet sich eine ähnliche Situation wie in den britischen Kolonien: In einem Unabhängigkeitskrieg kam das üblicherweise nur zwischen Staaten geltende Kriegsrecht nicht zur Anwendung. Auch wenn die gut organisierten Berberrebellen viel eher den Anforderungen der HLKO für Kombattanten entsprachen als die Mahsuds in Waziristan, kann man ihren Aufstand nicht als Krieg im klassischen Rechtssinn auffassen. Für die Bombenangriffe der französischen Einheiten im Rifgebirge gab es demnach weder vertrags- noch offensichtliche gewohnheitsrechtliche Beschränkungen.

## *Der Chaco-Krieg 1932 - 1935*

Bereits 1928 entstanden Streitigkeiten zwischen Bolivien und Paraguay über ihre Ansprüche am Chaco Boreal, einer etwa 260.000 km$^2$ großen Region an der südöstlichen Grenze Boliviens. 1932 wuchsen sich diese Streitigkeiten in einen militärischen Konflikt aus, welcher bis 1935 dauerte und mit dem Scheitern der bolivianischen Invasion endete. Beide Staaten waren arm und konnten sich keine nennenswerten Luftstreitkräfte leisten, deshalb spielte das Flugzeug in diesem Konflikt keine ausschlaggebende Rolle. Lediglich im Mai 1934 bombardierten bolivianische Flugzeuge zwei weitab vom Operationsgebiet der Landstreitkräfte gelegene Gerbstoffabriken und töteten dabei eine größere Anzahl von Arbeitern und anderer Zivilisten[25]. Paraguay protestierte beim Völkerbund gegen diesen Angriff und behauptete, es habe sich bei den Fabriken nicht um militärische Objekte gehandelt, sondern um für den Fortgang der militärischen Operationen völlig unbedeutende Werke, das Bombardement sei daher rechtswidrig[26]. Der Fall wurde von dem französischen Völkerrechtler J. Kroell rich-

---

24) a.a.O., S. 34ff.;

25) KROELL J., Incidents de guerre aérienne dans le conflit bolivo-paraguayen, in: RGDA 1935, S. 226;

26) a.a.O., S. 226f.;

tig beurteilt: Es konnte sich seiner Meinung nach nicht um ein verbotenes Terrorbombardement gehandelt haben, da die Flugzeuge definitiv die Fabriken anflogen und bombardierten, nicht jedoch die Bevölkerungszentren[27]. Anhand der Haager Luftkriegsregeln, welchen er eine große Autorität zuerkannte[28], untersuchte der Autor, ob die Angriffsziele der gegebenen Definition des militärischen Objekts entsprachen. Der Gerbstoff ist eine notwendige Komponente bei der Lederproduktion, diese wiederum ist für die Armee sehr wichtig. Es war nun die Frage, ob die Zerstörung einer Gerbstoffabrik einen klaren militärischen Vorteil im Sinne des Art. 24(1) LKR erbringen würde, was der Autor bejahte[29]. Ohne exakte Daten war dies allerdings eine bedenkliche Schlußfolgerung, denn es mußte bei der Beurteilung des Wertes eines Angriffszieles auf die konkreten Vorstellungen der entsprechenden Befehlshaber bei der Planung des Angriffes ankommen. Es ist aber anzunehmen, daß sich die bolivianischen Befehlshaber tatsächlich einiges von dem Bombardement versprachen, andernfalls hätten sie nicht die raren und für sie außerordentlich wertvollen Flugzeuge aufs Spiel gesetzt. Demnach wäre der Luftangriff nicht rechtswidrig gewesen. Interessant ist dieser unbedeutend scheinende Fall vor allem aufgrund der bestehenden Grenzsituation: Anlagen zur Gerbstoffproduktion entsprechen zweifellos nicht dem Typ eindeutiger militärischer Objekte, wie es beispielsweise Waffendepots, Militärstützpunkte oder auch Fabriken für Flugzeugmotoren und Granaten sind. Ähnlich wie bei der Bekleidungsindustrie kommt es bei der Bewertung von Zielen, deren militärischer Charakter nicht offensichtlich ist, auf die konkreten Umstände und die Durchführung des Angriffs an. Wird die Bombardierung eines solchen Objekts befohlen und klar gezielt durchgeführt, so ist anzunehmen, daß sich der

---

27) a.a.O., S. 229;

28) a.a.O., S. 228: "... car ce travail, effectué par d'éminents juristes, constitue plutôt que l'énoncé de règles nouvelles, l'adaptation dans le domaine de la guerre aérienne, des principes généraux établis par les Lois et Coutumes de la guerre, telle que les Conventions de la Haye les ont définies ... les Règles de 1923, ... conservent néanmoins une valeur indéniable, comme étant l'expression de principes généraux déjà plus ou moins implicitement admis."

29) a.a.O., S. 231;

Befehlshaber von seiner Zerstörung einen klaren militärischen Vorteil im Sinne der abstrakten Definition in Art. 24(1) LKR erhofft. Ob dieser tatsächlich eintritt, ist nicht relevant[30].

## *Der Abessinienkrieg 1935/36*

Der Konflikt zwischen Italien und Äthiopien sah den intensivsten Luftwaffeneinsatz seit dem Ende des Ersten Weltkrieges. Die Tätigkeit der italienischen Flieger wurde und wird sogar als entscheidend für den Sieg Italiens angesehen[31]. In erster Linie dienten die Einsätze der Aufklärung und der taktischen Luftunterstützung, welche sich als äußerst wertvoll erwies[32]. Es wurden aber auch zahlreiche Bombardements weit hinter der eigentlichen Front durchgeführt. Insbesondere protestierte Äthiopien bald nach Aufnahme der Kampftätigkeit beim Völkerbund gegen angebliche Bombardements von Hospitälern, Lazaretten und Sanitätskolonnen, Angriffe gegen offene und unverteidigte Städte sowie insbesondere gegen den Einsatz von Giftgas[33]. Umgekehrt behauptete Italien, von den abessinischen

---

30) Siehe oben Kapitel III, S. 72;

31) FEUCHTER, a.a.O. (Anm. 20), S. 41f.; KROELL J., Les pratiques de guerre aérienne dans le conflit italo-éthiopien, in: RGDA 1936, S. 179; SCHÜTTEL, Die Mitwirkung der italienischen Luftwaffe am Niederbruch Abessiniens, in: MwR 1936, S. 541; SPETZLER, a.a.O. (Anm. 10), S. 210.
Zum Abessinienkrieg im allgemeinen siehe CARTIER, a.a.O. (Anm. 18), S. 372ff.; BARTNICKI A./MANTEL-NIECKO J., Geschichte Äthiopiens, Bd. 2, Berlin/Ost 1978, S. 468ff.; HAMILTON E., The war in Abyssinia, London 1936; HARDIE F., The Abyssinian Crisis, London 1974;

32) FEUCHTER, a.a.O. (Anm. 20), S. 41f.; SCHÜTTEL, a.a.O. (Anm. 31), S. 543; SPETZLER, a.a.O. (Anm. 10), S. 210; BADOGLIO P., The war in Abyssinia, London 1937, S. 77f.; weiters wurde die Luftwaffe mit großem Erfolg zu Transportzwecken eingesetzt, um den Nachschub zu sichern, siehe a.a.O., S. 105; FEUCHTER, a.a.O. (Anm. 20), S. 42f.; XYLANDER R. von, Die Eroberung Abessiniens 1935/36, Berlin 1937, S. 67ff.;

33) NOSTITZ-WALLWITZ O. von, Das Kriegsrecht im italienisch-abessinischen Krieg, in: ZaöRV 1936, S. 703ff.;

Soldaten würden verbotene Dum-Dum-Geschosse benützt und außerdem italienische Kriegsgefangene grausam gefoltert und ermordet[34].

Die Suche nach der Grundlage einer rechtlichen Beurteilung dieser Geschehnisse warf Probleme auf: Die militärische Auseinandersetzung wurde ohne Kriegserklärung aufgenommen[35]. Diese Tatsache bedeutete aber nicht den Ausschluß des Kriegsrechts. Italien hatte das Haager Abkommen über den Beginn der Feindseligkeiten von 1907 nicht ratifiziert, war daher nicht zu einer Kriegserklärung verpflichtet. Trotz ihres Fehlens bestand aber allgemein kein Zweifel, daß dennoch ein für die Anerkennung eines Kriegszustandes im Rechtssinne relevanter "animus belligerendi" existierte[36]. Tatsächlich pochten auch beide Parteien auf die Geltung des ius in bello in ihrem Fall[37]. So kann kein Zweifel darüber bestehen, daß das Kriegsrecht im Abessinienkrieg auch ohne Kriegserklärung galt[38]. Jedoch präsentierte sich eine zum Ersten Weltkrieg analoge Situation: Italien hatte lediglich die HLKO von 1899 ratifiziert, nicht aber die von 1907, während Äthiopien am Tag nach Beginn des Einmarsches italienischer Truppen der HLKO 1907 beigetreten war. Bezüglich der Geltung der Haager Landkriegsordnung im Abessinienkrieg sind daher dieselben Überlegungen angebracht wie beim Ersten Weltkrieg[39].

Das äthiopische Königreich berief sich immer wieder auf den Art. 25 HLKO, wenn es gegen Bombardements von "offenen" oder "unver-

---

34) a.a.O., S. 697ff.;

35) a.a.O., S. 680;

36) a.a.O., S. 681ff.; ROUSSEAU C., Le conflit italo-éthiopien devant le droit international, Paris 1938, S. 158f.; SPENCER J.A., Quelques aspects juridiques de l'emploi des aéronefs dans la guerre italo-éthiopienne, in: RGDA 1938, S. 8;

37) Dies beweisen die gegenseitigen Beschuldigungen wegen angeblicher Verletzungen des ius in bello;

38) Verfehlt war jedoch die Meinung von KROELL, Conflit italo-éthiopien, a.a.O. (Anm. 31), der indirekt die Anwendung des Kriegsrechts dadurch relativierte, daß er dem Konflikt den Charakter eines Kolonialkrieges unterstellte;

39) Siehe oben Kapitel II, S. 33;

teidigten" Städten protestierte[40]. Indem es diese Begriffe auch auf weit hinter der Front gelegene Orte anwendete, auf Orte also, welche nicht von Bodentruppen angegriffen wurden und sich daher auch nicht dagegen verteidigen konnten, stellte es sich auf den seit dem Ersten Weltkrieg veralteten Standpunkt von der Geltung des Art. 25 auch im Hinterland. Mit dieser Ansicht konnte sich Abessinien allgemein nicht durchsetzen[41], vielmehr fand die italienische Meinung Gehör, nach welcher es auf das Vorhandensein militärischer Objekte ankomme, ob eine Örtlichkeit bombardiert werden dürfe oder nicht. Was die konkreten Beschuldigungen betraf, ist eine rechtliche Beurteilung mangels veröffentlichter Dokumente kaum möglich. So standen sich beispielsweise anläßlich der Bombenangriffe auf Dessié am 6. Oktober 1935 und Harrar am 29. März 1936 die Sachverhaltsdarstellungen beider Regierungen diametral gegenüber: Äthiopien behauptete, italienische Flugzeuge hätten im ersten Fall eine offene, unverteidigte Stadt angegriffen und außerdem gezielt ein amerikanisches Hospital bombardiert[42]. Italien wiederum dementierte den Angriff auf ein Krankenhaus, das Ziel seien militärische Anlagen wie die örtliche Kommandantur, Depots und die Telephonzentrale gewesen, außerdem wäre die Stadt Dessié mit Maschinengewehren gegen die Flugzeuge verteidigt worden[43]. Im Fall der Stadt Harrar hatte die abessinische Regierung bereits im Dezember beim Völkerbund die völlige Demilitarisierung des Ortes notifiziert[44].

40) NOSTITZ-WALLWITZ, a.a.O. (Anm. 33), S. 703; ROUSSEAU, a.a.O. (Anm. 36), S. 182f.;

41) KROELL, Conflit italo-éthiopien, a.a.O. (Anm. 31), S. 190ff.; NOSTITZ-WALLWITZ, a.a.O. (Anm. 33), S. 704f.; ROUSSEAU, a.a.O. (Anm. 36), S. 183ff., insbes. S. 185: "A ce point de vue il n'est pas téméraire de penser que la guerre italo-éthiopienne a porté le coup de grâce à la vieille distinction des villes ouvertes et des villes défendues..."; a.A. SPENCER, a.a.O. (Anm. 36), S. 13, der die äthiopische Argumentation bezüglich Art. 25 HLKO übernahm;

42) KROELL, Conflit italo-éthiopien, a.a.O. (Anm. 31), S. 190; vgl. aber die eingehende Darstellung bei JUNOD M., Warrior without weapons, London 1951, Nachdr. Genf 1982, S. 30ff., wonach sich der Angriff mit Brandbomben gegen die Stadt gerichtet hatte und auch das Hospital unmöglich verwechselt werden konnte.

43) KROELL, Conflit italo-éthiopien, a.a.O. (Anm.31), S. 190ff.;

44) a.a.O., S. 200; NOSTITZ-WALLWITZ, a.a.O. (Anm. 33), S. 705;

Nach italienischer Darstellung sei diese aber nicht durchgeführt worden, was der Anlaß zu dem - durch Flugblattabwurf vorher angekündigten - Angriff war[45]. Nicht anders sah es bezüglich von Bombardements von Lazaretten und Sanitätskolonnen aus. Diese wurden damit gerechtfertigt oder entschuldigt, daß keine ausreichende Kennzeichnung vorhanden gewesen wäre beziehungsweise die Anlagen zu militärischen Zwecken mißbraucht worden wären[46]. Von besonderer Brisanz war in diesem Zusammenhang der mehrmalige Angriff gegen eine schwedische Hospitaleinheit: Bereits am 22.12.1935 waren die durch Rot-Kreuz-Flaggen und am Boden ausgelegte Rote Kreuze gekennzeichneten Zelte von Flugzeugen beschossen worden. Am 30.12.1935 bombardierten mehrere italienische Flugzeuge das Hospital bei hellichtem Tag, wobei Ärzte und Patienten gleichermaßen getötet oder verwundet wurden. Die gesamte Ausrüstung wurde zerstört. Minuten vor dem Angriff waren Flugblätter abgeworfen worden, in welchen das Bombardement als Repressalie für die rechtswidrige Tötung eines gefangengenommenen italienischen Piloten durch äthiopische Truppen angekündigt wurde[47]. Der Völkerbund bemühte sich in keiner Weise um eine Bearbeitung der gegenseitigen Beschuldigungen oder um Klärung der strittigen Sachverhalte, er hielt sich auf Distanz[48]. Allgemein wird der Abessinienkrieg als offensichtlichste Demonstration für das Scheitern des Völkerbundes bei der Sicherung des Friedens betrachtet.

Die überaus große Aufmerksamkeit und Besorgnis, mit welcher die Weltöffentlichkeit den Kriegsverlauf verfolgte, war aber in erster Linie auf den Einsatz von Giftgas durch das italienische Militär zurückzuführen. Sowohl gegen die äthiopischen Truppen als auch gegen Bauernsiedlungen

---

45) a.a.O.; ROUSSEAU, a.a.O. (Anm. 36), S. 181;

46) Siehe KROELL, Conflit italo-éthiopien, a.a.O. (Anm. 31), S. 188ff.; NOSTITZ-WALLWITZ, a.a.O. (Anm. 33), S. 708ff.; ROUSSEAU, a.a.O. (Anm. 36), S. 185ff.;

47) Siehe dazu den detaillierten Bericht bei JUNOD, a.a.O. (Anm. 42), S. 46ff.;

48) Von dem als Wirtschaftssanktion gegen Italien beschlossenen Embargo wurden lebenswichtige Rohstoffe wie Öl und Eisen sogar ausgenommen; siehe dazu CARTIER, a.a.O. (Anm. 18), S. 375ff.; zur Tätigkeit des Völkerbundes im Abessinienkonflikt siehe SPENCER J.H., The italian-ethiopian dispute and the League of Nations, in: 31 AJIL 1937, S. 614ff.;

und Viehherden wurden große Mengen von Tränengas und von tödlichem Kampfgas wie Yperit (Chlorgas) verwendet[49]. Diese Stoffe wurden auch aus Flugzeugen versprüht[50]. Beide Staaten hatten das Genfer Giftgasprotokoll von 1925 ratifiziert, prima facie war zwar nicht der Tränengaseinsatz, aber jedenfalls die Verwendung des Yperits rechtswidrig[51]. Leider sah das Giftgasprotokoll keine Sanktion vor, und die Staatengemeinschaft behandelte den Konflikt mit Zurückhaltung. So war praktisch keine Effizienz des völkerrechtlichen Gasverbotes vorhanden. Darüber hinaus behauptete die italienische Regierung, das Gas lediglich als Repressalie gegen den Gebrauch von Dum-Dum-Geschossen und begangene Greueltaten durch äthiopische Truppen eingesetzt zu haben[52]. Die Existenz der verbotenen Geschosse wurde von Äthiopien entschieden dementiert, in der Folge aber zumindest deren sporadischer Einsatz glaubhaft nachgewiesen[53]. Beide Staaten waren Parteien des vertraglichen Verbotes von Dum-Dum-Geschossen von 1899[54], deren Gebrauch daher eindeutig rechtswidrig. Dennoch kann die Legitimität des Einsatzes von Kampfgas als Repressalie nicht ohne weiteres bejaht werden, denn auch die Repressalie als Sanktion ist an gewisse Voraussetzungen gebunden: Von entscheidender Bedeutung ist das Repressalienmotiv. Ziel ihrer Durchführung muß es sein, den Gegner zur Beendigung seiner rechtswidrigen Verhaltensweise zu bringen, keinesfalls darf die Repressalie als Strafe oder gar Rache benützt werden. Deshalb ist die Repressalie immer ultima ratio, erst dann erlaubt, wenn alle anderen Mittel keinen Erfolg gezeigt haben. Aus diesem Grund ist die Androhung der Repressalie als ebensolches Mittel unbedingt

---

49) KROELL, Conflit italo-éthiopien, a.a.O. (Anm. 31), S. 205; ROUSSEAU, a.a.O. (Anm. 36), S. 169f. mit Zitaten aus den mündlichen und schriftlichen Protesten Abessiniens vor dem Völkerbund;

50) a.a.O., S. 170;

51) KROELL, Conflit italo-éthiopien, a.a.O. (Anm. 31), S. 205;

52) NOSTITZ-WALLWITZ, a.a.O. (Anm. 33), S. 717;

53) a.a.O., S. 697f.; KROELL, Conflit italo-éthiopien, a.a.O. (Anm. 31), S. 203ff.; ROUSSEAU, a.a.O. (Anm. 36), S. 163ff.;

54) Erklärung, betreffend das Verbot von Geschossen, die sich leicht im menschlichen Körper ausdehnen oder platt drücken, vom 29. Juli 1899, RGBl. 1901, S. 478;

verpflichtend. Das ist im konkreten Fall aber nicht geschehen, Italien hatte den Gaseinsatz nicht als Repressalie gegen den rechtswidrigen Gebrauch von Dum-Dum-Geschossen und die vereinzelt tatsächlich geschehenen Folterungen und Ermordungen italienischer Gefangener[55] angedroht[56] und somit der abessinischen Regierung keine Gelegenheit gegeben, ihre Praxis einzustellen. Darüber hinaus muß bei der Durchführung einer Repressalie immer eine gewisse Proportionalität zu ihrer unmittelbaren Ursache gewahrt werden. Die Repressalie als Rechtfertigungsgrund ist eo ipso eine Rechtsverletzung und darf keinesfalls unverhältnismäßig schwerer sein als die ursächliche Rechtswidrigkeit des Gegners. Gerade dieses Verhältnis scheint im Falle des Giftgases im Abessinienkrieg nicht berücksichtigt worden zu sein. Ein mehr als nur vereinzelter Gebrauch rechtswidriger Kriegsmittel und -methoden durch äthiopische Truppen konnte nicht nachgewiesen werden. Darauf mit der systematischen Vergiftung ganzer Landstriche zu antworten, liegt sicherlich außerhalb jeder Proportionalität[57].

Zusammenfassend erbrachte der Abessinienkrieg in luftkriegsrechtlicher Hinsicht wenig Neues: Die Geltung der Doktrin vom militärischen Objekt im strategischen Luftkrieg wurde erneut bestätigt, dazu wurde durch die Praxis der italienischen Rechtfertigungen das Verbot vorsätzlicher Angriffe gegen die Zivilbevölkerung bekräftigt. Die Haager Luftkriegsregeln erfuhren unerwartete Aufmerksamkeit, als die britische Regierung die Anwendung der in ihnen enthaltenen neutralitätsrechtlichen Bestimmungen, insbesondere des Art. 42 proklamierte, obwohl diese erheblich strenger als die analoge Geltung der seekriegsrechtlichen Normen waren[58]. Und letztendlich bestärkte der extensive Einsatz von Giftgas aus Flugzeugen die Angst der Öffentlichkeit vor einem künftigen Luftgaskrieg.

---

55) NOSTITZ-WALLWITZ, a.a.O. (Anm. 33), S. 698ff.;

56) a.a.O., S. 719; ROUSSEAU, a.a.O. (Anm. 36), S. 176;

57) Siehe a.a.O.;

58) NOSTITZ-WALLWITZ, a.a.O. (Anm. 33), S. 720; Minute Sheet vom 18.6.1936, PRO AIR 8/155; vgl. dazu Art. 42 LKR und Art. 10, 12 des Abkommens, betreffend die Rechte und Pflichten der Neutralen im Falle eines Seekrieges vom 18.10.1907, RGBl. 1910, S. 343;

## *Der japanisch-chinesische Krieg 1931 - 1945*

Bereits beim Einmarsch seiner Truppen in die Mandschurei im September 1931 setzte Japan, welches seit der Washingtoner Konferenz 1921/22 stark aufgerüstet hatte, seine Luftstreitkräfte sehr offensiv ein. Neben Aufklärungs- und Propagandaflügen wurden vor allem taktische Luftunterstützung und auch strategische Bombenangriffe durchgeführt[59]. Bekannt sind die Bombardements des mandschurischen Hauptquartiers in Chinchou ab Anfang Oktober 1931, welche hohe Verluste unter der Zivilbevölkerung forderten[60]. Die genauen Umstände bei der Durchführung dieser Angriffe sind aufgrund des vorhandenen veröffentlichten Materials nicht nachzuvollziehen, daher entzieht sich die Aktion jeder Beurteilung. Eine solche wäre ohnehin ohne kriegsvölkerrechtliche Grundlage, da trotz der Besetzung der Mandschurei und der Gründung des Marionettenstaates Mandschukuo zwischen Japan und China kein Kriegszustand herrschte[61]. Keine der beiden Parteien betrachtete sich als im Krieg befindlich, die Geschehnisse wurden als "Auseinandersetzung" betitelt. Daran änderte auch der Bericht der vom Völkerbund entsandten Lytton-Kommission nichts, welcher Japan als Agressor bezeichnete und den sofortigen Rückzug aus der Mandschurei forderte. Ergebnis dieses Berichts war lediglich der Austritt Japans aus dem Völkerbund.

Nach dem Waffenstillstand von T'ang-ku 1933 konsolidierte Japan seine Macht in der Mandschurei, bis es im Juli 1937 durch den Zwischenfall an der Marco-Polo-Brücke erneut eine bewaffnete Auseinandersetzung provozierte, welche bis August tatsächlich in einen Krieg ausgeartet war[62]. Obgleich es auch zu diesem Zeitpunkt zu keiner formellen Kriegserklärung

59) Die japanischen Luftstreitkräfte im mandschurischen Kriege, in: Die Luftwacht 1932, S. 175f.;

60) a.a.O., S. 176;

61) MENG, a.a.O. (Anm. 13), S. 285; die diplomatischen Beziehungen zwischen Japan und China blieben trotz des militärischen Konfliktes aufrecht (ROUSSEAU, a.a.O. [Anm. 36], S. 158);

62) CARTIER, a.a.O. (Anm. 18), S. 432ff.; MERGLEN A., Der Chinesisch-Japanische Krieg 1937-1945, in. Wehrwiss. Rundschau 1960, S. 364f.;

kam, beriefen sich doch beide Parteien beständig auf die Geltung des ius in bello. Noch im September 1937 kam es zu schweren Bombardements von Nanking, welche zu scharfen Protesten durch die Staatengemeinschaft führten[63]. Im Februar 1938 beschuldigte die chinesische Delegation beim Völkerbund die japanischen Streitkräfte, insbesondere Kanton unterschiedslos zu bombardieren und die Zivilbevölkerung in Gebieten ohne militärische Bedeutung anzugreifen[64]. Auch diese Luftangriffe erregten internationales Aufsehen und es machte sich eine zunehmende Isolation Japans gegenüber der westlichen Welt bemerkbar[65]. Der amerikanische Staatssekretär und spätere Träger des Friedensnobelpreises Cordell Hull verurteilte die Angriffe auf offene Städte und das vorsätzliche Bombardement der Zivilbevölkerung[66]. Großbritannien, welches in China erhebliche wirtschaftliche Interessen hatte, betrieb beim Völkerbund die Verurteilung der japanischen Praxis[67]. Japan wehrte sich im August 1938 gegen die Vorwürfe mit dem Hinweis, es habe sich in der Führung des Luftkrieges trotz fehlender rechtlicher Bindung an die Haager Luftkriegsregeln gehalten und beabsichtige, dies auch in Zukunft zu tun[68]. Diese Aussage konnte nicht als einseitige Erklärung in dem Sinne verstanden werden, daß sich Japan nun verpflichtete, sich an die LKR zu halten. Sie begründete keine selbständige Anspruchsgrundlage. Dennoch aber bewies diese Erklärung,

---

63) Siehe beispielsweise die dem japanischen Außenminister übermittelte Protestnote der Sowjetunion vom 26.9.1937 (Les bombardements en Chine, in: RGDA 1938, S. 202f.);

64) a.a.O., S. 204: "Prière d'atterir immédiatement l'attention de la Societé sur les nouveaux bombardements de villages ouvertes, aux alentours de Canton, auxquels procèdent sans discrimination des avions japonais et qui se poursuivent sans interruption depuis quarante-huit heures. Cent avions ont participé à des raids qui ont tué un grand nombre de personnes dans des zones absolument non militaires..."

65) Vgl. SPETZLER, a.a.O. (Anm. 10), S. 216f.;

66) a.a.O., S. 216;

67) ROYDE-SMITH J.G., International relations - 20th century, in: Encyclopædia Britannica 1988, Bd. 21, S. 763;

68) RAY J., Les bombardements aériens: Quelques aspects de la position prise par le Japon, in: RGDA 1938, S. 418;

welch großes Gewicht Japan den LKR beimaß[69]. Hätten sich deren Bestimmungen nicht in den fünfzehn Jahren seit ihrer Entstehung so fest in die politischen und wissenschaftlichen Verhältnisse integriert, wären sie von der japanischen Regierung sicher nicht dergestalt berücksichtigt worden. Ein weiterer Versuch, die Öffentlichkeit von der rechtmäßigen Durchführung der Luftangriffe zu überzeugen, war die Veröffentlichung eines Stadtplans von Kanton durch den japanischen Marineminister, der für die in China eingesetzten Luftstreitkräfte zuständig war. In dieser Karte waren alle Objekte, welche als militärisch galten und das Ziel von Bombardierungen sein sollten, eingezeichnet[70].

Von großer Bedeutung war auch die erstmalige Schaffung einer demilitarisierten Sicherheitszone für die Zivilbevölkerung aufgrund einer Übereinkunft zwischen den beiden Kriegsparteien. Sie wurde im November 1937 in Nantao eingerichtet und diente einer großen Zahl von Flüchtlingen und Einwohnern als Schutzzone. Abgesehen von unbedeutenden Übergriffen wurde die Regelung auch beachtet, bis das Gebiet von japanischen Truppen erobert worden war[71]. Dieses Beispiel der Kooperation zum Schutz der Zivilbevölkerung ist umso erstaunlicher, als im Gegensatz dazu japanische Kommandeure nach der Einnahme von Nanking nahezu die gesamte chinesische Einwohnerschaft ermorden ließen[72] und ihre Flugzeuge auf dem Yangtse die mit Flüchtlingen überladenen Dschunken angriffen und versenkten[73]. Als sich die Ereignisse in Europa zuspitzten, rückte der chinesisch-japanische Krieg etwas aus dem Blickfeld. Die bewaffneten Auseinandersetzungen setzten sich aber fort und endeten erst mit der japanischen Niederlage 1945.

---

69) a.a.O., S. 419;

70) a.a.O., S. 422;

71) a.a.O., S. 420f.; SPETZLER, a.a.O. (Anm. 10), S. 67;

72) Zwischen 40.000 und 300.000 Menschen wurden Opfer dieses Massakers (PING-CHIA KUO/ZENG ZUNGU, Nanking, in: Encyclopædia Britannica 1988, Bd. 24, S. 736; CARTIER, a.a.O. [Anm. 18], S. 434);

73) a.a.O.;

## *Der Bürgerkrieg in Spanien 1936 - 1938*

In Spanien erreichte der Luftkrieg eine bisher nicht bekannte Dimension. Erstmals standen sich zwei gleichermaßen modern ausgerüstete Gegner gegenüber. Beide Bürgerkriegsparteien verfügten über Bomber, Jagdflugzeuge, Fliegerabwehrartillerie und ausgebildete Piloten. In diesem Konflikt wurden nahezu sämtliche Luftkriegstaktiken entwickelt und erprobt, welche später im Zweiten Weltkrieg verwendet wurden. So begann man mit dem Einsatz von Schlachtflugzeugen, die mit Bomben und Maschinengewehren direkte Luftunterstützung flogen und sich bei der Vernichtung gegnerischer Militärkolonnen als äußerst wertvoll erwiesen. Die Bedeutung von schnellen und gut bewaffneten Jagdflugzeugen wurde erst hier erkannt, schließlich und endlich testete man über Spanien erstmals den Bombenwurf im Sturzflug sowie das Flächenbombardement[74].

Bezüglich der Geltung des Kriegsvölkerrechts in Spanien ergeben sich große Probleme: Bei dem Konflikt handelte es sich um einen Bürgerkrieg, es waren keine zwei Staaten daran beteiligt, welche als Völkerrechtssubjekte einen Kriegszustand im Rechtssinn herbeiführen könnten. Die Möglichkeit, das ius in bello durch die Anerkennung der Parteien als Belligerenten anwendbar zu machen, wurde nicht ausgenützt[75]. Keine der beiden Seiten wurde von irgendeinem Staat formell als Belligerent anerkannt[76]. Schließlich verkomplizierte sich die Situation durch die trotz des Nichteinmischungsabkommens intensive Intervention Deutschlands und Italiens auf der Seite Francos sowie freiwilliger Hilfsbataillone auf der Seite der

74) Daß der spanische Bürgerkrieg besonders für die deutsche Luftwaffe zum willkommenen "Testgelände" wurde, ist offensichtlich: siehe ELSTOB P., Legion Condor, Rastatt 1981, S. 213ff.; VÖLKER K.-H., Die deutsche Luftwaffe 1933-1939, Stuttgart 1967, S. 153f.; einschränkend demgegenüber MERKES M., Die deutsche Politik im spanischen Bürgerkrieg 1936-1939, Bonn 1969, S. 142f.;

75) de ZAYAS A.M., Spanish Civil War, in: Encycl. 7, S. 438; SCHMITZ E., Die Abmachungen von Nyon und Genf, in: ZaöRV 1938, S. 6f.;

76) Laut O'ROURKE V.A., Recognition of belligerency and the Spanish War, in: 31 AJIL 1937, S. 404ff. stellte das Verhalten der neutralen Staaten bezüglich der einseitig von der Regierung in Madrid verkündeten Blockade allerdings eine de facto Anerkennung dar;

Republikaner[77]. Im Grunde genommen stellte der Spanische Bürgerkrieg das erste Beispiel des in heutiger Zeit häufigen "mixed conflict", eines Bürgerkrieges mit fremdstaatlicher Beteiligung dar. Unter Anwendung des Grundsatzes, daß Krieg nur zwischen souveränen Staaten bzw. zwischen Parteien mit Belligerentenstatus möglich ist, konnte das Kriegsvölkerrecht mangels Erfüllung der Voraussetzungen nicht zur Anwendung kommen[78]. Es galten demnach weder die HLKO noch das Genfer Abkommen zum Schutz der Kriegsgefangenen[79]. Gegen diese Ansicht sprechen einige Umstände: Die zeitgenössischen Autoren schienen von der Geltung zumindest des Völkergewohnheitsrechts auszugehen[80]. Die republikanische Regierung erklärte, das Kriegsgefangenenrecht anwenden zu wollen[81], und beide Parteien beriefen sich beständig auf das Kriegsrecht und protestierten gegen angebliche Völkerrechtsverletzungen ihrer Gegner[82]. Dies deutet darauf hin, daß die Bürgerkriegsparteien stillschweigend, und sei es nur,

---

77) Siehe dazu GARNER J.W., Questions of international law in the Spanish Civil War, in: 31 AJIL 1937, S. 66ff.;

78) AKEHURST, a.a.O. (Anm. 14), S. 92; SCHMITZ, a.a.O. (Anm. 75), S. 6f.; de ZAYAS, a.a.O. (Anm. 75), S. 438; a.A. offenbar SPETZLER, a.a.O. (Anm. 10), S. 212f.; sowie THOMAS A.V.W./THOMAS A.J., International legal aspects of the civil war in Spain 1936-39, in: FALK R.A. (Hrsg.), The international law of civil war, Baltimore-London 1971, S. 121, wonach zwar nicht die HLKO, aber doch die Grundsätze des Kriegsrechts von beiden Parteien zu beachten waren;

79) a.a.O., S. 122, 128;

80) Dezidiert auch unter Verweis auf das Verbot unterschiedsloser Bombardements GARNER; Spanish Civil War, a.a.O. (Anm. 77), S. 66; PADELFORD N.J., International law and the Spanish Civil War, in: 31 AJIL 1937, S. 229f.; manchmal wurde den LKR eine bedeutende Rolle zuerkannt, z.B. LE GOFF M., Les bombardements aériens dans la guerre civile espagnole, in: RGDIP 1938, S. 582f.; DERS., Le problème des bombardements aériens et le droit international - Brief, in: RGDA 1938, S. 655; KROELL J., Brief, in: RGDA 1938, S. 657f, mit vorsichtiger Einschränkung in der Frage der Geltung des ius in bello; THOMAS/THOMAS, a.a.O. (Anm. 78), S. 136f.;

81) a.a.O., S. 122; PADELFORD, a.a.O. (Anm. 80), S. 226, der in dieser Erklärung eine Anerkennung der Nationalisten als Belligerenten sah;

82) THOMAS/THOMAS, a.a.O. (Anm. 78), S. 124; siehe auch die Proteste der republikanischen Regierung gegen das angebliche Bombardement offener Städte vom 28.5.1938, in Anhang B, Dokument 13;

um vor der Weltöffentlichkeit ein besseres Bild abzugeben, von ihrer Bindung durch das ius in bello ausgingen. Das bedeutet selbstverständlich nicht, daß die gegnerischen Streitkräfte das Kriegsrecht auch anwendeten, im Gegenteil: Der Spanische Bürgerkrieg ging als einer der grausamsten Kriege in die Geschichte ein. So wurden Kriegsgefangene manchmal kurzerhand erschossen[83] und die Zivilbevölkerung wurde nur selten bewußt verschont. Die Luftwaffen flogen sehr bald Angriffe gegen Siedlungen und Städte. Diese Situation verschärfte sich noch mit dem Eintreffen der deutschen Legion Condor, welche mit modernsten Flugzeugen die Armee Francos unterstützen und gleichzeitig das vorhandene Material unter Kriegsbedingungen testen sollte. Dabei waren aber sowohl Deutschland als auch Italien weiterhin Mitglieder des in London tagenden Nichteinmischungsausschusses[84]. Die Großmächte England und Frankreich verhielten sich passiv, obwohl ihre Sympathien auf der Seite der Republikaner waren. Erst nach Angriffen unidentifizierter U-Boote und deutscher Flugzeuge gegen neutrale Schiffe, in welchen sie Waffen für die Gegenspieler Francos vermuteten, schlossen Großbritannien, Frankreich, Bulgarien, Ägypten, Rumänien, Yugoslawien, Griechenland, Türkei und die UdSSR am 14. und 17. September in Nyon ein Abkommen, wonach jeder Angriff gegen ihre Schiffahrt durch Flugzeuge oder Seestreitkräfte, welche nicht den beiden Konfliktsparteien angehörten, sofort mit Waffengewalt beantwortet werden konnte[85]. Wesentlich später, als die Nachrichten von umfangreichen Luftbombardements aus Spanien immer häufiger wurden und insbesondere die republikanische Regierung immer öfter wegen unterschiedsloser Angriffe gegen "offene Städte" protestierte, wurden auch die neutralen Mächte politisch aktiv. Nach massiven Beschwerden der Republikaner wegen der Untätigkeit Englands und Frankreichs[86] sowie nach der Ankündigung von Repressalien für den Fall der Fortsetzung der nationalistischen

---

83) THOMAS/THOMAS, a.a.O. (Anm. 78), S. 124f.;

84) de ZAYAS, a.a.O. (Anm. 75), S. 435f.;

85) Druck: ZaöRV 1937, S. 940ff.; siehe dazu SCHMITZ, a.a.O. (Anm. 75), S. 1ff.;

86) Siehe Anhang B, Dokument 13;

Bombardierungspraxis[87], erging aus Großbritannien die Initiative zur Zusammenstellung einer internationalen Kommission, welche die Luftangriffe an Ort und Stelle untersuchen und wenn möglich den konkreten Vorsatz der Angreifer feststellen sollte[88]. Diese "fact-finding commission" bestand aus britischen, schwedischen und norwegischen Offizieren[89] und wurde ab August 1938 tätig[90]. Sie untersuchte zahlreiche Angriffe und kam zu dem Schluß, daß die Mehrzahl von ihnen eindeutig militärischen Objekten gewidmet gewesen war, wobei die Definition des militärischen Objektes auch auf Fabriken und Warenlager aller Art ausgedehnt wurde[91]. Bei einem kleinen Teil der Bombardements ergaben die Untersuchungen, daß die Wahrscheinlichkeit eines vorsätzlichen Angriffs gegen Wohngebiete sehr hoch war, da alle Bomben in großer Entfernung zum nächstmöglichen militärischen Objekt gefallen waren[92]. Damit wurden zwar viele Einzelproteste der republikanischen Regierung entkräftet, der grundlegende Verdacht, die nationalspanischen Streitkräfte, zu denen auch die Legion Condor gehörte, würden auch bewußt die Zivilbevölkerung angreifen, aber bestärkt. Die Effizienz der Kommission war durch die Ablehnung Francos gegenüber entsprechenden Untersuchungen auf seinem Gebiet eingeschränkt[93].

### Guernica 26. April 1937

Bekanntestes Beispiel für die Luftbombardements im Zuge des Spanischen Bürgerkriegs ist zweifellos der Angriff gegen Guernica. Am Montag, dem 26. April 1937, war Markttag in Guernica, der traditionellen heiligen

87) Les bombardements aériens en Espagne, in: RGDA 1938, S. 208ff.;

88) Siehe die Note der britischen Regierung vom 24.6.1938, Anhang B, Dokument 14a, sowie die Antwort der republikanischen Regierung, Anhang B, Dokument 14b;

89) Anhang B, Dokument 14a;

90) LE GOFF, Guerre civile espagnole, a.a.O. (Anm. 80), S. 597;

91) a.a.O., S. 597f.;

92) a.a.O.;

93) a.a.O., S. 599; vgl. Anhang B, Dokument 14c;

Stadt des Baskenlandes. Vom Bürgerkrieg hatte der Ort noch nicht viel gesehen, obwohl sich der Druck nationalspanischer Truppen gegen die Republikaner allmählich verstärkte und letztere zurückwichen. Am 26.04. war die Front noch 13 km von Guernica entfernt[94]. Im Gebiet um Guernica und der Stadt selbst waren etwa 2.000 Mann rotspanischer Einheiten stationiert, sie sollten im Fall eines massiven Angriffs von Francotruppen lange genug standhalten, um dem Hauptquartier in Bilbao Zeitgewinn zu verschaffen[95]. Zu diesem Zweck hatten sich die Soldaten in den Hügeln rings um die Stadt eingegraben, nur wenige von ihnen befanden sich direkt im Ort. Diese Truppen verfügten weder über Artillerie noch über gepanzerte Fahrzeuge, lediglich einige Maschinengewehre waren in den Stellungen postiert. Objekte, welche als militärische Ziele selbst in einem weiten Sinn in Frage kamen, gab es nur drei: Die Straßen, welche durch die Stadt und an ihr vorbei zur Front führten und von den Nationalspaniern als Rückzugsroute benötigt wurden[96], die Renteriabrücke[97], die den Fluß Mundaca überquerte und Knotenpunkt dieser Rückzugsroute war, und schließlich die kleine Waffenfabrik Unceta, deren Existenz der Legion Condor allerdings überhaupt nicht bekannt war[98]. Militärische Stellungen gab es in der Stadt selbst keine.

Gegen 16.45 Uhr erschien eine einzelne Heinkel He 111 über Guernica. Der Zweck ihres Einsatzes war, als "Pfadfinder" die Angriffsverhältnisse sowie etwaige Fliegerabwehr festzustellen. Die von ihr geworfenen Bomben schlugen mehrere Hundert Meter von der Renteriabrücke entfernt am

94) Nach THOMAS H., The Spanish Civil War, New York 1961, S. 419 waren es sogar ca. 30 km;

95) THOMAS G./MORGAN-WITTS M., Der Tag, an dem Guernica starb, Zug 1978, S. 155, 191f.;

96) a.a.O., S. 47;

97) a.a.O.;

98) a.a.O., S. 294; erst im nachhinein wurde auch Berlin durch ein Telegramm des nationalistischen Hauptquartiers von der Waffenproduktion unterrichtet (zit. bei SOUTHWORTH H.R., La destruction de Guernica, Paris 1975, S. 478);

Bahnhofsvorplatz ein[99]. Wenig später erfolgten die Angriffe von drei weiteren Heinkels, dann kamen Jagdflugzeuge des Typs Heinkel He 51, welche im Tiefflug die zur Bergung der Bombenopfer angetretenen Menschen aus Bordwaffen beschossen und Brandbomben warfen[100]. Diese Aktionen dauerten bis ca. 18 Uhr an. Etwa eine Viertelstunde später traf die Hauptstreitmacht der Legion Condor über Guernica ein, 23 Behelfsbomber vom Typ Junkers Ju 52, jeder mit mehr als einer Tonne Sprengstoff beladen[101]. Wie die Vorausabteilung flogen auch sie die Stadt von Norden her an, wobei sie die Renteriabrücke in einem Winkel von 90° überquerten. Diese Route wurde durch die umliegenden Berge notwendig gemacht. Nach den Abwürfen der ersten Staffel, welche ausschließlich das Stadtzentrum trafen, verdeckten dichte Qualm- und Staubwolken die Sicht auf das Ziel. Alle weiteren Bomben wurden nahezu blind in die Stadt geworfen[102]. Nach diesem verheerenden Angriff streiften sechs Jagdflugzeuge der damals modernsten Bauart, Messerschmitt Me 109 im Tiefflug über die Straßen und beschossen mit ihren Bordwaffen alles, was sich bewegte[103]. Danach wiederum kehrten die He 51, welche zum Tanken und zur Aufmunitionierung gelandet waren, wieder zurück und taten das gleiche[104]. Erst um 19.30 Uhr, drei Stunden nach dem Abwurf der ersten Bomben, herrschte wieder Ruhe.

Der Angriff der Legion Condor forderte etwa 250 Tote und doppelt so viele Verwundete[105]. Der Sachschaden betraf nur Wohn- und Geschäfts-

---

99) THOMAS/MORGAN-WITTS, a.a.O. (Anm. 95), S. 231, 257;

100) a.a.O., S. 233, 272ff.;

101) a.a.O., S. 231, 287ff.; siehe dazu auch MAIER K.A., Guernica, 26.4.1937, Freiburg/Br. 1975, S. 61;

102) THOMAS/MORGAN-WITTS, a.a.O. (Anm. 95), S. 291ff.; vgl. Tagebucheintrag des Stabschefs der Legion Condor, Oberstleutnant Freiherr von Richthofen vom 30.4.1937, Abdruck in Anhang B, Dokument 15;

103) THOMAS/MORGAN-WITTS, a.a.O. (Anm. 95), S. 399f.;

104) a.a.O.;

105) Die auf zeitgenössischen Schätzungen beruhenden Angaben von THOMAS, a.a.O. (Anm. 94), S. 419 (1.654 Tote und 889 Verwundete) sind sicherlich zu hoch gegriffen.

häuser, das Rathaus, ein Kloster und mehrere Kirchen. Wie durch ein Wunder blieb die Eiche auf dem Rathausplatz, das baskische Nationalheiligtum, unversehrt. Ebenso unversehrt blieben die Renteriabrücke sowie die Waffenfabrik Unceta. Auch die republikanischen Stellungen rund um die Stadt wurden nicht ein einziges Mal angegriffen[106].

Die Frage, ob die Legion Condor das Stadtzentrum Guernicas vorsätzlich in Schutt und Asche gelegt und damit bewußt die Zivilbevölkerung angegriffen hat, ist schwer zu beantworten. Dies deshalb, da schon über das befohlene Angriffsziel Unklarheit herrscht. Die zurückkehrenden Piloten wurden instruiert, über den Angriff striktes Stillschweigen zu bewahren und eventuelle Vorwürfe zu dementieren[107]. Von der deutschen und der nationalspanischen Propaganda wurde konsequenterweise stets behauptet, die Legion Condor habe die Stadt verschont. Diese sei erst von zurückweichenden Republikanern gebrandschatzt worden[108]. Soweit in späteren deutschen Quellen und Zeugenaussagen überhaupt die Verantwortung für den Angriff übernommen wurde, war lediglich von der Zerstörung der Renteriabrücke als dem Hauptangriffsziel die Rede[109]. Für die Verwüstungen in der Stadt wurden unerwartet starke Windböen, welche die Bomben in das Stadtzentrum getragen hätten, verantwortlich gemacht[110]. Doch viele Einzelheiten sprechen dafür, daß diese Version nicht der Wahrheit entspricht:

---

106) Dies belegt auch die Tagebucheintragung von Richthofens vom 30.4.1937, in der es heißt: "In Guernica sonst Friede. Die nächsten Höhen von Rot besetzt, ohne daß etwas dagegen getan wurde."

107) MAIER, a.a.O. (Anm. 101), S. 59;

108) Siehe dazu a.a.O., S. 64ff.; THOMAS/MORGAN-WITTS, a.a.O. (Anm. 95), S. 313f.; auch die kriegswissenschaftliche Abteilung des RLM machte in ihrem Bericht über die Geschichte des Einsatzes der Legion Condor ausschließlich die Republikaner für die Zerstörung Guernicas verantwortlich (Wiedergabe in Auszug in Anhang B, Dokument 16); SOUTHWORTH, a.a.O. (Anm. 98), setzt sich äußerst detailliert mit der Entstehung und Verbreitung der Guernica-Legende auseinander;

109) THOMAS/MORGAN-WITTS, a.a.O. (Anm. 95), S. 231;

110) a.a.O., S. 282; angeblich hat es in und über Guernica zu diesem Zeitpunkt überhaupt keine nennenswerten Winde gegeben; siehe aber auch MAIER, a.a.O. (Anm. 101), S. 66;

An erster Stelle ist die Type der eingesetzten Flugzeuge geeignet, Bedenken an den deutschen Darstellungen zu unterstützen. Die Legion Condor verfügte über mehrere einsatzbereite Sturzkampfbomber des Musters Junkers Ju 87[111]. Die Kampferfahrung mit den "Stukas" hatte sehr bald deren unübertreffliche Zielgenauigkeit bei Angriffen auf Punktziele, zu welchen insbesondere auch Brücken zählen, erwiesen[112]. Deshalb ist es umso erstaunlicher, daß diese Waffe gegen die Renteriabrücke nicht eingesetzt wurde. Stattdessen bediente man sich neben den zweifellos modernen vier Heinkel He 111 der Junkers Ju 52. Diese aus einem Verkehrsflugzeug entwickelten Behelfsbomber waren in dieser Funktion ausgesprochen erfolglos. Dies resultierte aus ihrer geringen Geschwindigkeit und insbesondere aus den einfachen mechanischen Zielgeräten, welche einen genauen Bombenwurf aus der Junkers praktisch unmöglich machten[113]. Die Chance, das offizielle Ziel, nämlich die Brücke zu treffen, war durch diese Flugzeugwahl erheblich gesunken. Dazu war auch die gewählte Angriffsformation für eine Brücke als Angriffsziel ausgesprochen ungünstig. Die Maschinen flogen im "Gruppenkeil", das heißt in Keilen zu jeweils drei Bombern, welche zwischen 500 und 1.000 Metern voneinander abgesetzt waren[114]. Dies verringerte die Wahrscheinlichkeit, die quer zur Flugrichtung stehende Brücke zu treffen, weiterhin. Auch die Flughöhe deutet darauf hin, daß nicht die Brücke, sondern das Stadtgebiet das eigentliche Ziel war: Die Bomben der Junkers wurden aus ca. 1.500 bis 2.000 Metern Höhe abgeworfen[115]. In Anbetracht der Tatsache, daß die Vorausabteilung außer dem ungenauen Feuer aus wenigen Maschinengewehren keinerlei Fliegerabwehr meldete, ist dieser "Respektabstand" bei einem so kritischen Ziel wie einer kleinen Brücke unerklärlich. Ebenso unerklärlich ist es, wenn zur Zerstörung einer aus Steinquadern gebauten Brücke[116] ein

111) THOMAS/MORGAN-WITTS, a.a.O. (Anm. 95), S. 239;

112) Vgl. VÖLKER, a.a.O. (Anm. 74), S. 151;

113) a.a.O., S. 150; MAIER, a.a.O. (Anm. 101), S. 60;

114) a.a.O., S. 57;

115) a.a.O.; THOMAS/MORGAN-WITTS, a.a.O. (Anm. 95), S. 109;

116) a.a.O., S. 238f.; die Fahrbahn selbst bestand aus Beton;

Drittel der gesamten Bombenlast aus Brandbomben bestand[117], deren Wirkung sich sonst nur in dicht bebautem Gebiet entfalten konnte. Letztendlich bleiben noch die befohlenen Bordwaffenangriffe der Jagdflugzeuge, welche jeder vernünftigen Grundlage entbehren würden, wäre tatsächlich nur die Brücke das Angriffsziel gewesen.

Aus den vorgenannten Argumenten ergibt sich, daß die Renteriabrücke nicht das ausschließliche Ziel des Angriffs gewesen sein kann. In Anbetracht der Tatsache, daß die Brücke niemals direkt angeflogen und bombardiert wurde, ist es sogar möglich, daß man sie gar nicht als Ziel betrachtete. Da die Waffenfabrik Unceta den Deutschen unbekannt war und demnach nicht angegriffen wurde, blieben als einzige legitime Angriffsziele das republikanische Militär und die Rückzugsstraßen übrig. In keiner deutschen Quelle ist die Rede davon, Guernica sei eine Garnisonsstadt oder auch nur Stützpunkt feindlicher Truppen gewesen[118]. Die republikanischen Stellungen in den Hügeln um Guernica wurden überhaupt nicht beachtet, daher ist anzunehmen, daß man mit dem Bombardement nicht eventuell vorhandene militärische Einheiten treffen wollte. Vielmehr deutet alles darauf hin, daß es Ziel der verheerenden Angriffe war, den "Flaschenhals" zu schließen und den rotspanischen Truppen den Rückweg zu verlegen, damit die Armee Francos zum entscheidenden Schlag ausholen konnte[119]. Dies war auch die erklärte Absicht des Stabschefs der Legion Condor, Oberstleutnant Wolfram Freiherr von Richthofen. Er wollte die Straße durch Guernica schließen, um den seiner Ansicht nach zu zaghaften Vorstoß der Nationalisten zu beschleunigen. Da eine Zerstörung der Brücke offenbar nicht erfolgversprechend genug war, sollte die Straßensperrung wahrscheinlich durch meterhohe Schuttberge von zerstörten Häusern

---

117) MAIER, a.a.O. (Anm. 101), S. 59ff.; sowie Tagebucheintrag Richthofens vom 30.4.1937, Anhang B, Dokument 15;

118) Allerdings wurde in dem an die deutsche Führung gegangenen Telegramm vom 7.5.1937 sehr wohl vom Standort militärischer Reserven in Guernica gesprochen (SOUTHWORTH, a.a.O. [Anm. 98], S. 478);

119) Siehe Tagebucheintragungen Richthofens vom 26. und 30.4.1937, Anhang B, Dokument 15; MAIER, a.a.O. (Anm. 101), S. 59;

herbeigeführt werden[120]. Über die dabei notwendigerweise hohen Verluste unter der Zivilbevölkerung schien sich Richthofen keine Gedanken zu machen. Später, am 30.04.1937 vermerkte er in seinem Tagebuch den Angriff auf Guernica als geschaffene Voraussetzung für einen großen Erfolg, wenn nur die Nationalspanier rasch genug nachgerückt wären[121]. So aber konnten sich die Republikaner doch noch absetzen.

Wie in einem früheren Kapitel ausgeführt, läßt sich der Angriffsvorsatz differenzieren: Von einem Terrorangriff im engen Sinn kann man dann sprechen, wenn sich der Vorsatz darauf bezieht, ausschließlich oder hauptsächlich die Zivilbevölkerung zu treffen und durch den Angriff moralisch unter Druck zu setzen. Ein Terrorbombardement im weiten Sinn ist auch dann gegeben, wenn sich der Zerstörungsvorsatz auf die Zivilbevölkerung als Teil einer gesamt als Ziel gewählten Siedlung bezieht. Der dolus directus enthält neben den Bauwerken daher auch die Bevölkerung. Dabei fehlt zwar ein besonderer Terrorisierungsvorsatz, dennoch aber fällt ein solcher Angriff wie jeder direkte Angriff gegen die Zivilbevölkerung unter die Oberbezeichnung "Terrorangriff", welche ohne exakte Definition in Politik und Literatur allgemein in diesem Sinn gebraucht wurde. Davon zu unterscheiden ist der unterschiedslose Angriff, bei welchem die Gefahr, gleichermaßen militärische Objekte und die Zivilbevölkerung zu treffen, erkannt und als bedeutungslos abgetan wird. Es wird also nichts getan, um die Gefährdung der Nichtkombattanten zu verringern. Dieser bedingte Vorsatz ist nur anläßlich taktischer Bombardements, sogenannter Eroberungsbeschießungen direkt an der Hauptkampflinie erlaubt, dahinter aber verboten. Im Falle Guernicas deutet vieles darauf hin, daß ganz bewußt und gezielt das zivile Stadtzentrum angegriffen wurde. Diese Ansicht wird von der vielerorts ebenso rücksichtslosen Angriffspraxis der Legion Con-

120) a.a.O.;

121) Anhang B. Dokument 15;

dor bestätigt[122]. Selbst wenn man einräumt, daß die Häuser durch die Möglichkeit, mit ihrem Schutt die Straße zu sperren, zu militärischen Objekten im Sinne des Art. 24(1) LKR geworden sind, wäre der Angriff mit dolus eventualis gegenüber der Zivilbevölkerung und daher unterschiedslos durchgeführt worden. Nachdem sich Guernica nicht in der Hauptkampflinie befand und nicht im Sinne des Art. 25 HLKO verteidigt wurde, wäre der unterschiedslose Angriff verboten gewesen. Als Vorkehrung für den Schutz der Zivilbevölkerung wäre eine vorherige Warnung in diesem Fall sowohl geboten als auch zumutbar gewesen, um den Angriff nicht unterschiedslos durchführen zu müssen.

Sehr viele Indizien deuten aber darauf hin, daß das Stadtzentrum von Guernica vorsätzlich bombardiert wurde, wobei offensichtlich militärische Objekte bewußt außer Acht gelassen wurden. Eine Repressalienhandlung als Rechtfertigungsgrund kommt nicht in Betracht, dies wurde auch von den Angreifern niemals behauptet. Irrtümer scheiden ebenfalls aus, mangels vorhandener Fliegerabwehr kann sich die Legion Condor auch nicht auf einen Notstand, welcher den Notwurf der Bomben in das besiedelte Gebiet nötig gemacht hätte, berufen. Daß die Durchführung des Bombenangriffs sehr wohl mit einem starken Unrechtsbewußtsein verbunden war, beweisen allein die hartnäckigen Vertuschungsversuche der deutschen und nationalspanischen Propaganda.

Zusammenfassend bleibt festzuhalten, daß der Angriff gegen Guernica als Terrorangriff im weiten Sinne oder zumindest als unterschiedsloses Bombardement mit dolus eventualis gegen das geltende Kriegsrecht

---

122) MAIER, a.a.O. (Anm. 101), S. 66; eine Auswertung von Bombardements spanischer Dörfer durch die Legion Condor bestärkt diesen Verdacht: In Orten, worin nach den Aufnahmen weder Artillerie noch Fahrzeuge etc. erkennbar waren, wurden von Stukas die Kirchen bombardiert (BA/MA RL 35/34);

war[123]. Letztendlich steht die Beurteilung aber wieder vor der eingangs aufgeworfenen Frage, ob das Kriegsrecht im Spanischen Bürgerkrieg überhaupt anwendbar war. Verneint man dies, so war auch die Bombardierung Guernicas nicht rechtswidrig, da es kein Recht als Maßstab gab. Stellt man sich auf den zeitgenössisch offenbar herrschenden Standpunkt, das Kriegsrecht oder zumindest das Kriegsgewohnheitsrecht habe gegolten, so war der Angriff gegen die heilige Stadt der Basken ein Kriegsverbrechen.

---

123) Daß sich der Angriff vorsätzlich gegen das Stadtzentrum und die Zivilbevölkerung richtete, wurde häufig - allerdings in der Regel unsubstantiiert - behauptet. So z.B. ELSTOB, a.a.O. (Anm. 74), S. 189f.; ROTOCKI Z., Polish directives of 1939 concerning aerial bombardment in the light of international rules of air warfare, in: Polish Yearbook of International Law 1970, S. 159; THOMAS/MORGAN-WITTS, a.a.O. (Anm. 95), S. 138; UEBERSCHÄR G.R./WETTE W., Bomben und Legenden, Freiburg/Br. 1981, S. 24f..
Als Versehen wird die Vernichtung Guernicas von LANG J. von, Krieg der Bomber, Berlin-Frankfurt/M. 1986, S. 23 bezeichnet. Der sonst so genaue SPETZLER, a.a.O. (Anm. 10), S. 212 erwähnt den Namen Guernica unter Hinweis auf "ungewollte Ziv. Verluste" lediglich in einer Fußnote. MAIER, a.a.O. (Anm. 101), S. 66f. resümiert wesentlich differenzierter: Seiner Ansicht nach sei der Bombenabwurf auf das Stadtzentrum tatsächlich nicht vorsätzlich geschehen, allerdings hätten die Piloten offenbar wenig Hemmungen gehabt, "mitten hineinzuwerfen". Er verkennt jedoch, daß auch die von ihm unterstellte Absicht, den Vorort Renteria zu zerstören, ebenfalls eine verbotene unterschiedslose Bombardierung dargestellt hätte.

# Kapitel VI

# Luftkriegsdoktrin und Technik zwischen den Weltkriegen

## *Die Entwicklung der Luftkriegsdoktrin*

### Das Problem der Begriffsbestimmung

Ein Ergebnis des Ersten Weltkrieges war die Erkenntnis, daß dem Flugzeug in der modernen Kriegführung nunmehr eine entscheidende Bedeutung zukam. Aus diesem Grund war die Zwischenkriegszeit reich an Kriegstheorien, welche die Luftwaffe in unterschiedlichem Ausmaß berücksichtigten. Gefördert wurde diese Entwicklung durch den rapiden Aufschwung der Flugzeugtechnik, der in den Theoretikern übertriebene Hoffnungen auf weitere Fortschritte erweckte. Für die Beurteilung der Entwicklung des Luftkriegsrechts ist es daher von entscheidender Bedeutung, die Einflußnahme der militärtheoretischen Doktrin auf die Politik und damit auf das VGR zu prüfen.

Bevor man sich mit den Einzelheiten der verschiedenen Luftkriegstheorien auseinandersetzen kann, muß allerdings der Begriff der Luftkriegstheorie oder -doktrin selbst geklärt werden: Auch Theorien und Szenarien über die Land- und Seekriegführung können durchaus den Einsatz von Flugzeugen beinhalten, im Gegensatz zur Luftkriegsdoktrin wird dieser hier aber keinesfalls als selbständig aufgefaßt. So wird die Seekriegstheorie den Einsatz von Marineluftstreitkräften immer nur im Zusammenhang mit Bewegungen entsprechender Flotteneinheiten sehen, analog dazu betrachtet die Doktrin des Landkrieges das Flugzeug als Aufklärungs- und Transportmittel, in direktem Kampfeinsatz lediglich als mobile Artillerie. Das Hauptgewicht liegt hier im Vordringen der Bodentruppen, welches durch Flugzeuge unterstützt wird. Eine Luftkriegsdoktrin ist nach ähnlichen

Grundsätzen orientiert: Der eigene Truppenteil, in diesem Fall also die Luftwaffe, gilt als kriegsentscheidend. Den Boden- und Seestreitkräften kommt nur soweit Bedeutung zu, als gewisse Schwierigkeiten nicht durch den Einsatz von Flugzeugen allein bewältigt werden können, insbesondere bei der Gewinnung und Sicherung von Terrain, bei der Bereitstellung von Logistik und Infrastruktur, etc. Zentral für jede Luftkriegsdoktrin ist aber immer die Behauptung, daß der Luftwaffeneinsatz für die siegreiche Beendigung eines militärischen Konfliktes unabdingbar ist[1]. Dies muß keineswegs so weit führen, daß die Bedeutung der anderen Waffengattungen bzw. Truppenteile völlig negiert wird, so können Luft-, See- und Landkriegstheorie durchaus nebeneinander bestehen und einander ergänzen. Für die Existenz einer Luftkriegstheorie ist aber das Selbstverständnis der prinzipiellen Unabhängigkeit vom Frontverlauf oder von Flottenbewegungen wesentlich. Daher kann eine militärische Theorie, welche den Luftwaffeneinsatz als nur an die Bodentruppen gebunden betrachtet, keinesfalls als Luftkriegstheorie bezeichnet werden. Sie ist höchstens Teil eines Szenarios für die Führung eines Landkrieges.

Zusammenfassend ist eine Luftkriegsdoktrin zu definieren als eine Kriegstheorie, welche die Rolle des Flugzeugs in ihr Zentrum stellt und auf einer weitestgehenden Befehlsungebundenheit von anderen Truppenteilen aufbaut. Die verschiedenen Ausprägungen einer solchen Theorie sind schwer zu schematisieren und begriffsmäßig einzuordnen. In der Literatur wurden bisher dazu verschiedene Wege gewählt. Bekannt ist die Einstufung von Luftkriegstheorien an der Haltung zu den Postulaten eines bekannten Theoretikers, nämlich jenen des Giulio Douhet. Demgemäß wird oft eine Begriffsunterscheidung von "extremen Douhetisten", "extremen Anhängern der Kooperation" sowie "gemäßigten Douhetisten" durchgeführt[2]. Eine solche Einteilung entspricht aber nicht den Gegebenheiten: Unter den "extremen Douhetisten" könnte man dem Begriffswortlaut gemäß nur jene Luftkriegstheoretiker verstehen, welche sich zur völligen Re-

---

1) Siehe WARNER E., Douhet, Mitchell, Seversky: Theories of air warfare, in: EARLE E.M. (Hrsg.), Makers of modern strategy, New York 1966, S. 485;

2) SPETZLER E., Luftkrieg und Menschlichkeit, Göttingen 1956, S. 223;

zeption der Douhet'schen Prinzipien bekannten. Solche hat es aber kaum gegeben, und jene Staaten, welche in ihrer Luftkriegskonzeption dem Douhetismus vergleichsweise nahekamen, hatten diese nicht immer im Hinblick auf Douhet, sondern eigenständig entwickelt. So war die britische Konzeption des strategischen Luftkriegs bereits durch Trenchard bestimmt, lange bevor Douhet mit seinen Lehren an die Öffentlichkeit trat.

"Extreme Anhänger der Kooperation" wären solche Theoretiker, welche im Flugzeug nicht mehr als ein abhängiges Instrument der überkommenen Truppenteile Heer und Marine sehen. Im Hinblick auf die oben entwickelte Definition kann hier deshalb nicht von einer Luftkriegsdoktrin gesprochen werden, es sind lediglich See- oder Landkriegstheorien unter Berücksichtigung des Flugzeugeinsatzes. So müßten nahezu alle Luftkriegstheorien unter dem Begriff des "gemäßigten Douhetismus" eingeordnet werden, und zwar ohne Berücksichtigung ihrer verschiedenartigen Ausprägungen. Damit hätte die Unterscheidung nach den Lehren Douhets ihren Zweck nicht erfüllt, da nach den ihr innewohnenden Kriterien keine Unterscheidung möglich ist.

Wesentlich vielversprechender ist hingegen eine Unterteilung nach strategischer und taktischer Luftkriegskonzeption. Allerdings gibt es auch hier begriffliche Unschärfen, insbesondere bezüglich der Definition von "strategisch" und "taktisch". Bei der rechtlichen Beurteilung von Luftangriffen werden diese Begriffe häufig synonym zum Zerstörungs- und zum Eroberungsbombardement gebraucht. Im Fall einer Luftkriegsdoktrin ist dies allerdings unrichtig, denn die begrifflichen Grenzen des taktischen Luftkrieges gehen über Eroberungsangriffe gegen verteidigte Orte gemäß Art. 25 HLKO weit hinaus. So war der Angriff gegen Guernica im Spanischen Bürgerkrieg zweifellos taktisch, sofern man ihm die Intention unterstellt, den Rückweg feindlicher Bodentruppen abzuriegeln, obwohl Guernica zu diesem Zeitpunkt nicht verteidigt und daher nicht Ziel eines Eroberungsbombardements war.

Der grundsätzliche Unterschied zwischen strategischem und taktischem Luftkrieg liegt in der Unmittelbarkeit, mit welcher sich der Einsatz der Luftwaffe an der Front auswirkt. Während ein taktisches Luftbombardement die direkte Unterstützung der eigenen Bodentruppen zum Ziel hat, folgt der strategische Luftkrieg dem Grundgedanken, daß Waffen in ihren Produktionsstätten wesentlich leichter und effektiver zerstört werden können als an der Front. Aufgrund dieser verschiedenartigen Zielsetzungen beschränken sich taktische Luftangriffe auf die räumliche Umgebung der Hauptkampflinie. Strategische Bombardements werden im Gegensatz dazu vor allem im Hinterland, in den Industriegebieten stattfinden.

Demzufolge gehören zu den taktischen Luftkriegstheorien jene, welche das Hauptgewicht des Luftwaffeneinsatzes auf die direkte Unterstützung der Bodentruppen an der Front legen. Strategische Theorien betonen dagegen stets die Rolle des Flugzeugs bei der Zerstörung der industriellen Kapazität des gegnerischen Staates, welche unabhängig von der momentanen Situation an der Front durchgeführt werden müsse. Beide Arten von Luftkriegstheorien wurden in der Zeit zwischen den Weltkriegen zielstrebig weiterentwickelt und sowohl dem technischen als auch organisatorischen Aufbau der verschiedenen Luftwaffen zugrundegelegt. Für das Verständnis der späteren Luftkriegführung und der Entwicklung des Kriegsvölkerrechts ist es demnach wesentlich, die wichtigsten Theorien kurz zu erläutern.

### Die Doktrin des Giulio Douhet

Der Begründer des "Douhetismus", General Giulio Douhet (1869-1930), war bereits von 1912-1915 Kommandant der italienischen Fliegereinheiten gewesen und war in dieser Funktion mit dafür verantwortlich, daß die dreimotorigen Caproni-Bomber, welche den Luftkrieg nach Österreich trugen, rechtzeitig zur Verfügung standen. Wegen seines kompromißlosen Kampfes gegen militärische Fehlentscheidungen und Führungsschwächen in der italienischen Armee wurde er vor ein Kriegsgericht gestellt und zu einer Gefängnisstrafe verurteilt[3]. Als seine Befürchtungen und Voraussagen aber im Oktober 1917 mit dem italienischen Desaster von Caporetto tatsächlich eintraten, wurde er rehabilitiert und zum Kommandeur der ita-

3) WARNER, a.a.O. (Anm. 1), S. 488;

lienischen Luftstreitkräfte ernannt[4]. Die Ergebnisse des Ersten Weltkrieges hinsichtlich der Luftbombardements schienen seine Ansichten vom Wert einer selbständigen Luftwaffe zu unterstützen, so breitete Douhet seine Ideen nach Kriegsende weiter aus und perfektionierte sie, wobei er ihnen die rapide Entwicklung der Luftfahrttechnik zugrundelegte. Obwohl er seine Luftkriegsdoktrin in mehreren Büchern veröffentlichte, deren Chronologie auch deutlich die stufenweise Entstehung seiner Theorie veranschaulicht[5], blieb sein bekanntestes Werk das 1921 erstmals erschienene Buch "Il dominio dell'aria", welches in der Folge in viele Sprachen übersetzt wurde[6]. Darin kamen Douhets Gedanken über den Luftkrieg am plastischsten und vollständig zum Ausdruck[7].

Die Luftkriegsdoktrin des Generals Douhet gilt berechtigterweise als Musterbeispiel für eine strategische Luftkriegstheorie. Ihre Grundlage war der unbedingte Glaube an die Überlegenheit der Luftwaffe über alle anderen Streitkräfte. Nach der Meinung Douhets sollten Flugzeuge allein in der Lage sein, den Krieg siegreich zu beenden. Um dieses Ziel zu erreichen, müßten einige wichtige Voraussetzungen erfüllt werden:

> Vor dem Krieg seien sowohl eine wirtschaftliche Konzentration auf den Ausbau der Luftwaffe als auch eine technische Konzentration auf einen bestimmten Flugzeugtyp unbedingt notwendig[8].
>
> Beim Kriegsausbruch sei die sofortige Erringung der Luftherrschaft über dem gegnerischen Gebiet unabdingbar für den Erfolg[9].

---

4) VAUTHIER P., Die Kriegslehre des Generals Douhet, Berlin 1935, S. 18;

5) a.a.O., S. 157ff.;

6) Dt. Ausgabe: DOUHET G., Luftherrschaft, Berlin 1936;

7) Dabei muß aber berücksichtigt werden, daß Douhet bei der Neuauflage seines Buches 1927 umfangreiche Änderungen einbrachte;

8) DOUHET, a.a.O. (Anm. 6), S. 25; VAUTHIER, a.a.O. (Anm. 4), S. 60; TULASNE G., Eine neue Kriegslehre, in: Die Luftwacht 1932, S. 423;

9) a.a.O.; DOUHET, a.a.O. (Anm. 6), S. 24ff.; VAUTHIER, a.a.O. (Anm. 4), S. 62ff.; WARNER, a.a.O. (Anm. 1), S. 490;

Während des Krieges sollte sich die Angriffstätigkeit der Luftstreitkräfte auf die Zentren der Industrieproduktion und der Verwaltung konzentrieren[10].

Und so sahen die Douhet'schen Grundsätze im einzelnen aus: Nach seiner Ansicht besteht der grundlegende Unterschied der Luftwaffe zu anderen Truppenteilen in ihrer Mobilität. Während Heer und Marine erst umständlich mobilisiert und in Marsch gesetzt werden müßten, sei die Luftwaffe in der Lage, innerhalb weniger Stunden nach der Kriegserklärung massiv zuzuschlagen. Aus diesem Grund sei es durchaus möglich, daß der Krieg bereits entschieden sei, noch bevor die anderen Truppenteile die Gelegenheit hatten, in das Kampfgeschehen einzugreifen[11]. Damit sei das Flugzeug die wichtigste Waffe überhaupt und es wäre daher verfehlt, große Geldmengen in die Erhaltung und den Aufbau von Streitkräften zu investieren, welche letzten Endes unnütz seien. Die Militärausgaben sollten sich auf die Luftwaffe konzentrieren, Heer und Marine sollten gerade für Defensivaufgaben ausreichend gerüstet sein[12].

Aber auch innerhalb der Luftwaffe müsse darauf geachtet werden, die Ressourcen nicht unnötig zu verschwenden. Es sei notwendig, sich bei der Ausrüstung auf einen Flugzeugtyp zu konzentrieren, welcher für die Erfüllung der Aufgaben des strategischen Luftkrieges am geeignetsten sei. Da dessen vordringliches Ziel die Vernichtung von Bevölkerungs- und Industriezentren im gegnerischen Hinterland sei, müsse also auf Flugzeugmuster, welche der Kooperation mit den anderen Truppenteilen dienen, verzichtet werden[13]. Aber auch das Jagdflugzeug fiel der Luftkriegsdoktrin Douhets zum Opfer: Der Himmel sei nahezu grenzenlos und unüberschaubar, so sei es schwierig, wenn nicht gar unmöglich, eine angreifende Luftflotte rechtzeitig zu finden, um sie bekämpfen zu können. Selbst wenn dies gelänge, so würden die Jagdmaschinen des Verteidigers auf eine unüber-

---

10) a.a.O.;

11) DOUHET, a.a.O. (Anm. 6), S. 48;

12) TULASNE, a.a.O. (Anm. 8), S. 422;

13) VAUTHIER, a.a.O. (Anm. 4), S. 60, 82ff.;

windliche Streitmacht treffen, welche - von Waffen starrend - unbeirrt ihrem Ziel entgegenfliegt. Der Verlust einiger weniger Bomber würde keine Auswirkungen haben. Andererseits habe sich der Verteidiger mit dem Bau von Jägern der Möglichkeit beraubt, selbst eine riesige Bomberstreitmacht zu etablieren.

Damit war das Douhet'sche Idealflugzeug klar umrissen: Es mußte ein schwerer Bomber sein, der große Lasten über weite Entfernungen transportieren konnte. Wichtig war weiters eine sehr starke Defensivbewaffnung, auf Geschwindigkeit und Gipfelhöhe legte Douhet weniger Wert, da er auch der Fliegerabwehr durch Kanonen keinerlei Effizienz beimaß. Alles in allem sollte sein Bomber die Funktion einer fliegenden Festung haben, welcher in der Formation mit hunderten anderen Flugzeugen eine unbesiegbare Waffe sei[14]. Im Falle eines Aufeinandertreffens mit einem ähnlichen gegnerischen Verband könnte sich das Äquivalent einer großen Feldschlacht entwickeln, für welches die Flugzeuge dank ihrer starken Bewaffnung mit Kanonen und Maschinengewehren ausreichend gerüstet wären.

Mit diesen Flugzeugen mußte sofort bei Ausbruch eines Krieges die Luftherrschaft über den gegnerischen Luftraum erobert werden. Unter der Luftherrschaft verstand Douhet die unbeschränkte Operationsfähigkeit der eigenen Luftstreitkräfte über dem Gebiet des Feindstaates ohne Gefährdung durch dessen Luftwaffe. Aus zwei Gründen sei es notwendig, den Gegner seiner Flugzeuge zu berauben: Erstens könnte die eigene Bomberstreitmacht nur unter dieser Voraussetzung ohne Verluste ihr Zerstörungswerk vollbringen und zweitens - was entscheidend sei - wäre der Gegner dann nicht mehr in der Lage, Gegenschläge auf eigenes Gebiet zu führen[15]. Die Luftherrschaft solle auf einfache Weise durch Bombenangriffe auf feindliche Flugplätze und die völlige Vernichtung der gegnerischen Luftwaffe am Boden errungen werden[16].

---

14) a.a.O., S. 86f.;

15) a.a.O., S. 62f.;

16) a.a.O., S. 80;

Von zentraler Bedeutung für die vorliegende Untersuchung ist die Art der Ziele, deren Vernichtung Douhet in seiner Theorie als kriegsentscheidend bezeichnete. Ausgehend von seiner Meinung über die Rolle von Heer und Marine in einem künftigen Krieg waren diese als Ziel für Luftangriffe von nur geringer Bedeutung. Wichtig waren mit Ausnahme von Flugplätzen nicht die militärischen Objekte, sondern vielmehr die "Nervenzentren" des Gegners, welche er in den großen Städten, insbesondere der Hauptstadt des Feindstaates sah. Laut Douhet war der moderne Krieg nicht mehr der Kampf zwischen den Soldaten und ohne Beteiligung der eigentlichen Bevölkerung, sondern vielmehr ein Kampf zwischen den Völkern selbst, der bis zur völligen Vernichtung einer der beiden Parteien geführt werden mußte. Der Widerstand eines Volkes könne nicht schneller gebrochen werden als durch die vollkommene Desorganisierung des Lebens, und dieses Ziel müsse erreicht werden durch die Ausschaltung der öffentlichen Verwaltung sowie der Unterbindung jeglicher Versorgung mit Strom, Heizung, Wasser und Lebensmitteln. Dazu sollte der direkte Angriff gegen die Bevölkerung kommen. Insgesamt würde diese Kampfführung die Moral des gegnerischen Volkes und dessen Willen, den Krieg fortzusetzen, untergraben und in sich zusammenbrechen lassen. Der moralischen Wirkung von Luftbombardements räumte Douhet höchsten Stellenwert ein:

> "Wie könnte unter der dauernden Bedrohung einer baldigen und restlosen Vernichtung die Zivilbevölkerung eines Landes die staatliche und wirtschaftliche Ordnung aufrechterhalten und den ungebeugten Willen zum Durchhalten besitzen? Man muß sich klar sein, daß der Luftangriff die volle Wucht seiner Wirkung nicht nur gegen Ziele von geringster materieller, sondern auch von geringster moralischer Widerstandskraft richtet."[17]

Um das Ziel, die Brechung der gegnerischen Moral, zu erreichen, forderte Douhet den rücksichtslosen Einsatz aller vorhandenen Waffen, vor

17) DOUHET, a.a.O. (Anm. 6), S. 23f.;

allem des Giftgases. Unter dessen Einwirkungen könne die Widerstandskraft der feindlichen Bevölkerung nicht lange standhalten:

> "Man stelle sich nur einmal vor, was in einer Großstadt vor sich geht, deren Zentrum im Umkreis von rund 250 Metern durch eine Zwanzigtonnenlast von Luftzerstörungsmaterial verheert wird. Einschlag auf Einschlag! Brände, Explosionen, einstürzende Häuserfronten. Darüber wälzt sich das Giftgas. Die Feuersbrünste greifen um sich, die Verbindung zwischen den Brandherden und ihrer Umgebung ist unterbrochen, immer heller lodern die Brände, während das Gas seinen furchtbaren Weg zieht. ... Was sich in dieser Stadt abspielt, kann noch am gleichen Tage, in der gleichen Nacht in zehn, zwanzig, fünfzig großen Wohnstätten geschehen. Die Nachricht des Unheils verbreitet sich wie ein Lauffeuer. Welche Maßnahmen könnten die Ordnung in den noch verschonten Orten und durch die Schrecken dieses Luftkrieges noch nicht berührten Gebieten sichern, denen das gleiche Schicksal drohen kann? ... Würde nicht der Angriff eines einzigen feindlichen Fliegers genügen, um nunmehr eine Panik hervorzurufen. Und wenn am nächsten Tage weitere Siedlungsgebiete verwüstet werden, wer könnte dann die Bevölkerung noch abhalten, aus den Städten, welche das Ziel der feindlichen Angriffe sind, zu flüchten?
>
> Ein vollständiger Zerfall des Staatsapparates ist unvermeidlich, und der Augenblick nicht mehr fern, da die Bevölkerung, scheinbar schutzlos den Angriffen der feindlichen Luftflotte preisgegeben, unter dem gemeinsamen Drang des Selbsterhaltungstriebes, die Einstellung des Kampfes um jeden Preis fordern wird, vielleicht noch bevor ihre Armee und ihre Flotte überhaupt zum Aufmarsch und Eingreifen kam."[18]

Konsequenterweise betrachtete Douhet die Möglichkeit, die Kriegführung völkerrechtlichen Beschränkungen zu unterwerfen, als absolut nutz-

18) a.a.O., S. 49f.;

los, denn er sah den Krieg der Zukunft als totalen Krieg, in dem es nur Gewinner und Verlierer, Bestand oder Vernichtung geben konnte:

> "Es wäre töricht, sich falsche Hoffnungen zu machen. Alle Einschränkungen, alle internationalen Vereinbarungen, die in Friedenszeiten getroffen werden mögen, werden vom Sturm des Krieges wie welkes Laub hinweggefegt. ... Wer auf Leben und Tod kämpft - und anders kann man heutzutage nicht mehr kämpfen -, hat das heilige Recht, alle vorhandenen Mittel zu benutzen, um nicht selbst zugrunde zu gehen. Sich in den Untergang des eigenen Volkes zu schicken, um nicht gegen irgendwelche papierenen Konventionen zu verstoßen, wäre Wahnsinn."[19]

Obwohl beim Erscheinen seines Buches "Luftherrschaft" 1921 bereits viel über ein Verbot von Gaswaffen diskutiert wurde und ein solches bei der überarbeiteten Ausgabe von 1927 seit zwei Jahren vorlag[20], ging Douhet in seiner Doktrin von der Verwendung des Giftgases gegen die Zivilbevölkerung in großem Maßstab aus. Für ihn war es die effektivste Waffe, welche den Krieg, der sonst Jahre dauern würde, innerhalb kürzester Zeit entscheiden könnte. Daher bezeichnete er den Luftgaskrieg als "humanste und zivilisierteste Kampfform"[21]. Daß man mit dem Giftgaseinsatz nicht warten könne, bis der Gegner es zuerst verwendet, war für Douhet selbstverständlich. Nur diejenige Partei habe die Chance auf einen raschen Sieg, welche unverzüglich und mit aller zu Gebote stehender Macht zuschlägt[22].

Douhets Luftkriegstheorie hatte auf die weitere Doktrinentwicklung entscheidenden Einfluß. In mehr oder minder großem Ausmaß wurden seine Prinzipien von der Militärtheorie übernommen, kopiert und so oftmals Teil der späteren Luftkriegspraxis. Allerdings wies seine Theorie eine große Anzahl grundlegender Fehler auf, doch konnten diese erst im Laufe

19) a.a.O., S. 67; vgl. VAUTHIER, a.a.O. (Anm. 4), S. 102f.;

20) Genfer Giftgasprotokoll von 1925;

21) VAUTHIER, a.a.O. (Anm. 4), S. 97;

22) DOUHET, a.a.O. (Anm. 6), S. 72;

des Zweiten Weltkrieges und danach erkannt werden. So hatte er die Möglichkeiten der Fliegerabwehr maßgeblich unterschätzt, die spätere Praxis erwies die hohe Effizienz von Flak und Jägern. Auch der von ihm als ideal präsentierte Flugzeugtyp des "Luftkreuzers" war inpraktikabel[23]. Sein Postulat von der Nutzlosigkeit von Heer und Marine war ebenso falsch wie die Annahme, man könne ein Ziel mit einem Angriff völlig zerstören. Entscheidend war allerdings Douhets Fehleinschätzung über die Ausdauer der Zivilbevölkerung, welche tatsächlich viel mehr ertragen konnte als angenommen[24]. Auf der anderen Seite sind Douhets Forderung nach einem einheitlichen Oberkommando für die Luftwaffe und insbesondere nach der sofortigen Erringung der Luftherrschaft noch heute gültig und wichtige Voraussetzungen für jeden militärischen Konflikt[25].

Douhet erntete in den folgenden Jahren viel Zustimmung, aber auch scharfe Kritik. Insbesondere seine Kompromißlosigkeit sowohl gegenüber den traditionellen Truppenteilen als auch gegenüber der Zivilbevölkerung wurde wiederholt angegriffen[26]. Seine Theorie als reinste strategische Luftkriegsdoktrin stellt aber einen Maßstab zur Verfügung, an welchem die Konzeptionen der bedeutendsten Luftwaffen der Zwischenkriegszeit deutlich gemessen werden können.

## Die britische Luftkriegsdoktrin

Obwohl die britische Konzeption vom Luftkrieg den Forderungen Douhets sehr weitgehend Rechnung trug, war sie dennoch kaum von ihm beeinflußt. Wie bereits in einem früheren Kapitel dargestellt, hatte General Sir Hugh Trenchard (1873-1956) schon während des Ersten Weltkrieges

---

23) WARNER, a.a.O. (Anm. 1), S. 494f.;

24) Siehe insbes. SPETZLER, a.a.O. (Anm. 2), S. 202f.;

25) Zum Bsp. war die überraschende Vernichtung der gegnerischen Luftstreitkräfte entscheidend für den israelischen Sieg im Sechs-Tage-Krieg 1967;

26) Vgl. VAUTHIER, a.a.O. (Anm. 4), S. 95ff.; siehe auch HERRMANN G., Douhetismus und Völkerrecht, in: Gasschutz und Luftschutz 6/1936, S. 35f.;

für die strategische Ausrichtung der RAF gesorgt[27]. Er prägte auch die Entwicklung der britischen Luftwaffe durch die ganze Zwischenkriegszeit wie kein anderer. Die RAF hatte nach Beendigung des Ersten Weltkrieges gegen die Versuche der Oberbefehlshaber von Heer und Marine anzukämpfen, die Luftwaffe wieder an ihre Truppenteile zu binden und die RAF als selbständige Streitmacht aufzulösen[28]. Diese restaurativen Bestrebungen hatten einiges politisches Gewicht, so wurde der Etat der RAF nach 1918 radikal beschnitten.

Bezüglich der Rolle der Luftwaffe war Trenchard zu einem ähnlichen Schluß wie Douhet gekommen: Der eigentliche Zweck des Luftkrieges war die Vernichtung der gegnerischen Produktionskapazität in den Industriezentren, damit sollte auch die Demoralisierung der Zivilbevölkerung bis zu dem Punkt, an welchem sie ihre Regierung zur Beendigung des Krieges zwingen würde, verbunden sein[29]. Das einzige Mittel für diese Art des strategischen Luftkrieges war der Bomber. Deshalb verlangte Trenchard die unbedingte Konzentration auf den Aufbau der RAF als Bomberstreitmacht. Angesichts des knappen Budgets und der Tatsache, daß die Jagdflugzeuge der Nachkriegsära nur um wenige Stundenkilometer schneller als die Bomber waren, meinte er, auf Jagdstaffeln vollkommen verzichten zu können[30]. Sie würden einen gegnerischen Bomberverband ohnehin nicht am Eindringen in den eigenen Luftraum hindern, dazu wären die Bomber zu stark. "The bomber will always get through!", war Trenchards Devise[31]. In dieser Ansicht wurde er durch einige bedeutende Militärtheortiker, wie Captain Basil Liddell Hart und Generalmajor J.F.C. Fuller voll unter-

---

27) Siehe oben, S. 27;

28) BROOKS S., Bomber. Strategic air power in twentieth century conflict, London 1983, S. 12; DEIGHTON L., Luftschlacht über England, 2. Aufl., München 1985, S. 16;

29) a.a.O., S. 18f.; BROOKS, a.a.O. (Anm. 28), S. 13;

30) DEIGHTON, a.a.O. (Anm. 28), S. 42;

31) Diesen Ausdruck prägte Stanley Baldwin 1932 während einer Rede vor dem Unterhaus;

stützt[32], von den konservativen Offizieren in Heer und Marine allerdings kritisiert.

Als die Gefahr weiterer Verknappung der Geldmittel drohte, verstand es Trenchard, die Air Force fest im Bewußtsein der Öffentlichkeit zu verankern. Auf Kosten der Entwicklung neuer Flugzeuge und Zielgeräte wurden Kasernen und Flugplätze gebaut, öffentliche Demonstrationen und Paraden durchgeführt sowie für die Mitglieder der Luftwaffe eine auffällige Uniform geschaffen[33]. Als Propagandamittel bediente sich auch Trenchard der zu jener Zeit häufigen, düsteren Szenarien, in welchen Bomber riesige Städte in kürzester Zeit dem Erdboden gleichmachten. Er hoffte, dadurch die Politiker von der Notwendigkeit einer starken Bomberstreitmacht, welche dem Angreifer zuvorkommen könnte, zu überzeugen. Als dieses Mittel aber genau das Gegenteil bewirkte, nämlich die Pazifisten, welche ein völliges Verbot des Krieges und die Abrüstung forderten, stärkte[34], schlug er vor, die Luftwaffe zur Niederschlagung der häufigen Eingeborenenaufstände in den Kolonien einzusetzen. Damit machte er die RAF zu einem unverzichtbaren Bestandteil britischer Kolonialpolitik und bannte die Gefahr ihrer Auflösung[35].

Insgesamt betrachtet kam die Luftkriegskonzeption Trenchards und seiner Nachfolger der des Generals Douhet sehr nahe: Taktische Einsätze in Kooperation mit Boden- und Seestreitkräften wurden von der RAF als unwichtig vernachlässigt und - soweit es die Marine betraf - der Royal Navy sowie ab 1936 dem Coastal Command überlassen. Das Heer ging überhaupt leer aus, es existierten kaum Schlachtflugzeuge oder taktische Bomber, um die Bodentruppen zu unterstützen. Das in Deutschland so erfolgreich angewandte Sturzkampfkonzept für Präzisionsangriffe wurde in

---

32) DEIGHTON, a.a.O. (Anm. 28), S. 14, 16; beide wurden allerdings angesichts der Praxis im Zweiten Weltkrieg und ihrer zweifelhaften Ergebnisse zu engagierten Gegnern von Trenchards Theorie;

33) a.a.O., S. 44ff.;

34) a.a.O., S. 16f.;

35) a.a.O., S. 42f.; HASTINGS M., Bomber Command, New York 1979, Ausg. New York-London-Toronto u.a. 1989, S. 39f.;

England als unbrauchbar abgelehnt. Betont wurde das Konzept des schweren Langstreckenbombers, als Ziele wurden große Industriezentren ins Auge gefaßt. Die Zivilbevölkerung, oder zumindest die Fabriksarbeiter wurden samt ihren Wohnungen als Teil des Zieles betrachtet, neben den materiellen Zerstörungen war man von einer tiefgreifenden moralischen Wirkung der Bombardements überzeugt[36]. Diese Doktrin wurde in den Stäben der RAF bis zur Mitte der Dreißigerjahre zielstrebig verfolgt. Dann kam es zu einer Unterbrechung, als das ungeahnte Ausmaß der deutschen Luftrüstung den forcierten Aufbau einer mit modernen Jägern ausgerüsteten Verteidigungsluftwaffe notwendig machte. Nach der siegreich beendeten Luftschlacht um England kehrte die RAF, insbesondere das Bomber Command wieder zur ursprünglichen strategischen Luftkriegskonzeption zurück und versuchte, sie zu verwirklichen.

Aufbauend auf den Erfahrungen des Ersten Weltkrieges nahm das Nachtbombardement in der britischen Luftkriegsdoktrin der Zwischenkriegszeit breiten Raum ein. Dieses brachte einige erhebliche Vorteile mit sich: In der Nacht war die Fliegerabwehr durch Kanonen und Jagdflugzeuge bei weitem nicht so gefährlich wie am Tag. Die großen Zielungenauigkeiten störten weniger, denn erstens glaubte man in den Stäben der RAF bis zum Kriegsausbruch, daß sich die wichtigsten Industrieziele, allen voran Hochofenanlagen und ölverarbeitende Betriebe, auch in der Nacht finden und zerstören lassen würden, sofern man ihre genaue Position bezüglich einer sichtbaren Landmarke kannte[37]. Und zweitens war nach der Ansicht Trenchards keine Bombe verschwendet, auch wenn sie nicht auf das militärische Objekt, sondern in ein Wohngebiet fiel[38]: Gerade in der Nacht sollte die moralische Wirkung auf die Zivilbevölkerung am größten sein. Konnte man die Arbeiter vom Schlaf abhalten, so würde ihre Arbeitsleistung binnen kurzer Zeit auf den Nullpunkt sinken. Der direkte, vorsätzli-

36) a.a.O., S. 47ff.; BROOKS, a.a.O. (Anm. 28), S. 20; siehe auch CHARLTON L.E.O., War from the air. Past - present - future, London u.a. 1935, S. 152f., 172f.;

37) Siehe z.B. Denkschrift von Air Commodore Coningham vom 11.10.1939 (PRO AIR 14/205);

38) JONES N., The origins of strategic bombing, London 1973, S. 163;

che Angriff gegen die Zivilbevölkerung wurde von den Planern der britischen Luftkriegskonzeption nicht gefordert, jedoch als Teil der Angriffsausführung stillschweigend vorausgesetzt[39].

Insgesamt präsentierte sich die RAF in der Zeit vor dem Zweiten Weltkrieg als von der Konzeption her eindeutig strategische Bomberluftwaffe, welche weitgehend den Vorstellungen Douhets entsprach. Die tatsächliche Situation aber folgte dieser Theorie nur sehr bedingt: Die verhältnismäßig einfachen Bombenangriffe in den Kolonien, der feste Glaube an die Unbesiegbarkeit des Bombers und endlich das Selbstverständnis der jungen RAF-Offiziere als Elite der Nation führten zu dem Eindruck, der Bombenkrieg sei ein sportliches Ereignis und berge für den Angreifer keinerlei ernste Gefahr[40]. Erst der Zweite Weltkrieg sollte das Gegenteil beweisen.

### Die amerikanische Luftkriegsdoktrin

Auch die in den Vereinigten Staaten vorherrschende Luftkriegstheorie war eindeutig strategisch, wenn sie auch in vielen Punkten eine andere Ausprägung als jene Douhets oder Trenchards hatte. Bereits 1917 hatte Lieutenant Colonel Edgar S. Gorrell, Chef der strategischen Abteilung des Air Service, einen detaillierten Plan zur Führung des Luftkrieges gegen Deutschland vorgelegt. Demnach sei der massive strategische Bombenkrieg gegen die deutsche Rüstungsindustrie die einzige Möglichkeit, die festgefahrene Front wieder in Bewegung zu bringen. Zum Unterschied zur Theorie Trenchards aber widmete Gorrell der Moral der Zivilbevölkerung nicht das Hauptaugenmerk. So bedeutend die Erschütterung der Moral für den Ausgang des Krieges auch sei, so dürfe man dennoch nicht die vorhandenen Bomberkräfte für ausgebreitete Angriffe gegen Bevölkerungszentren aufsplittern. Gorrell tendierte eher dazu, der völligen Zerstörung eines eng begrenzten Zieles den Vorzug vor dem Flächenbombardement

39) BEST G., Humanity in warfare, London 1983, S. 274f.;

40) DEIGHTON, a.a.O. (Anm. 28), S. 45ff.;

zu geben. Durch das Kriegsende wurde dieser Plan, obschon vom Air Service angenommen, nicht mehr realisiert[41].

Die bedeutendste Persönlichkeit in der Entwicklung der amerikanischen Luftstreitkräfte nach 1918 war General William Mitchell (1879-1936). Während des Ersten Weltkrieges kommandierte er in Frankreich eine kombinierte französisch-englisch-amerikanische Luftflotte, welche strategische Bombardements von Zielen in Deutschland durchführte. Ähnlich Douhet ging Mitchell von der kriegsentscheidenden Bedeutung des Flugzeuges als Waffe aus. Eine weitere Parallele zu Douhet bestand darin, daß er seine Ansichten direkt und offen vortrug und auch an scharfer Kritik gegenüber den Vertretern der traditionellen Truppenteile nicht sparte. Auch er wurde dafür vor Gericht gestellt und verurteilt[42].

In einigen entscheidenden Punkten stimmte die Doktrin Mitchells mit der Douhets überein: Mitchell forderte eine Luftwaffe als unabhängigen Truppenteil unter selbständigem und zentralem Kommando. Außerdem glaubte er an die große moralische Wirkung von Luftbombardements insbesondere bei der Zivilbevölkerung. Es sei gar nicht notwendig, eine ganze Stadt physisch zu vernichten, bereits eine geringere Menge an Sprengmaterial müsse ausreichen, um die moralische Widerstandskraft so weit zu vermindern, daß es zu panischen Reaktionen und unkontrollierten Evakuierungen bei der Bevölkerung käme[43]. Die für den Krieg wichtigen Produktionsstätten wären dann verwaist und unbrauchbar. Für Mitchell war der massive Bomberangriff gegen Industrie- und Bevölkerungszentren im gegnerischen Hinterland die Hauptaufgabe einer strategischen Luftwaffe[44].

41) SHANDROFF G., The evolution of area bombing in American doctrine and practice, Diss. New York 1972, S. 19f.;

42) WARNER, a.a.O. (Anm. 1), S. 499;

43) a.a.O., S. 498; BROWN G.C., Concepts of strategic warfare, Vorlesungsskriptum, Montgomery/Al. 1951, S. 2;

44) siehe SCHAFFER R., Wings of judgment, New York-Oxford 1985, S. 25f.; SHANDROFF, a.a.O. (Anm. 41), S. 23f.;

Anders als Douhet behielt Mitchell immer auch die Entwicklung von Jagdflugzeugen im Auge und nach seiner Überzeugung war dieses das einzige effektive Mittel, um einen feindlichen Luftangriff abzuwehren[45]. Der größte Unterschied zu seinem italienischen Kollegen zeigte sich allerdings im geographischen Standpunkt von Mitchells Doktrin. Die Vereinigten Staaten hatten in dieser Beziehung eine besondere Position. Mit einem freundlichen Nachbarn im Norden und militärisch schwachen Staaten im Süden hatten sie praktisch nur den Angriff durch Seestreitkräfte zu fürchten. Mitchell erkannte, daß die Entstehung des Bombenflugzeugs die Aufstellung und Erhaltung großer Flotten mit einem Schlag obsolet machte. Ohne Luftherrschaft könnten auch moderne Schlachtschiffe nicht lange bestehen. Zum Beweis für seine Behauptungen führte er in den Jahren 1921-23 aufsehenerregende Demonstrationen durch, in deren Verlauf er mehrere ausgemusterte deutsche und amerikanische Schlachtschiffe und Kreuzer durch Flugzeugbomben versenkte[46]. Im Gegensatz zu anderen amerikanischen Fliegeroffizieren beschränkte Mitchell seine Vorstellungen nicht auf die Gewässer um Amerika, sondern erweiterte sein Konzept des strategischen Luftkrieges auf eine globale Dimension: Er betonte die überragende Bedeutung von Alaska und der Arktis als Flugroute und Bomberstützpunkt[47]. Mitchell entwickelte keine abgeschlossene Luftkriegsdoktrin, so wie es der systematisch vorgehende Douhet getan hatte. Seine Theorie folgte vielmehr aus zahlreichen Aussagen, welche oberflächlich betrachtet als teilweise widersprüchlich erscheinen mögen. Seine abwechselnde Betonung der Bedeutung von Bombern und Jägern, der Notwendigkeit von Angriffen gegen die Zivilbevölkerung und der Präzisionsangriffe bei Tag ergeben kein einheitliches Bild. Dennoch hat er die Entwicklung der amerikanischen Luftkriegsdoktrin mehr als jeder andere beeinflußt.

In einigen Punkten aber folgte die spätere Luftkriegskonzeption der Vereinigten Staaten nicht den Ideen Mitchells. So wurde trotz seines Drän-

45) WARNER, a.a.O. (Anm. 1), S. 499;

46) BROOKS, a.a.O. (Anm. 28), S. 13f.; GUNSTON B., Bombers, London-New York 1978, S. 28;

47) WARNER, a.a.O. (Anm. 1), S. 500;

gens kein eigenständiges Luftwaffenkommando geschaffen, die amerikanische Luftwaffe blieb zum größten Teil dem Heer unterstellt, wenn ihr auch im Juni 1941 eine relative Autonomie verliehen wurde. Das militärische Flugwesen über See verblieb eine Domäne der Navy. Ganz im Sinne Mitchells war jedoch die strategische Ausprägung der amerikanischen Luftstreitkräfte: Nachdem man in der Ära des Isolationismus den Zweck großer Bomber allein im Einsatz gegen Invasionsflotten gesehen hatte, galt ab der Mitte der Dreißigerjahre das Hauptaugenmerk der Planer dem Bombenangriff gegen die Zentren der Produktionskapazität, welche weitab von der eigentlichen Front im Hinterland des Feindstaates lagen[48]. Auch hier wurde die Zerrüttung der Moral der gegnerischen Zivilbevölkerung als kriegsentscheidend betont. Anders als in Großbritannien aber betrachtete man die Bevölkerung selbst nicht als eigenes Ziel oder als Teil eines solchen. Man ging dabei von der Erkenntnis aus, daß die allgemeine Moral viel stärker von ökonomischen Faktoren als von direkter Lebensbedrohung beeinflußt wird. Demnach müßte es möglich sein, den Kriegswillen des feindlichen Volkes durch Entziehung der wirtschaftlichen Lebensgrundlage wesentlich nachhaltiger zu beeinträchtigen als durch direkte Angriffe gegen die Wohngebiete. Die wichtigsten Punkte der Wirtschaftsorganisation waren Industrien, Rohstoffe, Energieversorgung sowie Transport- und Kommunikationswege. Deren gezielte Zerstörung im Zuge präziser Bombenangriffe sollte ausreichen, um das zivile Leben so weit zu desorganisieren, daß der Wille, den Krieg fortzusetzen, nicht mehr existierte[49]. Dies war die amerikanische Doktrin des Präzisionsbombardements. Ihr Kern war die Auffassung, daß es einem geschlossenen Verband von großen Bombern, welche durch starke Abwehrbewaffnung gesichert waren, gelingen mußte, jedes Ziel am hellichten Tage bei nur geringen Verlusten anzufliegen und

48) Vgl. BROOKS, a.a.O. (Anm. 28), S. 33; MICHIE A.A., The air offensive against Germany, New York 1943, S. 11; CATE J.L., Plans, policies and organization, in: DERS./CRAVEN W.F. (Hrsg.), The Army Air Forces in World War II, Bd. 1, Chicago 1948, Nachdr. 1958, S. 597f.;

49) a.a.O., S. 597; BROWN, a.a.O. (Anm. 43), S. 6; SCHAFFER, a.a.O. (Anm. 44), S. 28f.; SHANDROFF, a.a.O. (Anm. 41), S. 28;

zu bombardieren[50]. Gerade das Tageslicht würde eine bei einem Nachtangriff unerreichbare Genauigkeit ermöglichen. Eine solche Doktrin bedurfte insbesondere zweier Mittel, um sie durchführbar zu machen: erstens eines Bombers mit großer Reichweite und enorm starker Abwehrbewaffnung, welche keinen toten Winkel übrig ließ, und zweitens eines genauen Bombenzielgerätes. Die Entwicklung beider Apparate wurde ab dem Anfang der Dreißigerjahre mit größtem Nachdruck betrieben. Schließlich wurde bei Tests von amerikanischen Bomberbesatzungen eine derartige Präzision erreicht, daß diese von sich behaupteten, sie könnten aus einer Höhe von 20.000 Fuß ihre Bomben in ein Faß werfen[51]. Auch nach dem Kriegsausbruch in Europa blieben die amerikanischen Militärs angesichts der britischen und deutschen Bombardierungspraxis bei ihrer Überzeugung, daß dem strategischen Präzisionsbombardement bei Tageslicht der Vorzug vor dem Flächenangriff bei Nacht gebühre[52]. Die Kooperation der Luftwaffe mit den Bodentruppen im taktischen Einsatz wurde - wie in Großbritannien - auch in den Vereinigten Staaten lange Zeit sträflich vernachlässigt.

## Die deutsche Luftkriegsdoktrin

Die Entwicklung der deutschen Luftwaffe stand nach dem Ersten Weltkrieg maßgeblich unter dem Einfluß des Vertrages von Versailles, welcher die Auslieferung aller deutschen Militärflugzeuge festlegte sowie den Aufbau einer Luftwaffe strikt verbot. Darüber hinaus wurde durch Art. 201 des Vertrages Produktion oder Einfuhr von Flugzeugen, Flugzeugteilen und Flugmotoren untersagt. Diese Bestimmung wurde später allerdings an die Auslieferung beziehungsweise Zerstörung aller bisher vorhandenen

---

50) BROOKS, a.a.O. (Anm. 28), S. 35;

51) MICHIE, a.a.O. (Anm. 48), S. 90;

52) BROWN, a.a.O. (Anm. 43), S. 10; siehe auch das Protokoll einer Besprechung im U.S. War Department zwischen Captain Hansell und dem Planungsdirektor des britischen Air Ministry, Air Commodore Slessor (im Protokoll fälschlich "Schlesser") am 4.12.1940 (HRC 167.6-51). Interessanterweise bezeichnete Slessor darin das Präzisionsbombardement als grundlegende Doktrin auch der RAF;

Flugzeuge geknüpft[53] und in der Folge so weit ausgedehnt, daß es Anfang 1922 in Deutschland kein einziges Motorflugzeug mehr gab. Teile der Flugzeugindustrie, darunter die Werke Fokker, Gotha und Siemens-Schuckert hatten ihre Produktion eingestellt, während andere Fabriken auf die Erlaubnis zum Flugzeugbau warteten und erste Pläne sowohl ziviler als auch bereits militärischer Flugzeuge entwarfen. Nachdem auch die Aufhebung des Konstruktions- und Importverbotes nur eine scheinbare Besserung brachte[54], versuchte die Reichswehr in Zusammenarbeit mit einigen Flugzeugfirmen die Beschränkungen zu umgehen sowie die Arbeit der alliierten Kontrollkommission zu behindern. In einem geheimen Zusatzabkommen zum deutsch-russischen Vertrag von Rapallo 1922 wurde die Zusammenarbeit zwischen der Reichswehr und der Roten Armee beschlossen[55]. So war es möglich, daß die Firma Junkers in der Sowjetunion einen Zweigbetrieb errichten konnte und daß ab 1925 deutsche Kampfpiloten auf dem sowjetischen Flughafen Lipezk ausgebildet wurden[56]. Später ermöglichte auch die verstaatlichte Luftverkehrsgesellschaft "Lufthansa" die Ausbildung von Piloten, welche sodann bei der Luftwaffe Verwendung fanden. Der geheime Wiederaufbau der deutschen Luftstreitkräfte wurde auch durch die passive Haltung der Alliierten in den Kontrollausschüssen erleichtert, welche mit Ausnahme Frankreichs nicht energisch genug gegen die entdeckten Mißachtungen des Versailler Vertrages protestierten[57]. Teilweise bestellten sogar einige Siegermächte in Deutschland Militärflug-

53) MASON H.M., Die Luftwaffe, Wien-Berlin, Taschenbuchausg. München 1979, S. 44;

54) Die Erzeugung von Flugzeugen, deren Höchstgeschwindigkeit 170 km/h, Reichweite 300 km, Gipfelhöhe 4.000 m und Flugzeit 2½ Stunden überstieg, blieb weiterhin untersagt (a.a.O., S. 67);

55) a.a.O., S. 59;

56) a.a.O., S. 102ff.; siehe auch VÖLKER K.-H., Die geheime Luftrüstung der Reichswehr und ihre Auswirkung auf den Flugzeugbestand der Luftwaffe bis zum Beginn des Zweiten Weltkrieges, in: Wehrwiss. Rundschau 1962, S. 541;

57) Vgl. SPAIGHT J.M., Air power and war rights, 3. Aufl., London 1947, S. 41, der in diesem Versäumnis eine Hauptursache des Zweiten Weltkrieges sah;

zeuge, deren Entwicklung und Produktion von ihnen selbst verboten worden war[58].

Parallel zur geheimen technischen Wiederaufrüstung entstanden auch die Grundlagen der deutschen Luftkriegskonzeption. Bereits General Hans von Seeckt, der Chef der Heeresleitung von 1920 bis 1926, verlangte für einen künftigen Krieg schnelle, mechanisierte Armeen, deren Stoßkraft durch den Einsatz von Flugzeugen noch erheblich erhöht werden könnte[59]. Die politische und wirtschaftliche Situation der Weimarer Republik brachte es mit sich, daß man die Reichswehr mit einer nur defensiven Aufgabenstellung bedachte. Erst die außenpolitischen Erfolge Hitlers und die passive Haltung der alliierten Großmächte ließ eine wesentlich offensivere Orientierung aufkommen. Bis dahin aber sah man die Hauptaufgabe des Flugzeugs in der Kooperation mit den Bodentruppen[60]. Dazu waren in erster Linie kleinere Bomber notwendig. Daß man sich aber auch mit dem strategischen Luftkrieg über weite Entfernungen befaßte, beweist der Bau dreier Prototypen von Langstreckenbombern, welche im deutschen Schulungszentrum in Lipezk erprobt wurden[61].

Die nationalsozialistische Machtübernahme brachte zwar keine einschneidende Änderung in der deutschen Luftkriegskonzeption, sehr wohl aber in der Organisation und dem Aufbau der Luftwaffe. Neben dem Heer mit dem seiner Person gegenüber sehr kritischen Offizierskorps klassisch-preußischer Prägung versuchte Hitler, eine stark nationalsozialistisch orientierte Luftwaffe als Gegengewicht aufzubauen. Als oberste Behörde mit der Zuständigkeit für den Großteil des deutschen Flugwesens entstand 1933 das Reichsluftfahrtministerium, dem Hermann Göring vorstand. Nachdem Deutschland der Besitz einer Luftwaffe nach wie vor ver-

58) MASON, a.a.O. (Anm. 53), S. 70; HEINKEL E./THORWALD J., Ein stürmisches Leben, München 1977, S. 106f.;

59) MASON, a.a.O. (Anm. 53), S. 49;

60) VÖLKER, Geheime Luftrüstung, a.a.O. (Anm. 56), S. 544;

61) MASON, a.a.O. (Anm. 53), S. 112f.;

boten war, geschah der Aufbau einer solchen weiterhin geheim[62]. Nur langsam wurde der starke Einfluß des Heeres auf die Luftwaffe gelöst und 1935 fand die öffentliche Vorstellung der deutschen Luftwaffe statt. Trotz der Unabhängigkeit von Heer und Marine blieb die Luftwaffe dem bereits von Hans von Seeckt der Planung zugrundegelegten Blitzkriegskonzept treu: Gefordert wurde die Kapazität für Angriffe auf mittlere Entfernungen, um die Operationen des Heeres direkt oder indirekt zu unterstützen. Daneben wurde die Entwicklung von Jagdflugzeugen forciert. Für diese Entscheidung gab es einen klaren politischen Hintergrund: Hitlers gewagte Außenpolitik machte eine militärische Konfrontation mit den ehemaligen Siegermächten, allen voran Frankreich, immer wahrscheinlicher. Die deutsche Luftwaffe erhielt mehr und mehr den Charakter einer "Risikoluftwaffe", welche für den möglicherweise bald eintretenden Notfall vorbereitet sein mußte[63]. Aus diesem Grund war es wichtiger, viele Flugzeuge zur Verfügung zu haben, deren Qualität war vorerst von nur zweitrangiger Bedeutung[64]. Vom notwendigen Materialaufwand kam deshalb nur die Entwicklung und Produktion leichter und mittlerer Bomber in Frage, deren größere Anzahl mit der Unfähigkeit, den Luftkrieg gegen das gegnerische Hinterland zu führen, erkauft wurde. In Ermangelung eines echten Langstreckenbombers ist es nicht weiter verwunderlich, daß die Luftwaffe bereits 1934 Angriffe gegen die feindlichen Hauptstädte im Hinterland kategorisch ablehnte[65].

Mit der Berufung Walther Wevers zum Generalstabschef der Luftwaffe 1933 wurde die deutsche Luftkriegskonzeption auf zwei Säulen gestellt: einerseits der Luftwaffeneinsatz in Frontnähe zur Unterstützung der kämpfenden Bodentruppen und zur Unterbindung der Versorgung sowie andererseits der Angriff gegen die feindliche Industrie. Ersteres sollte mit

62) Zu den Tarnungsmaßnahmen während der Jahre 1933-1935 siehe insbes. VÖLKER K.-H., Die deutsche Luftwaffe 1933-1939, Stuttgart 1967, S. 61ff.;

63) a.a.O., S. 29ff.;

64) Siehe die "Entwicklungsgrundsätze" des Leiters der Entwicklungsabteilung im Technischen Amt, Major von Richthofen, vom August 1934, zit. in: a.a.O., S. 58f.;

65) a.a.O., S. 33;

zwei grundverschiedenen Flugzeugtypen erreicht werden, dem Schnellbomber und dem Sturzkampfbomber. Für die zweite Zielsetzung sah Wever viermotorige Langstreckenbomber vor. Der Schnellbomber sollte mit seiner Geschwindigkeit den gegnerischen Jägern davonfliegen können, damit würde das Gewicht für Abwehrbewaffnung gespart und das Risiko des Angriffs minimiert werden[66]. Das Prinzip des Sturzkampfbombers war es, die im Horizontalwurf große Bombenstreuung dadurch zu vermeiden, daß der Bomberpilot im Sturz mit der ganzen Maschine zielte, erst kurz über dem Ziel auslöste und die Bombe dadurch punktgenau in das betreffende Objekt warf. Dieses Konzept war bereits von der amerikanischen Marineluftwaffe für die Bekämpfung beweglicher Schiffsziele entwickelt worden[67]. Ernst Udet hatte während eines Amerikaaufenthaltes 1933 die Gelegenheit, einen für die US Navy entwickelten Sturzkampfbomber zu testen. Begeistert von dessen Möglichkeiten erreichte er den Ankauf zweier Maschinen durch die deutsche Regierung, wogegen die USA trotz der Bestimmungen des Versailler Vertrages nichts einwandten. Die Flugzeuge vom Typ Curtiss "Hawk" wurden in Deutschland genau getestet und schließlich entschied man sich vor allem auf Betreiben Udets hin für den Bau eigener Sturzkampfbomber, welche in der Luftkriegskonzeption die Rolle einer "fliegenden Artillerie" für die Bodentruppen innehatten[68]. Auch Fernbomber wurden bei der deutschen Luftfahrtindustrie in Auftrag gegeben[69]. Es existierten bereits zwei Prototypen, als Wever 1936 durch einen Flugzeugabsturz ums Leben kam. Nach seinem Tod wurde die Entwicklung der Langstreckenbomber abrupt gestoppt und eine strategische Ausprägung der deutschen Luftkriegsdoktrin bis Ende 1938 und die technische Möglichkeit eines strategischen Bombenkrieges auf deutscher Seite bis 1945 verhindert. Für diese Entscheidung sprachen aber mehrere gute Gründe: Noch bis Ende 1938 wurde in den deutschen Stäben ein Krieg auf

66) Dieser Gedanke geht auf den französischen Ingenieur Camille Rougeron zurück:

67) CATE, a.a.O. (Anm. 48), S. 598;

68) IRVING D., Die Tragödie der Deutschen Luftwaffe, Frankfurt/M.-Berlin-Wien 1970, Taschenbuchausg. 1975, S. 71; MASON, a.a.O. (Anm. 53), S. 146f.;

69) a.a.O., S. 139f.;

größere Entfernung, insbesondere mit England für unmöglich gehalten. Die Pläne gingen von einem Konflikt gegen - mit Ausnahme Frankreichs - schwache oder mittelstarke Gegner auf dem Kontinent aus[70]. Deshalb hielt man die mittleren Bomber, die in der Entwicklung standen, für ausreichend, um sowohl den Luftkrieg gegen die feindliche Produktionskapazität als auch gegen die gegnerischen Truppen zu führen[71]. Ein weiterer Grund lag in dem enormen Material- und Kapitalaufwand, welcher für die Entwicklung und den Aufbau einer einsatzfähigen Flotte von Langstreckenbombern notwendig war. Diese wäre notwendigerweise zu Lasten anderer Bereiche der Luftrüstung gegangen[72]. Schließlich und endlich stellte der schwere strategische Bomber die deutsche Luftfahrtindustrie auch vor unlösbare technische Probleme: Unter den Verboten des Versailler Vertrages hatte die deutsche Flugmotorenproduktion am meisten gelitten. Sie geriet gegenüber den Siegermächten in einen Rückstand, welchen sie auf dem Gebiet der Kolbenmotoren bis zum Ende des Zweiten Weltkrieges nicht mehr aufholen konnte. Die Motoren aus deutscher Entwicklung waren für schwere Bomber zu schwach, die daraus resultierenden enttäuschenden Leistungen der beiden Fernbomberprototypen waren maßgeblich für den Verzicht auf die strategische Bomberflotte verantwortlich[73].

Die deutsche Luftkriegsdoktrin war im Vergleich zur britischen Konzeption und zu jener des Generals Douhet wesentlich taktischer orientiert. Die Luftwaffenführung legte sich selbst auf den Begriff des "operativen" Luftkriegs fest, in welchem der Einsatz zur unmittelbaren Unterstützung

---

70) BAUMBACH W., Zu spät?, 2. Aufl., München 1949, S. 151; VÖLKER, Luftwaffe, a.a.O. (Anm. 62), S. 29ff.;

71) a.a.O., S. 73;

72) a.a.O., S. 29; BAUMBACH, a.a.O. (Anm. 70), S. 152; SPETZLER, a.a.O. (Anm. 2), S. 228;

73) VÖLKER, Luftwaffe, a.a.O. (Anm. 62), S. 132f.; gewissen Einfluß bei der Entscheidung gegen den Langstreckenbomber hatte sicher auch die Tatsache, daß die Luftwaffenführung durchwegs Heeres- oder Jagdfliegerkreisen entstammte und daher dem strategischen Luftkrieg wenig Verständnis entgegenbrachte. So FEUCHTER G.W., Geschichte des Luftkriegs, Bonn 1954, S. 114; ähnlich SPETZLER, a.a.O. (Anm. 2), S. 228; VÖLKER, Luftwaffe, a.a.O. (Anm. 62), S. 30;

des Heeres und der vom Kriegsgeschehen an der Front unabhängige Einsatz gegen das feindliche Industriepotential einander gleichberechtigt gegenüberstanden[74]. Großen Einfluß hatte die Theorie Douhets insoweit, als die deutsche Führung die Notwendigkeit der Erringung der Luftherrschaft erkannte und als zentrale Forderung in ihre Pläne übernahm[75]. Die ersten Schläge der Luftwaffe sollten demnach den feindlichen Luftstreitkräften gelten. Im Idealfall würden diese durch die Bombardierung ihrer Stützpunkte und Flughäfen noch am Boden vernichtet werden, sodaß sie als Gefahrenquelle für die eigenen Truppen und die eigene Bevölkerung ausschieden. Erst dann sollte die direkte Unterstützung des Heeres und die selbständige Luftkriegsführung beginnen. Für letztere war die Luftwaffe allerdings nicht gerüstet, da die Eindringtiefe der deutschen Bomber nur etwa 500 Kilometer betrug[76]. Erst als die Möglichkeit eines Krieges gegen England in das Blickfeld geriet, erkannte man diese Schwäche. Dem von Douhet geforderten und in Großbritannien stillschweigend geplanten Angriff gegen die feindliche Zivilbevölkerung stand man in Deutschland ablehnend gegenüber. Gemäß dem ersten Satz der Ziffer 168 der deutschen Luftwaffendienstvorschrift von 1936 sollten Terrorangriffe nicht erlaubt werden[77]. Die Einsätze der Legion Condor im Spanischen Bürgerkrieg legen jedoch den Schluß nahe, daß man deutscherseits nicht abgeneigt war, die vielerorts so hoch eingeschätzte moralische Wirkung von Luftbombardements praktisch zu erproben.

## Luftkriegsdoktrin in anderen Staaten

Die von Trenchard geprägte britische Luftkriegskonzeption war stark strategisch orientiert, wobei sie in vielen Punkten mit jener Douhets über-

74) a.a.O., S. 31, 198f.; zur Taktik des operativen Luftkrieges siehe FEUCHTER G.W., Probleme des Luftkriegs, Potsdam 1936, S. 35ff., sowie DERS., Flieger als Hilfswaffe, Potsdam 1938, S. 34ff.;

75) VÖLKER, Luftwaffe, a.a.O. (Anm. 62), S. 199; SPETZLER, a.a.O. (Anm. 2), S. 226;

76) VÖLKER, Luftwaffe, a.a.O. (Anm. 62), S. 200; nach BAUMBACH, a.a.O. (Anm. 70), S. 100 betrug die Eindringtiefe der dt. mittleren Bomber ca. 900 km;

77) Zit. bei VÖLKER, Luftwaffe, a.a.O. (Anm. 62), S. 201;

einstimmte. Ebenfalls strategisch, jedoch mit anderer Ausprägung hinsichtlich der Auswahl und Bekämpfung der Ziele, war die amerikanische Doktrin, während Deutschland ihren Luftwaffeneinsatz nach vorwiegend taktischen Gesichtspunkten plante und den Ideen Douhets nur wenig Einfluß einräumte. Sehr verschieden waren auch die Luftkriegskonzeptionen anderer Staaten:

Italien, das während des Ersten Weltkrieges über eine außerordentlich starke Luftmacht verfügt hatte, vernachlässigte nach Kriegsende seine Luftstreitkräfte. Nach der Machtergreifung Mussolinis stellte dieser eine selbständige Luftwaffe, die "Regia Aeronautica" auf. Wie Mussolini 1938 selbst feststellte, betrachtete die italienische Luftwaffe Douhet als Vorläufer ihrer Luftkriegsdoktrin[78]. Italien schuf sich mit leistungsfähigen Bombern den Kern einer strategischen Luftflotte, deren Einsatz im Abessinienkrieg darauf hindeutete, daß dem moralischen Faktor großes Gewicht beigemessen wurde, auch wenn die italienische Regierung immer wieder Vorwürfe, unterschiedslos zu bombardieren, beredt zurückwies. Aufgrund der durch wirtschaftliche Schwierigkeiten beschränkten Produktionskapazität für moderne Flugzeuge und Unzulänglichkeiten in der Führung spielte die Regia Aeronautica im Zweiten Weltkrieg nur eine untergeordnete Rolle[79].

Die französischen Luftstreitkräfte wurden zu einer der größten Überraschungen im Zweiten Weltkrieg - im negativen Sinn. Die seit 1933 selbständige "Armée de l'Air" galt als eine der stärksten Luftwaffen der Welt

---

78) Mussolini am 30.3.1938 vor dem Senat:
"Notre doctrine de guerre aérienne est comme dépouillée de toute passion polémique, la vision du général Douhet nous apparaît comme celle d'un précurseur. La guerre des airs doit être menée de façon à bouleverser les dispositifs de l'ennemi, à dominer le ciel, à briser le moral de ses populations." (RGDA 1938, S. 201f.);
SPETZLER, a.a.O. (Anm. 2), S. 211 mißt dieser Erklärung - unbegründet - keine große Bedeutung bei; vgl. dagegen TULASNE, a.a.O. (Anm. 8), S. 425f.;

79) Siehe Douhets Luftkriegslehre in der Praxis, in: Interavia 6/1958, S. 535; MUNSON K., Die Weltkrieg II-Flugzeuge, 14. Aufl., Stuttgart 1986, S. 18f.;

und erwies sich im Krieg als völlig nutzlos[80]. Von der vorerst vollständigen Ablehnung der Theorie Douhets ging man in Frankreich insbesondere in der ersten Hälfte der Dreißigerjahre dazu über, dieser erheblich mehr Aufmerksamkeit zukommen zu lassen. Nach 1933 entwickelte sich die französische Luftwaffe mehr und mehr zu einem Instrument der strategischen Luftkriegsführung, in welchem sie die Bekämpfung des gegnerischen Industriepotentials als ihre Hauptaufgabe betrachtete[81]. Die Rezeption Douhet'scher Ideen ging sogar so weit, daß man versuchte, den Flugzeugtyp des universell einsetzbaren "Luftkreuzers" zu bauen und zu einem Hauptbestandteil der Luftflotte zu machen[82]. Geographisch orientierte sich die Armée de l'Air auf das Ruhrgebiet und die oberitalienischen Industriestädte hin als in Frage kommende Ziele und hatte dabei im Gegensatz zu Großbritannien den Vorteil, daß die potentiellen Angriffsziele nicht weit von den französischen Flugplätzen entfernt waren.

In Rußland konzentrierte man sich trotz der Entwicklung überschwerer Bomber[83] vorwiegend auf die Rolle der Luftwaffe als unterstützende Kraft für die Rote Armee. Somit erhielten die sowjetischen Luftstreitkräfte eine stark taktische Orientierung[84]. Einen völlig anderen Weg schlug Japan ein, das aufgrund seiner Lage und der Expansionspläne im pazifischen Raum einer maritimen Strategie folgte. Die Luftstreitkräfte erhielten niemals ein selbständiges Kommando, sondern blieben einerseits der Marine und andererseits dem Heer unterstellt, welche darüber hinaus mehr gegeneinander als miteinander arbeiteten. Nach dem Stillstand der Operationen in

---

80) Dafür waren neben der minderen Qualität des Materials vor allem die unklaren Kompetenzverhältnisse in der französischen Armee verantwortlich, siehe CARTIER R., Der Zweite Weltkrieg, München-Zürich, Sonderausg. 1977, S. 53ff.;

81) Siehe das Vorwort von Marschall Pétain zu VAUTHIER, a.a.O. (Anm. 4), S. 13, sowie das Geleitwort von Bülows in a.a.O., S. 5f.;

82) Douhets Luftkriegslehre, a.a.O. (Anm. 79), S. 536;

83) Insbes. die Tupolev TB-3 und später die Petljakow Pe-8 (4 t Bombenzuladung); obwohl von diesen strategischen Bombern bei Kriegsbeginn eine ausreichende Anzahl vorhanden war (falsch hier SPETZLER, a.a.O. [Anm. 2], S. 230), wurden sie kaum zweckgemäß eingesetzt; siehe GUNSTON, a.a.O. (Anm. 46), S. 20ff.;

84) MUNSON, a.a.O. (Anm. 78), S. 24;

China kam der Marineluftwaffe wesentlich mehr Bedeutung zu und aufgrund der Eigenheiten des pazifischen Kriegsschauplatzes geriet die Planung eines strategischen Luftkrieges niemals ins Blickfeld, sondern die Einsätze der Flugzeuge blieben immer an jene der Marine, beziehungsweise der auf den Inseln vorgehenden Truppen gebunden[85]. Eine Parallele zur Doktrin Douhets findet sich lediglich in dem Bestreben, die Luftüberlegenheit zu erringen. Wie der spätere Kriegsverlauf zeigte, versuchte die japanische Führung stets, in Überraschungsangriffen die gegnerische Luftwaffe auszuschalten, um im Luftraum später unbehelligt zu bleiben.

### *Die Auswirkungen der Luftkriegsdoktrin auf Politik und Völkerrecht*

An dieser Stelle fügen sich die einzelnen Komponenten politische Praxis, Entstehung von Völkerrecht und militärische Planung zu einem Ganzen, in welchem sie ihre Einflüsse interaktiv ausüben. Wie aus politischer Praxis sowohl Vertrags- als insbesondere auch Völkergewohnheitsrecht entstehen konnte, wurde bereits in den früheren Kapiteln gezeigt. Nun, im Hinblick auf herrschende Theorien und Luftkriegskonzeptionen werden auch einzelne Positionen der Staaten klar, welche - in all den Erscheinungsformen politischer Praxis manifestiert - die Entwicklung des Luftkriegsrechts maßgeblich beeinflußten. Meistens wurde die auf einer gewissen Einsatzkonzeption beruhende Luftwaffe ähnlich der Marine als Instrument zur Demonstration und Durchsetzung politischer Ansprüche verwendet. In Großbritannien wurde die Angst der Bevölkerung vor verheerenden Luftbombardements geschürt, um den Ausbau der eigenen strategischen Bomberflotte zu rechtfertigen. Die Haltung der englischen Regierung während der Genfer Abrüstungskonferenz, die sowohl zahlenmäßigen Beschränkungen von Bombenflugzeugen als auch rechtlichen Maßnahmen zur Eindämmung des Luftkrieges mit Zurückhaltung begegnete, wird mit der Kenntnis der strategischen Doktrin der RAF verständlich. So konnte Großbritannien keinem Verbot von Bombardements im Hinterland zustimmen, da es sonst die Legitimation seiner strategischen Bomberstreitkräfte verloren hätte.

85) a.a.O., S. 19ff.; SPETZLER, a.a.O. (Anm. 2), S. 229;

Jedoch benutzte kein Staat seine Luftwaffe als politischen Faktor ausgiebiger und überzeugender als das Deutsche Reich. Sofort nach der Enttarnung der Luftwaffe 1935 ergriff Hitler jede Gelegenheit, diese dem in- und ausländischen Publikum vorzuführen. Entsprechend der dem nationalsozialistischen System eigenen Liturgie gestalteten sich die Paraden der Luftstreitkräfte stets monumental und eindrucksvoll. Mit den technischen Daten der in Deutschland produzierten Flugzeuge gingen die Verantwortlichen im RLM insbesondere gegenüber ihren britischen Kollegen sehr freizügig um, es wurden Führungen durch Fabriken und Demonstrationen des Gerätes organisiert[86]. Bei internationalen Wettflügen gewannen stets deutsche Militärflugzeuge, von deutschen Flugzeugen wurden mehrere Weltrekorde aufgestellt. All dies und die geschickte Medienpolitik brachte der Luftwaffe den Ruf der Unbesiegbarkeit ein und etablierte sie in der Weltpolitik als Machtfaktor von größter Bedeutung. Nur so war es möglich, daß Hitler den tschechoslowakischen Staatspräsident Hacha allein durch die Drohung, Prag zu bombardieren, zur Übergabe seines Staates zwingen konnte[87]. Die vorwiegend taktische Orientierung der deutschen Luftwaffenkonzeption bestimmte die beiden Vorschläge Hitlers von 1935 und 1936, Luftbombardements außerhalb der unmittelbaren Kampfzone absolut zu verbieten[88]. Aus den oben beschriebenen Gründen besaß Deutschland mit Ausnahme weniger Prototypen keine schweren Bomber, deren Reichweite eine strategische Luftkriegführung gegen die feindlichen Industriezentren ermöglicht hätte. Das Schwergewicht lag auf der Unterstützung des Vormarsches schneller, mechanisierter Bodentruppen, nachdem die gegnerische Luftwaffe durch Überraschungsschläge ausgeschaltet wor-

86) IRVING, a.a.O. (Anm. 68), S. 99f.:

87) Siehe DOMARUS M., Hitler - Reden und Proklamationen 1932-1945, Bd. II/1, Wiesbaden 1973, S. 1094; im Gegensatz dazu verschweigt SPETZLER, a.a.O. (Anm. 18), S. 230, diese Tatsache und behauptet, die Luftwaffe hätte strikte Anweisung gehabt, keinesfalls zivile Ziele anzugreifen.
Die Drohung mit Luftbombardements sollte auch Großbritannien noch Ende August 1939 zum Einlenken zwingen, siehe dazu ebenfalls DOMARUS, a.a.O., S. 1303. Dieselbe Drohung wurde auch von Hitler gegenüber Schuschnigg anläßlich ihres Treffens im Berghof 1938 ausgestoßen.

88) Siehe oben S. 100:

den war. Diese "Blitzkriegdoktrin" wäre auch nach der Annahme eines Bombenabwurfverbotes hinter der Front weiterhin erlaubt gewesen, die deutsche Luftrüstung hätte durch eine solche völkerrechtliche Vereinbarung keinerlei Beeinträchtigung erfahren. Mit einem Schlag aber wären dadurch die strategischen Bomberflotten Englands, Frankreichs, Italiens und der Vereinigten Staaten hinfällig geworden, da ihr Einsatz gegen das Hinterland, für welchen sie konstruiert worden waren, illegal gewesen wäre. Zumindest hätten die betroffenen Regierungen keinerlei politische Rechtfertigung für ihre weitere Unterhaltung gehabt. Es mußte Hitler klar sein, daß die Adressaten seiner Vorschläge niemals darauf eingehen und ihm aufgrund der schon viel eher begonnenen deutschen Konzentration auf die taktische Luftunterstützung einen entscheidenden Rüstungsvorsprung einräumen würden. Wenn er seine Erklärungen dennoch abgab, dann tat er es in der Absicht, diese vor der Weltöffentlichkeit propagandistisch zu seinen Gunsten auszunützen. Tatsächlich begründete die deutsche Propaganda Englands Schuld an der Eskalation des Luftkrieges nach 1940 unter anderem mit dem Hinweis auf die britische Haltung zu Hitlers Vorschlägen von 1935 und 1936[89].

Über die Politik beeinflußten die Luftkriegskonzeptionen maßgeblich die Entwicklung des Völkerrechts. Insbesondere das VGR begründet sich auf die Rechtsüberzeugung der Staaten, welche wiederum in deren Politik zum Ausdruck kommt. Unter Berücksichtigung dieses Einflusses werden so die in den vorigen Kapiteln beschriebenen Tendenzen der Rechtsentwicklung bezüglich des Luftbombardements verständlicher. Die grundsätzliche Hinnahme des strategischen Luftkrieges durch das Völkerrecht zeigte sich in der Einschränkung des Geltungsbereichs von Art. 25 HLKO. Mit der Zweiteilung des Feindgebietes in die Kampfzone und das Hinterland sowie mit der Erlaubnis des unterschiedslosen Bombardements im Kampfgebiet konnten sich die Vertreter der taktischen Luftkriegsdoktrin durchsetzen. Prinzipiell wurden offenbar nur jene Normen Bestandteil des VGR, welche die Militärs als mit ihrer Doktrin vereinbar betrachteten. Die ein-

89) So z.B. in: Auswärtiges Amt (Hrsg.), Dokumente über die Alleinschuld Englands am Bombenkrieg gegen die Zivilbevölkerung, Berlin 1943, S. 44ff.;

zige Ausnahme schien das Verbot von direkten und unterschiedslosen Angriffen gegen die Zivilbevölkerung zu sein. Hier öffnete sich eine Schere zwischen Doktrin und Völkerrecht, nachdem in zahlreichen Planungen die direkte Bombardierung der Zivilbevölkerung zu Terrorisierungszwecken von vorneherein enthalten war. Die Militärs versprachen sich davon kriegsentscheidende Auswirkungen. Dennoch hatten diese Pläne keinerlei Auswirkungen auf die Bildung des Kriegsvölkerrechts, da sie allesamt geheim und außerdem von starkem Unrechtsbewußtsein geprägt waren. Gerade dieses Bewußtsein der Rechtswidrigkeit von Terrorbombardements führte dazu, daß sich deren doktrinelle Planung nicht negativ auf das Kriegsrecht auswirken konnte und ihre Zulässigkeit niemals Bestandteil einer Rechtsüberzeugung und des VGR wurde.

## *Die Auswirkungen der Luftkriegsdoktrin auf die technische Entwicklung*

Der große Einfluß der herrschenden Doktrin auf die technische Entwicklung ist offensichtlich, da die militärpolitischen Behörden die Aufträge an die Industrie vergeben. So können in Anknüpfung an die einzelnen Theorien auch in der Flugzeugtechnik grundsätzlich verschiedene Tendenzen erkannt werden.

In Großbritannien konzentrierte sich das Interesse der RAF auf den schweren Langstreckenbomber. Jedoch hatte die Luftwaffe bezüglich der technischen Ausstattung mit großen Problemen zu kämpfen: Noch während der letzten Monate des Ersten Weltkrieges lief die Flugzeugproduktion auf Hochtouren, und einige Typen, die so wie der riesige Handley Page V/1500-Bomber für die geplante Luftoffensive gegen Deutschland vorgesehen waren, kamen nicht mehr zum Einsatz[90]. Die RAF verfügte nach dem Krieg über große Mengen an Material, für welches keine Verwendung bestand. Dementsprechend klein war das Interesse an der Entwicklung moderner Nachfolgemuster. Die ohnehin bereits drastischen Kürzungen des Luftwaffenbudgets verschärften sich im Zuge der Weltwirt-

90) BROOKS, a.a.O. (Anm. 28), S. 11;

schaftskrise am Ende der Zwanzigerjahre. Erst die alarmierenden Nachrichten über den Wiederaufbau der deutschen Luftwaffe und die weit verbreitete Angst vor vernichtenden Bombenangriffen gegen London bewegten das Parlament 1934, den Etat der RAF zu erhöhen[91]. Gemäß dem vom Kabinett genehmigten Ausbauplan A sollte die im Mutterland stationierte Luftwaffe 1939 die Stärke von 84 Verbänden erreichen. Folgend der von Trenchard vorgegebenen strategischen Doktrin sollten darin 41 Bomber-, aber nur 28 Jagdverbände sein[92]. 1936 wurde die Spezifikation für einen viermotorigen Langstreckenbomber vergeben, dessen Übernahme in großen Stückzahlen durch den dem Kabinett 1937 vorgelegten Ausbauplan J geregelt werden sollte[93]. Danach würden bis Ende März 1941 90 Bomberverbände mit 1.422 und nur 38 Jagdverbände mit 532 Flugzeugen einsatzbereit sein[94]. Doch dieser Plan wurde als zu teuer abgelehnt. Außerdem waren einige Persönlichkeiten in der Regierung von der Behauptung, daß der Bomber immer durchkäme, nicht überzeugt. Insbesondere der Minister für die Koordination der Verteidigung, Sir Thomas Inskip, behauptete, daß dem Bau von Jagdflugzeugen nunmehr Priorität zukomme, da diese allein in der Lage seien, einen gegen London gerichteten Vernichtungsschlag abzuwehren[95]. So wurde der Langstreckenbomber zugunsten des Jagdflugzeuges zurückgestellt. Diese in Luftwaffenkreisen kritisierte Entscheidung[96] war neben dem raschen Ausbau des britischen Radarwarnsystems die Hauptursache für die siegreiche Beendigung der Luftschlacht von England.

---

91) Vgl. Anhang A, Diagramm 6; siehe zu dieser Entwicklung CHURCHILL W.S., Der Zweite Weltkrieg, Bern-München-Wien 1948, Ausg. 1985, S. 74ff.;

92) BROOKS, a.a.O. (Anm. 28), S. 15; zu den Ausbauplänen der RAF siehe insbes. die äußerst ausführliche Darstellung bei JONES N., The beginnings of strategic air power. A history of the British bomber force 1923-39, London 1987, pass., besonders S. 81ff.

93) BROOKS, a.a.O. (Anm. 28), S. 16; HASTINGS, a.a.O. (Anm. 35), S. 49;

94) JONES, a.a.O. (Anm. 92), S. 122;

95) a.a.O., S. 123f.; BROOKS, a.a.O. (Anm. 28), S. 16; HASTINGS, a.a.O. (Anm. 35), S. 49;

96) DEIGHTON, a.a.O. (Anm. 28), S. 50; HASTINGS, a.a.O. (Anm. 35), S. 49f.;

So verfügte das Bomber Command bei Ausbruch des Zweiten Weltkrieges zum Großteil über veraltetes Material. An modernen Mustern waren lediglich ein- und zweimotorige Bomber, wie die Bristol "Blenheim", Fairey "Battle", Armstrong Whitworth "Whitley", Vickers "Wellington" und die Handley Page "Hampden" vorhanden. Die "Hampden" konnte eine Tonne Bomben über eine Reichweite von 1.400 Kilometern transportieren[97], die als "fliegendes Scheunentor" bekannte "Whitley" sogar drei Tonnen über 2.400 Kilometer[98]. Genauso wie die "Wellington" war sie für die Rolle als Nachtbomber bestimmt. Für die Führung eines effektiven strategischen Luftkrieges gegen die feindliche Kriegswirtschaft waren diese Flugzeuge sowohl von ihren Leistungen als auch ihrer Anzahl her ungeeignet.

Von ganz anderen Voraussetzungen als die RAF ging die deutsche Flugzeugentwicklung aus. Aufgrund der Bestimmungen des Versailler Vertrages mußte die technische Planung einer neuen Luftwaffe geheim erfolgen. Daneben konzentrierte man sich insbesondere auf den Luftverkehr, wobei man in Deutschland nicht auf mit Passagierkabinen notdürftig umgerüstete Bomber zurückgreifen mußte, sondern völlig neu beginnen konnte. Durch die hohen Summen, welche in die Luftfahrtindustrie investiert wurden[99] und die überlegene technische Ausrüstung gehörte die deutsche Lufthansa bald zu den größten Fluglinien der Welt[100]. Neben der Pilotenausbildung brachte die Zivilluftfahrt die Möglichkeit für wertvolle Erkenntnisse, welche in der noch geheimen Entwicklung von Militärflugzeugen berücksichtigt wurden[101]. Die große Schwachstelle der deutschen Flugzeugproduktion war der Rückstand in der Flugmotorenentwicklung. Die schwachen Moto-

97) KENS K., Die Flugzeuge des Zweiten Weltkriegs 1939-1945, 8. Aufl., München 1979, S. 125;

98) a.a.O., S. 123;

99) Siehe Anhang A, Diagramm 7;

100) Siehe Anhang A, Diagramm 8;

101) So wurden zahlreiche, für den zivilen Luftverkehr entworfene Typen später für militärische Zwecke weiterentwickelt, z.B. die Ju 52, He 111, Do 17, FW 200; siehe auch VÖLKER, Geheime Luftrüstung, a.a.O. (Anm. 56), S. 545ff.;

ren waren der Grund für die enttäuschenden Leistungen der Bomberprototypen Dornier Do 19 und Junkers Ju 89. Allerdings gab die Luftwaffe das Konzept des strategischen Langstreckenbombers nicht ganz auf, was der Auftrag für die Entwicklung der viermotorigen Heinkel He 177 im Jahre 1937 beweist[102]. Bei diesem Flugzeug versuchte man dem Motorendilemma dadurch beizukommen, daß man jeweils zwei Motoren in einer "Tandemstellung" an dieselbe Antriebsachse koppelte[103]. Als Hitler die Möglichkeit eines Krieges mit England erkannte, forderte er den überstürzten Serienbau der He 177 als einzigem deutschen Langstreckenbomber. Probleme mit den Tandemmotoren führten dazu, daß viele Maschinen in Brand gerieten, was dem Typ den Namen "fliegendes Reichsfeuerzeug" eintrug.

Das Hauptgewicht der deutschen Luftrüstung lag aber gemäß der Doktrin bei anderen Typen: Der Wunsch nach einem "Schnellbomber", welcher der feindlichen Jagdabwehr aufgrund seiner überlegenen Geschwindigkeit davonfliegen konnte, führte zur Weiterentwicklung der als Passagierflugzeug abgelehnten Dornier Do 17 zum Bomber. Dazu kam noch die ebenfalls zweimotorige Heinkel He 111. Die Do 17 war bei ihrem Erscheinen tatsächlich schneller als jedes andere Serienjagdflugzeug, jedoch die inkonsequente Weiterentwicklung sorgte dafür, daß dies nicht lange so blieb. Mit ihrer schwachen Abwehrbewaffnung und lediglich 500 kg Bombenlast war die Do 17 bereits 1940 als Bomber unbrauchbar[104]. Die He 111, welche bis zum Kriegsende der Standardbomber der deutschen Luftwaffe blieb, konnte zwar zwei Tonnen Bomben über 2.000 km weit transportieren, war aber ebenfalls für die Führung eines strategischen Luftkrieges nicht ge-

---

102) VÖLKER, Luftwaffe, a.a.O. (Anm. 62), S. 133ff.;

103) a.a.O.; siehe auch HEINKEL/THORWALD, a.a.O. (Anm. 58), S. 330ff.; entgegen der Ansicht von FEUCHTER, Geschichte, a.a.O. (Anm. 73), S. 126 und IRVING, a.a.O. (Anm. 68), S. 117 war die Forderung der Führung nach der Sturzflugfähigkeit nicht die Ursache für die Tandemanordnung der Motoren. Diese Vorschrift verhinderte allerdings später den Serienbau der He 177 mit vier Einzeltriebwerken. Vgl. KENS K./NOWARRA H.J., Die deutschen Flugzeuge 1933-1945, 4. Aufl., München 1972, S. 292f., 296;

104) a.a.O., S. 139ff.; GUNSTON, a.a.O. (Anm. 46), S. 35ff.;

eignet. Wesentlich bedeutender waren diese Muster im Blitzkrieg, als sie - wie von der deutschen Luftkriegstheorie vorgesehen - Flughäfen bombardierten und die feindlichen Luftstreitkräfte noch am Boden zerstörten. Neben dem schnellen Mittelstreckenbomber war das Sturzkampfflugzeug der wichtigste Faktor bei der direkten Unterstützung der Bodentruppen. Die geringere Bombenlast wurde durch die überragende Zielgenauigkeit aufgewogen[105]. Das bekannteste Werkzeug des taktischen Luftkrieges war die Junkers Ju 87, der "Stuka", welche im September 1939 bereits in großer Stückzahl vorhanden war. Die Erfolge der deutschen Flugzeuge sowohl im internationalen Vergleich als auch beim praktischen Einsatz in Spanien festigten besonders in der höchsten Luftwaffenführung den falschen Glauben an die Unbesiegbarkeit der deutschen Luftstreitkräfte. Dieser Glaube und eine Vielzahl von Fehlentscheidungen bedingten das Scheitern der Luftwaffe im Zweiten Weltkrieg.

In den Vereinigten Staaten hatte sich das Air Corps für den strategischen Langstreckenbomber entschieden. Der erste Schritt auf diesem Weg war der zweimotorige Bomber Martin B-10, der 1934 ausgeliefert wurde. Mit einer Tonne Bomben kam er über tausend Kilometer weit. Noch in der Zeit, als die Rolle des Bombers in der amerikanischen Doktrin noch auf die Bekämpfung von großen Schiffsverbänden beschränkt war, baute Boeing 1935 nach einem Versuch mit ihrer riesigen XB-15 den viermotorigen Langstreckenbomber B-17, der unter dem Namen "Flying Fortress" bis 1945 im Einsatz stehen sollte. Mit einer für Vorkriegsverhältnisse überschweren Abwehrbewaffnung von fünf 12,7 mm-Maschinengewehren und dem äußerst genauen Norden-Zielgerät war die B-17 die erste echte Vertreterin der amerikanischen Doktrin vom Präzisionsbombardement bei Tage, welche bis zum Ende des Krieges in Europa beibehalten wurde.

Frankreich beging den Fehler, den von Douhet als Hauptträger des Luftkrieges bezeichneten "Luftkreuzer" bauen zu wollen. So wurden mehrsitzige und -motorige Kampfflugzeuge entwickelt, welche aufgrund der zahlreichen Abwehrstände zwar langsam, aber dennoch geeignet sein

---

105) Diese Zielgenauigkeit führte zu der erst 1944 aufgehobenen Weisung, daß alle Bomber ohne Rücksicht auf ihre Größe als sturzflugtauglich konzipiert werden müßten;

sollten, ähnlich der schweren Kavallerie früherer Zeiten die gegnerische Abwehr zu überrennen und ihr Ziel zu vernichten. Beispiele dafür waren die Nachtbomber Farman 221 und Bloch 200, letzterer mit einer Bombenlast von 1.200 kg und einer Reichweite von 1.000 km. Beide wurden 1934 in Dienst gestellt. Unklare Kompetenzverhältnisse in den Führungsstellen, eine unentschlossene "Prototypenpolitik", in der nur wenige Typen tatsächlich in großer Serie gebaut wurden und die umständliche Nationalisierung der Luftfahrtindustrie waren der Grund[106], daß die französische Luftwaffe die Erwartungen nicht erfüllen konnte.

Italien konnte sich aufgrund der ungünstigen wirtschaftlichen Lage keine große Bomberflotte leisten. Ähnlich wie in Deutschland wurden - allerdings mit strategischer Zielsetzung - vorwiegend mittlere Bomber gebaut, als italienische Eigenheit nahezu durchgehend dreimotorige Typen wie der Savoia S 79 "Sparviero", der mit 1.250 kg Bomben 2.000 km weit fliegen konnte. Demgegenüber machte sich in Japan die maritime Prägung ihrer Militärdoktrin bemerkbar: Die Marineluftwaffe, deren wichtigste Rolle in der Bekämpfung gegnerischer Flottenstreitkräfte bestand, konzentrierte sich auf Sturzbomber und Torpedoflugzeuge. Die Luftwaffe des Heeres hatte aufgrund der japanischen Ambitionen in China Anfang der Dreißigerjahre einen modernen zweimotorigen Bomber gefordert. Dieser, der Mitsubishi Ki.21 wurde 1938 ausgeliefert und entsprach etwa dem deutschen Standard mittlerer Bomber.

Abgesehen von den staaten- und doktrinspezifischen Abweichungen der einzelnen Konstruktionen war die Zwischenkriegszeit eine Periode des radikalen Aufschwungs der Flugzeugtechnik. Von den leinenbespannten Holzflugzeugen des Jahres 1918 kam man sehr bald auf Ganzmetallrümpfe und -tragflächen. Die Erkenntnis, daß die Geschwindigkeit auch vom Luftwiderstandswert abhängig war, bedingte die Konstruktion strömungsoptimierter Zellen und insbesondere einziehbarer Fahrwerke. Für die Bomber gehörte hier auch ein interner Waffenschacht dazu, damit die Bomben nicht geschwindigkeitsmindernd außerhalb des Rumpfes unterge-

106) Douhets Luftkriegslehre, a.a.O. (Anm. 79), S. 536f.;

bracht werden mußten. Mit der Motorleistung stiegen auch Gipfelhöhe und Nutzlastkapazität der Flugzeuge[107]. So standen sich im September 1939 in Europa mehrere moderne Luftwaffen gegenüber, welche ein bisher ungeahntes Vernichtungspotential auf ihre Gegner werfen konnten[108]. Doch machte sich dies im Vergleich zur Situation im Jahre 1945 noch erschreckend klein aus.

107) Siehe Anhang A, Diagramme 9 und 10;

108) Siehe Anhang A, Diagramm 11;

# Kapitel VII

# Die Rechtsüberzeugung bei Ausbruch des Zweiten Weltkrieges

## *Diplomatische Appelle*

Mit dem Beginn der Feindseligkeiten in Polen am 1. September 1939 und den Kriegserklärungen Englands und Frankreichs an Deutschland am 3. September war der Moment gekommen, die vielfachen staatlichen Beteuerungen der Zwischenkriegszeit und das daraus entstandene VGR auf ihre Effektivität im Krieg zu prüfen. Wenn die Pessimisten der Vorjahre recht behielten, so mußten nun innerhalb der ersten Stunden des Krieges massive Bombenangriffe gegen die großen Städte stattfinden. Verständlicherweise verstärkte sich die Beunruhigung vor allem der Londoner Bevölkerung, als wenige Minuten nach der Verkündung des Kriegszustandes mit Deutschland die Luftwarnungssirenen aufheulten[1]. Jedoch handelte es sich hierbei um falschen Alarm, die erwarteten Angriffe fanden nicht statt, weder in Frankreich oder England, noch in Deutschland. Es schien, als ob das bestehende Luftkriegsrecht nicht sofort mit der Kriegserklärung in Brüche gehen sollte. Darauf wies auch die rege diplomatische Tätigkeit hin, welche diesbezüglich mit dem Ausbruch des Konfliktes einsetzte und deren Ziel es war, die Achtung vor der Immunität der gegnerischen Zivilbevölkerung als Grundsatz der Kriegführung zu behaupten.

### Der Appell Roosevelts am 1.9.1939

Am 1. September 1939 richtete der Präsident der Vereinigten Staaten an die Regierungen Deutschlands, Großbritanniens, Italiens, Frankreichs

1) CHURCHILL W.S., Der Zweite Weltkrieg, Bern-München-Wien 1948, Ausg. 1985, S. 192;

und Polens eine Note, in welcher er auf die in der Vergangenheit oftmals vorgekommenen, grausamen Luftangriffe gegen Zivilpersonen in unbefestigten Orten verwies und eindringlich appellierte, dies nicht wieder zur Praxis werden zu lassen:

> "I am addressing this urgent appeal to every Government which may be engaged in hostilities publicly to affirm its determination that its armed forces shall in no event and under no circumstances undertake bombardment from the air of civilian populations or unfortified cities, upon the understanding that the same rules of warfare shall be scrupulously observed by all their opponents."[2]

Leider gebrauchte Roosevelt unter Rückgriff auf Art. 25 HLKO den im strategischen Luftkrieg bereits seit Ende des Ersten Weltkrieges obsoleten Begriff der "unbefestigten", resp. verteidigten Stadt. Trotz seiner Eindringlichkeit konnte der Appell keinerlei Rechtswirkungen ausüben, er ist allerdings ein Indiz dafür, daß Luftangriffe gegen die Zivilbevölkerung als völkerrechtswidrig betrachtet wurden. Daß Roosevelts Bezugnahme auf "unbefestigte Städte" nicht mehr das allgemeine Rechtsbewußtsein reflektierte, zeigte sich sehr bald in den Antworten sowohl der deutschen als auch der englischen und der französischen Regierung.

### Die Erklärung Hitlers am 1.9.1939

Am selben Tag übermittelte Hitler dem amerikanischen Geschäftsträger in Berlin seine Antwortnote auf den Appell Roosevelts. Dessen Wunsch, vom Bombardement "unbefestigter Städte" abzusehen, deutete er als Beschränkung auf militärische Objekte:

> "Die in der Botschaft des Herrn Präsidenten Roosevelt vertretene Auffassung, daß es ein Gebot der Menschlichkeit ist, bei militärischen Aktionen unter allen Umständen den Abwurf von Bomben auf nichtmilitärische Objekte zu unterlassen, entspricht durchaus

2) Zit. bei SPAIGHT J.M., Air power and war rights, 3. Aufl., London 1947, S. 259;

meinem eigenen Standpunkt und ist von mir von jeher vertreten worden. Ich stimme daher dem Vorschlag, daß die an den jetzt im Gange befindlichen Feindseligkeiten beteiligten Regierungen öffentlich eine entsprechende Erklärung abgeben, bedingungslos zu. Meinerseits habe ich bereits in meiner heutigen Reichstagsrede öffentlich bekanntgegeben, daß die deutschen Luftstreitkräfte den Befehl erhalten haben, sich bei ihren Kampfhandlungen auf militärische Objekte zu beschränken. Es ist eine selbstverständliche Voraussetzung für die Aufrechterhaltung dieses Befehls, daß sich die gegnerischen Luftstreitkräfte an die gleiche Regel halten."[3]

Interessanterweise vermied Hitler die Nennung von Zivilpersonen oder der Zivilbevölkerung als verbotener Ziele, wobei er darüber hinaus auch den Begriff des militärischen Objektes in keiner Weise konkretisierte. Allerdings sprach er in der von ihm zitierten Reichstagsrede davon, daß die Kampfhandlungen von deutscher Seite nicht gegen Frauen und Kinder gerichtet würden, was einer solchen Nennung sehr nahekam[4]. Wie sich weiter unten zeigen wird, wurde der durch die Abstraktheit der Erklärung entstandene Spielraum von den Befehlshabern in ihren Anweisungen an die Truppe tatsächlich nicht ausgenützt, sondern sie schienen die gebotene Beschränkung auf militärische Ziele eng auszulegen. Dies war auch in England der Fall.

### Die Anglo-Französische Erklärung am 3.9.1939

Am 3. September, noch vor ihrer Kriegserklärung an das Deutsche Reich, antworteten die britische und die französische Regierung in einer gemeinsamen Erklärung auf Roosevelts Appell:

"The Governments of the United Kingdom and France solemnly and publicly affirm their intention, should a war be forced upon them, to

3) Zit. bei RIESCH E., Das Luftkriegsrecht seit dem Weltkrieg, in: MwR 140, S. 184; sowie bei DOMARUS M., Hitler - Reden und Proklamationen 1932-1945, Bd. II/1, Wiesbaden 1973, S. 1323; vgl. SPAIGHT, a.a.O. (Anm. 2), S. 260;

4) Siehe DOMARUS, a.a.O. (Anm. 3), S. 1315;

conduct hostilities with a firm desire to spare the civilian population and to preserve in every way possible those monuments of human achievement which are treasured in all civilised countries.

In this spirit they have welcomed with deep satisfaction President Roosevelt's appeal on the subject of bombing from the air. Fully sympathising with the humanitarian sentiments by which that appeal was inspired they have replied to it in similar terms.

They had indeed some time ago sent explicit instructions to the commanders of their armed forces prohibiting the bombardment, whether from the air or the sea, or by artillery on land, of any except strictly military objectives in the narrowest sense of the word.

Bombardment by artillery on land will exclude objectives which have no strictly defined military importance, in particular large urban areas situated outside the battle zone. They will furthermore make every effort to avoid the destruction of localities or buildings which are of value to civilisation. ...

... It will of course be understood that in the event of the enemy not observing any of the restrictions which the Governments of the United Kingdom and France have imposed on the operations of their armed forces these Governments reserve the right to take all such action as they may consider appropriate."[5]

Auffallend ist auch hier die Nichtbezugnahme auf den von Roosevelt gebrauchten Begriff der "unbefestigten Stadt". Stattdessen wurde von beiden alliierten Regierungen genauso wie von der deutschen Regierung nur das Verbot des Angriffs gegen andere als militärische Objekte als bestehend anerkannt. Die anglo-französische Erklärung ging noch weiter als die deutsche, indem sie ausschließlich "strikt militärische Objekte im engsten Sinne des Wortes" als legitime Angriffsziele statuierte. Zu dieser strengen Formulierung scheint allerdings im Widerspruch zu stehen, daß nur für die landgestützte Artillerie das Verbot, Stadtgebiete außerhalb der Kampfzone

5) Zit. bei SPAIGHT, a.a.O. (Anm. 2), S. 259f.;

zu beschießen, galt. Gerade die Artillerie wird selten in die Situation kommen, solche Plätze, welche nicht belagert und daher nicht verteidigt sind, zu bombardieren, gerade diese Fähigkeit ist die Haupteigenschaft des strategischen Luftkriegs. Aus der Tatsache, daß Luftbombardements von diesem ausdrücklichen Verbot ausgeklammert wurden, könnte man schließen, daß sich die britische Regierung angesichts der strategisch orientierten Luftkriegskonzeption der RAF diesbezüglich einen Spielraum schaffen wollte[6]. Demgegenüber steht die eindeutige Formulierung von den "strikt militärischen Objekten im engsten Sinn des Wortes". Sie läßt nur geringen Freiraum für die Ausdehnung des Begriffs vom militärischen Objekt, keinesfalls soviel, daß damit Stadtgebiete außerhalb der Kampfzone zu strikt militärischen Objekten im engsten Sinn des Wortes werden könnten. Folglich faßten auch die Verantwortlichen in der Führung der RAF diese alliierte Erklärung so auf, daß nicht einmal Luftangriffe gegen Raffinerien und Stahlwerke erlaubt seien[7].

Beiden Antworten auf Roosevelts Appell gemeinsam war der Vorbehalt der Gegenseitigkeit, sodaß sich keine Seite bei Verletzung der Regeln durch den Gegner als weiterhin an seine Erklärung gebunden betrachtete. Gerade dieser Vorbehalt führt zum Problem der Rechtsqualität der beiden Erklärungen, denn es ist fraglich, ob - wie im Falle der Antwort Hitlers - ein einmaliges Fehlverhalten des Gegners tatsächlich das beständige Bombardement von nichtmilitärischen Objekten bzw. der Zivilbevölkerung legitimieren würde. Insbesondere geht es darum, ob es sich bei den fraglichen Akten um einseitige Rechtsgeschäfte, also um Versprechen oder lediglich um rechtlich wirkungslose Erklärungen handelte. Relevant ist dabei die Begründung von konkreten Rechten und Pflichten durch den Akt[8]. So

6) In diesem Sinne wohl SPETZLER E., Luftkrieg und Menschlichkeit, Göttingen 1956, S. 233;

7) Siehe die Denkschrift des Chief of Air Staff vom 15.9.1939, "Plans for attack on german war industry in relation to - (i) President Roosevelt's appeal; (ii) the anglo-french declaration of 3rd september; (iii) international law as represented by the basic principles of war and the Draft Hague Rules of Air Warfare", (PRO AIR 8/283), S. 2f.; diese Denkschrift ist in Anhang B, Dokument 17 wiedergegeben;

8) VERDROSS A./SIMMA B., Universelles Völkerrecht, 3. Aufl., Berlin 1984, S. 425;

begründet eine Kriegserklärung alle Rechte und Pflichten, welche einem Kriegführenden zustehen[9]. Eine darüber hinaus abgegebene Erklärung, in diesem Krieg das allgemeine Kriegsrecht respektieren zu wollen, ist als solche aber keine eigenständige Rechtsgrundlage, denn die Verpflichtung zur Einhaltung des ius in bello besteht für jeden Belligerenten auch ohne entsprechendes Akzept.

Folglich kann den Deklarationen Hitlers und der beiden alliierten Regierungen nur insoweit die Eigenschaft einseitiger Versprechen und damit einer selbständigen Rechtsquelle zugesprochen werden, als sich daraus die Zusage ablesen läßt, noch weitergehende Beschränkungen als vom generellen Kriegsvölkerrecht verlangt einzuhalten. Konkret bedeutet dies, daß mit der Aufnahme von Kampfhandlungen und dem animus belligerendi Deutschlands, Frankreichs und Englands das allgemeine Kriegsvölkerrecht, also auch das entsprechende VGR für die Parteien bindend wurde. Das VGR im Luftkrieg erlaubte lediglich gegen militärische Objekte gerichtete Aktionen und verbot direkte Angriffe gegen die Zivilbevölkerung mit und ohne Terrorisierungsvorsatz sowie unterschiedslose Bombardements im Hinterland. Diese Beschränkungen entfalteten mit dem Beginn des Kriegszustandes automatisch und zwingend ihre Wirkung. Mit einem einseitigen Versprechen konnten lediglich noch strengere Einschränkungen zugesagt werden. Dies dürfte bei der anglo-französischen Erklärung tatsächlich der Fall gewesen sein, denn die Formulierung des Begriffs der "strikt militärischen Objekte im engsten Sinn des Wortes" deutete darauf hin, daß die Regierungen bereit waren, auch Ziele, welche durchaus den Anforderungen des Art. 24(1) LKR genügt hätten, als zivile Objekte anzuerkennen. Die Schlußfolgerungen des Chief of Air Staff aus der Deklaration bestätigt diese Ansicht: Sogar Angriffe gegen Hochöfen und Öltanks, welche gemäß dem VGR durchaus legitim gewesen wären, wurden als durch einseitiges Versprechen verboten betrachtet[10].

9) a.a.O., S. 426;

10) Anhang B, Dokument 17, S. 2f.; vgl. auch a.a.O., S. 5, wo die Zweischichtigkeit von Versprechen einerseits und allgemeinem Völkerrecht andererseits konkret beurteilt wurde;

Auf der anderen Seite ließen die Formulierungen Hitlers weder in seiner Antwort auf Roosevelts Appell noch in seiner Reichstagsrede vom 1.9.1939 erkennen, daß er bereit war, seine militärischen Aktionen freiwillig noch strengeren Beschränkungen als vom allgemeinen Kriegsrecht vorgeschrieben zu unterwerfen. Mit seiner Zusage, nur militärische Objekte anzugreifen, reflektierte er lediglich die positive Anforderung des bereits bestehenden Luftkriegsrechts, während sich sein Hinweis, den Kampf nicht gegen Frauen und Kinder führen zu wollen, als Bestätigung des Verbots direkter Angriffe gegen die Zivilbevölkerung darstellte. Ein Versprechen in dem Sinne, daß daraus eigenständige, über den Rahmen des Völkerrechts hinausgehende Verpflichtungen übernommen würden, war Hitlers Erklärung nicht. Aus diesem Grund muß auch Hitlers Vorbehalt der Gegenseitigkeit einer relativierenden Betrachtung unterworfen werden. Ein Staat kann sich nicht einseitig aus dem Kriegsrecht, schon gar nicht aus dem VGR lösen, nur weil es zu vereinzelten Rechtsverletzungen durch den Gegner gekommen ist. Lediglich die Sanktion durch Repressalien steht ihm offen. Demnach kann der Vorbehalt nur als Androhung von Repressalien für den Fall der Nichtachtung des geltenden allgemeinen Kriegsrechts durch die Gegner verstanden werden. Eine Deutung als Androhung der pauschalen Aufkündigung des ius in bello bereits bei ersten Rechtsverletzungen wäre verfehlt, da eine solche nicht gültig wäre.

Entsprechend der Zweischichtigkeit der anglo-französischen Erklärung, welche sowohl deklarative Bestätigung des bestehenden Völkerrechts als auch weitergehendes einseitiges Versprechen war, muß auch der enthaltene Vorbehalt der Gegenseitigkeit differenziert beurteilt werden: Nur soweit es die über das ius in bello hinausgehenden Verpflichtungen (keine Angriffe gegen Stahlwerke, Öllager etc.) betraf, sollte der Vorbehalt dazu führen, daß diese Verpflichtungen bei abweichendem gegnerischen Verhalten vollständig und auf Dauer suspendiert würden. Ansonsten war auch er wie sein deutsches Gegenstück lediglich eine Androhung von Repressalien im Falle von Rechtsverletzungen.

Zusammenfassend ist festzustellen, daß die Erklärungen der beiden Seiten inhaltlich voneinander abwichen, wobei die Alliierten strengere Beschränkungen des Luftbombardements vorsahen als Hitler. Allerdings waren Angriffe gegen die feindliche Industrie von der deutschen Blitzkriegsdoktrin gar nicht oder nur am Rande vorgesehen, da sich die Besetzung des Feindstaates bereits vollzogen haben würde, bevor die Einschränkung der Industrieproduktion an der Front wirksam werden könnte. So war die Ausgangsbasis beider Parteien gegenüber Angriffen gegen kriegswichtige Industrieziele iS des Art. 24(1) LKR grundverschieden: Für Briten und Franzosen waren solche Aktionen Bestandteil ihrer strategischen Luftkriegsdoktrin, sie erklärten sich aber bereit, vorläufig darauf zu verzichten. Für Hitler waren sie dagegen bei seiner Expansion nach Osten nur am Rande wichtig, er wollte sie aber nicht von vorneherein ausschließen. Aufgrund der verschiedenen Ausgangspositionen mußte der alliierte Vorbehalt der Gegenseitigkeit früher oder später zur Anwendung kommen und eine allgemeine, über das bestehende Kriegsvölkerrecht hinausgehende Beschränkung von Luftangriffen ausschließen. De facto begrenzte er den Schutz der Zivilbevölkerung mangels Vertragsrechts auf das VGR.

### Weitere Appelle

Papst Pius XII. reagierte am 15.9.1939 mit Befriedigung auf die Erklärungen Deutschlands und der Alliierten und verlieh seiner Hoffnung Ausdruck, daß der Krieg dadurch humanisiert würde[11]. Zu nennen ist noch der Appell der Außenminister der amerikanischen Staaten, welcher am 3. Oktober 1939 als Resolution der in Panama tagenden Konferenz beschlossen wurde. In ihm verlangten die Minister die Beilegung des Konfliktes mit friedlichen Mitteln, sowie den Verzicht auf inhumane Kampfmittel und -methoden, unter anderem auf Bombardements offener Städte sowie

11) Siehe SPETZLER, a.a.O. (Anm. 6), S. 233;

von Objekten und Plätzen ohne militärischen Wert, sei es von Land, See oder aus der Luft[12].

Von Bedeutung ist weiterhin eine Initiative des Internationalen Komitees vom Roten Kreuz. Am 2. September 1939 richtete das IKRK ein Rundschreiben an die am Konflikt beteiligten Regierungen, in welchem es seine Dienste in humanitärem Interesse anbot[13]. Insbesondere wurde darin auf eine einzurichtende Auskunftsstelle für Kriegsgefangene und auf die Notwendigkeit des Schutzes von Zivilpersonen, welche sich in Feindstaaten aufhielten, hingewiesen. Daneben aber brachte es auch die Möglichkeit der Schaffung von Sicherheitszonen für die Zivilbevölkerung (nach dem Vorbild des Entwurfes von Monaco 1934) zur Sprache brachte[14]. Sowohl im

---

12) "...The Meeting of the Foreign Ministers of the American Republics Resolves:

1. To make a fervent appeal to the European countries now in conflict to arrive at a settlement of their controversies through pacific means, on the essentail basis of justice and law and not on the dictates of force; and that they abstain from:
   (a) The use of poisonous gases and other methods of warfare which produce irreparable and permanent injuries;
   (b) Bombarding open cities, objects and places without military value, whether from land, sea or air;
   (c) Employing inflammable liquids;
   (d) Poisoning waters and disseminating bacteria;
   (e) Employing offensive weapons which increase the suffering of the wounded;
   (f) Imposing unnecessarily rigorous measures upon civilian populations;
   (g) Sinking merchant vessels without having first placed the passengers, crew and ship's papers in a place of safety;
2. To condemn in all armed conflict the unrestricted application of measures causing unnecessary and inhuman suffering in injuring the enemy. ..."

(34 AJIL 1940, Suppl., S. 12f.);

13) BA/MA RW 5/v.63;

14) Siehe a.a.O.: "Sollten die kriegführenden Regierungen, zum wirksameren Schutz der Zivilbevölkerung, es für zweckmäßig halten, 'Sicherheitszonen' zu schaffen, so ist das Rote Kreuz bereit zu untersuchen, inwieweit diese Zonen unter den Schutz des Genfer Kreuzes gestellt werden könnten und welche Kontrollmaßnahmen in diesem Falle erforderlich wären." Interessanterweise wird dieses Schreiben in IKRK, Report of the International Committee of the Red Cross on its activities during the Second World War (September 1, 1939 - June 30, 1947), Bd. 1: General Activities, Genf 1948, S. 695ff. nicht erwähnt.

OKW als auch vom ObdL wurde dieser letzte Vorschlag positiv aufgenommen und dazu ein Memorandum ausgearbeitet[15]. Jedoch kam es offensichtlich nicht zu einer internationalen Einigung.

Im Gegensatz zu den Prophezeihungen Douhets schlugen die Konfliktsparteien bei Kriegsausbruch nicht mit aller verfügbaren Gewalt zu, um die gegnerische Moral zu brechen, sondern gaben sich - insbesondere soweit es die Beziehungen zwischen Deutschland und den westlichen Alliierten betraf - betont zurückhaltend. Die wichtigsten, seit dem Ersten Weltkrieg entstandenen Grundsätze des Schutzes der Zivilbevölkerung im Luftkrieg wurden nicht dementiert, sondern sogar bestätigt. Die anglofranzösische und die deutsche Erklärung weisen darauf hin, daß sich die in Friedenszeiten geäußerte Rechtsüberzeugung nicht schlagartig mit dem Kriegsausbruch geändert hat. Besonders interessant ist in diesem Zusammenhang jedoch, inwieweit diese Rechtsüberzeugung auch in die militärischen Anweisungen Eingang fand.

## *Anweisungen an die Luftwaffen der Kriegsparteien bei Kriegsausbruch*

### Deutsche Anweisungen für die Luftkriegführung

Die der deutschen Luftwaffe zugeordnete Doktrin vom taktischen Luftkrieg wurde zur Gänze in die an sie ergangenen Anweisungen übernommen. Bereits in der den Angriff auf Polen vorbereitenden Weisung für den "Fall Weiß" vom 3.4.1939 wurden der Luftwaffe bestimmte taktische Auf-

15) Siehe Briefe und Briefentwürfe des OKW vom 22.9.1939 und des ObdL vom 25.9.1939, BA/MA RW 5/v.63;

gaben in den Vordergrund gestellt[16]. Die diplomatisch gegenüber Frankreich und Großbritannien gezeigte Zurückhaltung äußerte sich noch längere Zeit in den Weisungen: In der Weisung Nr.1 vom 31.8.1939 wurde der Luftwaffe im Westen nur die Abwehr gegnerischer Angriffe, nicht jedoch offensives Tätigwerden erlaubt. Gleichzeitig sollte sie aber den Angriff gegen die britische Seezufuhr und die Rüstungsindustrie vorbereiten. Die Entscheidung über Angriffe gegen London behielt sich Hitler selbst vor[17]. Am 3.9.1939, nach der anglo-französischen Kriegserklärung, knüpfte Hitler die Genehmigung von Luftangriffen an der Westfront daran, daß zuvor England oder Frankreich entsprechende Aktionen durchführen müßten[18]. In den Weisungen 3-5 (9.9., 25.9., 30.9.) untersagte Hitler das Überfliegen der deutschen Westgrenze ohne seine ausdrückliche Genehmigung. Ausnahmen waren anfänglich nur zur Abwehr gegnerischer Angriffe, etwas später auch zur Bekämpfung von Fesselballons und zur eigenen Aufklärung möglich[19]. Erst in der Planung des Angriffs gegen Frankreich wurde die Rolle der Luftwaffe im Westen konkretisiert: Wie in Polen sollte sie zuerst die französischen Luftstreitkräfte ausschalten und sodann das eigene Heer bei seinem Vorgehen unterstützen[20].

Grundsätzlich lassen diese Anweisungen erkennen, daß an die Führung eines strategischen Luftkrieges 1939 noch nicht konkret gedacht wurde. Damit fielen auch generelle Angriffe gegen das feindliche Hinterland aus

---

16) "... Für die Luftwaffe stehen, neben der Vernichtung der polnischen Luftwaffe in kürzester Frist, folgende Aufgaben im Vordergrund:

1) Störung der polnischen Mobilmachung und Verhinderung eines planmäßigen polnischen Heeresaufmarsches.

2) Unmittelbare Unterstützung des Heeres, vor allem der zuerst vorgehenden Teile, schon vom Überschreiten der Grenze an. ..."

(zit. bei HUBATSCH W., Hitlers Weisungen für die Kriegführung 1939-1945, Frankfurt/M. 1962, S. 18f.);

17) a.a.O., S. 20f.;

18) a.a.O., S. 23;

19) a.a.O., S. 26, 28, 31;

20) Weisung Nr. 6 vom 9.10.1939, zit. bei a.a.O., S. 32f.;

dem Rahmen der Planung. Zu sehr konzentrierte man sich in den deutschen Stäben auf den Blitzkrieg, sodaß die Luftwaffe in der Anfangsphase gar nicht in die Lage kam, großangelegte Terrorangriffe gegen die Zivilbevölkerung vorbereiten zu müssen. Doch nicht nur die engen Anweisungen Hitlers beschränkten die deutsche Luftkriegführung in den ersten Wochen des Zweiten Weltkrieges. Das in der Zwischenkriegszeit entstandene VGR über den Schutz der Zivilbevölkerung gegen Luftbombardements wurde Bestandteil konkreter Anweisungen, welche grundsätzlich bei der Durchführung von Luftangriffen berücksichtigt werden mußten.

Noch vor der Aufnahme der Kampfhandlungen in Polen wurde den Besatzungen der Luftwaffe angeblich jeder rechtswidrige Angriff gegen zivile Wohnsiedlungen ausdrücklich untersagt[21]. Am 20.7.1939 erließ der ObdL die "Anweisung zur Führung des Luftkrieges", allerdings wurde sie erst am 30.9.1939 an die Rechtsberater und Feldgerichte verteilt. Ihre Zielsetzung war es, "das Verhalten der Luftwaffe dem Feinde und Neutralen gegenüber grundsätzlich zu regeln."[22] Die aus 31 "Thesen" bestehende Anweisung folgte in ihren Bestimmungen bezüglich der Kampfhandlungen sehr weit den LKR. In These 19 wurde die Rechtmäßigkeit des Einsatzes von Brand-, Explosiv- und Leuchtspurgeschossen ausdrücklich festgestellt. Luftangriffe waren gemäß These 20 nur gegen "militärisch wichtige Ziele" gestattet, wobei auf eine Aufzählung solcher Objekte bewußt verzichtet wurde. Definiert wurden sie als Ziele, die "für die Kriegführung des Gegners bedeutungsvoll" seien[23]. Weiters waren durch These 22 alle Angriffe "in der Absicht, die Zivilbevölkerung zu terrorisieren, Nichtkombattanten zu verletzen oder Güter ohne militärische Bedeutung zu zerstören oder zu beschädigen" strikt verboten. Im beiliegenden Kommentar wurde dazu festgestellt, daß Terrorangriffe trotz ihrer Völkerrechtswidrigkeit durch die Kriegslage notwendig werden könnten. In diesem Fall dürfe der Befehl

21) SPETZLER, a.a.O. (Anm. 6), S. 230f.;

22) Siehe Begleitschreiben zur "Anweisung" vom 20.7.1939 (Neudruck 30.9.1939), S. 2 (BA/MA RW 5/v.336); Begleitschreiben sowie Auszüge (Thesen 18-26) aus der Anweisung samt Kommentar sind in Anhang B, Dokument 18 wiedergegeben;

23) a.a.O., Kommentar zu These 20;

dazu aber nur durch den ObdL erfolgen[24]. Sonst aber durfte die Zivilbevölkerung auch bei einem Angriff gegen ein legitimes Ziel nicht aus Unachtsamkeit getroffen werden (These 24)[25]. Angesichts dieser Angleichungen an die durch die Haager Luftkriegsregeln erstmals statuierten Rechtsideen verwundert es nicht mehr, wenn sich noch exaktere Übereinstimmungen ergeben: Die These 23 (Verbot der Erpressung von Sachrequisitionen und Geldkontributionen) war eine wörtliche Übersetzung von Art. 23 LKR, ebenso entsprach These 26 (Luftangriffe im Operationsgebiet der Landstreitkräfte) bis ins Detail dem Art. 24(4) LKR. Der in These 25 genannte Schutz besonderer Objekte (Kirchen, Krankenhäuser, Kulturdenkmäler etc.) war eine Mischung aus Art. 25 LKR und Art. 27 HLKO.

Kaum ein Dokument belegt den starken Einfluß der Haager Luftkriegsregeln auf die Entwicklung des Luftkriegsrechts deutlicher als die "Anweisung zur Führung des Luftkrieges". Die aus der Diskussion um die Bestimmungen der LKR entstandenen gewohnheitsrechtlichen Normen wurden in vollem Umfang rezipiert. Die Abweichung bei der abstrakten Definition des militärischen Objektes ist nur geringfügig. Nach der Ansicht des ObdL gehörten auch Kühlhäuser und Lebensmittelvorratslager zu den Objekten, welche für die gegnerische Kriegführung bedeutungsvoll und damit legitime Angriffsziele waren[26]. Diese Definition ging vergleichsweise weit, war aber je nach Kriegslage durch Art. 24(1) LKR gedeckt. Von besonderer Bedeutung war der Hinweis auf die grundsätzliche Völkerrechtswidrigkeit von Terrorangriffen gegen die Zivilbevölkerung. Gerade die Formulierung des Vorbehaltes ihrer Anordnung durch den ObdL be-

24) a.a.O., Kommentar zu These 22;

25) Da Deutschland bereits 1933 aus dem Völkerbund ausgetreten war, ist es erstaunlich, daß These 24 eine nahezu wörtliche Übersetzung von Artikel I Abs. 3 der Völkerbund-Resolution vom 30.9.1938 (siehe oben S. 101) beinhaltete: "Luftangriffe müssen so durchgeführt werden, daß die in der Nachbarschaft der Angriffsziele befindliche Zivilbevölkerung nicht durch Unachtsamkeit getroffen wird..." (Luftwaffe) - "Any attack on legitimate military objectives must be carried out in such a way that civilian populations in the neighbourhood are not bombed through negligence." (Völkerbund);

26) Siehe Anhang B, Dokument 18, Kommentar zu These 20;

weist, daß die allfällige Durchführung von direkten Angriffen gegen die Zivilbevölkerung zumindest in der Anfangszeit des Zweiten Weltkrieges mit starkem Unrechtsbewußtsein verbunden war.

## Englische Anweisungen für die Luftkriegführung

Am 22.8.1939 ergingen die "Instructions governing naval and air bombardment" an die Royal Air Force[27]. Die Planung des britischen Stabes war stark von politischen Faktoren bestimmt: Der Luftkrieg sollte keinesfalls durch Initiative der alliierten englischen und französischen Luftwaffen entfesselt werden[28]. Aus dieser Maxime waren die Beschränkungen von Luftangriffen hervorgegangen, welche erheblich strenger als die durch das VGR vorgegebenen waren[29]. Gerade aufgrund der restriktiven Formulierung der Anweisung wurde deren vorläufiger Charakter ausdrücklich betont[30].

Obgleich die Anweisungen betreffend das Luftbombardement keine Definition des militärischen Objektes als erlaubtem Angriffsziel geben wollten[31], gestatteten sie Bombardements ausschließlich von "rein militärischen Objekten im engsten Sinn des Wortes"[32]. Darauf folgte ein ausführlicher, taxativer Katalog der freigegebenen Ziele. Der im Vergleich zu ihrem deutschen Gegenstück überaus restriktive Charakter der englischen Anweisung zeigte sich darin, daß in diesem Katalog sowohl Benzinlager und Fabriken aller Art, als auch Eisenbahnzüge, soweit sie nicht militäri-

---

27) PRO AIR 8/283; Begleitschreiben und Auszüge (Art. 1-11) sind in Anhang B, Dokument 19 wiedergegeben;

28) a.a.O., Begleitschreiben und "Instructions", Art. 1;

29) a.a.O., Begleitschreiben, wobei hier direkt auf die LKR Bezug genommen wurde: "It will be observed that they impose restrictions more severe than would be required under a reasonable interpretation of the Draft Hague Rules of Air Warfare.";

30) a.a.O.;

31) a.a.O., "Instructions", Art. 7;

32) a.a.O., Art. 8; auffällig ist hier die bis auf das Wort "purely" (im Vergleich zu "strict") völlige Übereinstimmung mit dem Wortlaut der anglo-französischen Erklärung vom 3.9.1939;

schen Zwecken dienten, ausgeklammert waren[33]. Die in Art. 9 formulierten Anforderungen an die Durchführung von Bombardements folgten nahezu wörtlich der Erklärung Chamberlains vor dem Unterhaus vom 21.6.1938[34]. Darin hatte er festgestellt, daß das vorsätzliche Bombardement der Zivilbevölkerung verboten sei. Die Angriffsziele müßten militärische Objekte und als solche identifizierbar sein. Außerdem habe ein Angriff unter allen Vorkehrungen, daß die Zivilbevölkerung nicht aus Unvorsichtigkeit getroffen würde, stattzufinden. Von Bedeutung war auch ein ausrückliches Verbot von Flächenbombardements, d.h. von Angriffen, bei denen bewohntes Gebiet in der Hoffnung, ein darin befindliches, aber nicht genau lokalisiertes militärisches Objekt zu treffen, bombardiert wird[35]. Auf die Geltung des Proportionalitätsprinzips wurde ausdrücklich hingewiesen[36].

Diese Richtlinien waren grundsätzlich strenger als die Haager Luftkriegsregeln, so wurde neben dem absichtlichen Angriff gegen die Zivilbevölkerung auch das Bombardement aus Unachtsamkeit, mithin die bewußte Fahrlässigkeit verboten[37]. Im Falle einer Lockerung der Bestimmungen sollte aber auf die LKR zurückgegriffen werden.[38] Deshalb wurde die Planung des Luftkrieges unter Berücksichtigung der LKR, deren wesentlichsten Bestandteile man als geltendes Völkerrecht betrachtete, durch-

33) Ib;

34) Siehe oben S. 101

35) Anhang B, Dokument 19, Art. 9, letzter Satz;

36) a.a.O., Art. 10;

37) a.a.O., Art. 9(c); vgl. auch die nahezu gleichlautende deutsche Bestimmung in Anhang B, Dokument 18, These 24;

38) a.a.O., Begleitschreiben;

geführt[39]. Es ist also festzuhalten, daß die Anweisungen an die RAF bezüglich der Durchführung von Luftangriffen in ihren Einschränkungen sogar über das bestehende VGR hinausgingen. Dieser Zustand wurde von der Führung auch erkannt, aber als politische Notwendigkeit vorläufig akzeptiert. Für den Fall der Lockerung der Bestimmungen wurden genau jene Normen der LKR als geltendes Völkerrecht betrachtet, welche sich bereits im Rahmen der wissenschaftlichen und politischen Diskussion seit 1923 durch die staatliche Rechtsüberzeugung als VGR etabliert hatten.

### Anweisungen in anderen Staaten

Die französische Luftwaffe hatte ihre Anweisungen über Luftbombardements offenbar an jene der RAF angepaßt[40]. Demnach waren nur Angriffe gegen militärische Objekte erlaubt und die Zivilbevölkerung mußte nach allen Kräften verschont werden. Mit Frankreich und Großbritannien als Garantiemächten Polens wurden auch die allgemeinen Anweisungen an die Luftwaffe dieses Landes abgestimmt[41]. Darin wurden alle direkten Angriffe gegen die Zivilbevölkerung strikt verboten[42]. Untersagt waren nach dem Vorbild der britischen "Instructions" auch Flächenbombardements[43] sowie die Schädigung durch Unachtsamkeit, also durch bewußte

39) So wurde die Legalität des Angriffes gegen bestimmte Ziele an der abstrakten Definition des militärischen Objektes in Art. 24(1) LKR beurteilt (Plans for attack on German war industry in relation to ... international law as represented by the basic principles of war and the Draft Hague Rules of Air Warfare, S. 5 [PRO AIR 8/283; Anhang B, Dokument 17]: "... they are in fact covered by the principles set out in Article 24(1), ... This statement is the more weighty, since it has the warrant of international law, ...");

40) Siehe Verweis auf die Richtlinien vom 5.9.1939 in der Anweisung des französischen Generalstabs vom 22.10.1939, PRO AIR 14/164;

41) ROTOCKI Z., Polish directives of 1939 concerning aerial bombardment in the light of international rules of air warfare, in: Polish Yearbook of International Law 1970, S. 163;

42) a.a.O., S. 165;

43) a.a.O.;

Fahrlässigkeit[44]. Sowohl die Formulierung des Begriffs der "strikt militärischen Objekte im engsten Sinn des Wortes" als auch die zu treffenden Maßnahmen zur Verhütung von Verlusten unter der Zivilbevölkerung wurden nahezu wörtlich dem englischen Vorbild entnommen[45]. Aus diesem Grund gilt auch für die polnischen Anweisungen das oben gesagte. Die polnischen Reglements konnten in der Praxis niemals angewandt werden, da aus Furcht vor noch massiveren Schlägen durch die für unbesiegbar gehaltene deutsche Luftwaffe bereits am 1. September jedes Bombardement jenseits der polnischen Grenze untersagt wurde[46].

Während in Italien die LKR angeblich in die der Regia Aeronautica gegebenen, allgemeinen Instruktionen übernommen wurden[47], scheinen die LKR zu den Militärs in den Vereinigten Staaten kaum durchgedrungen zu sein. Zwar waren die LKR 1926 zusammen mit dem offiziellen Bericht der Juristenkommission in das vom Chief of Air Service herausgegebene Air Service Information Circular "International aerial regulations" aufgenommen worden[48], doch war damit die Inkorporation der LKR in das militärische Konzept Amerikas schon am Ende. 1934 wurde den LKR in einem Schulungsheft der Air Corps Tactical School über Luftkriegsvölkerrecht zwar eine gewisse Bedeutung zuerkannt, aber darauf hingewiesen, daß die darin statuierten Beschränkungen von Luftangriffen in der Praxis mehr oder weniger nutzlos seien, da deren Durchführung sowieso auf politischen Entscheidungen beruhe[49]. Noch in dem auch für die Luftstreitkräfte gültigen Basic Field Manual "Rules of Land Warfare" von 1940 wurde lediglich der Text des Art. 25 HLKO wiedergegeben, wobei die angefügte Definition der "verteidigten Orte" nur im unmittelbaren Kampfgebiet von einiger

---

44) a.a.O.;

45) a.a.O., S. 166;

46) a.a.O., S. 164;

47) CASTRÉN E., The present law of war and neutrality, Helsinki 1954, S. 387;

48) HRC 168.65404-4;

49) HRC 248.101-16, S. 31: "When control of the air has been gained, then military objectives other than the hostile air force will receive increasing attention, including perhaps political capitols and centers of population."

Bedeutung sein konnte[50]. Interessanterweise wurde in diesem Reglement noch das Bombenabwurfverbot von 1907 als geltendes Völkerrecht zitiert[51].

### Der Einfluß der politischen und militärischen Situation auf die Anweisungen an die Luftwaffen

Sowohl das deutsche als auch das anglo-französische Verhalten hatte bei Kriegsbeginn entscheidende politische und militärische Hintergründe. In Deutschland konnte und wollte man sich aus zwei Gründen nicht für die sofortige Aufnahme des Luftkrieges gegen die alliierten Westmächte entschließen: Ersten hofften Hitler und Göring, die mit einer Kriegserklärung Englands nicht oder nur kaum gerechnet hatten[52], immer noch mit einer friedlichen Einigung, sobald Polen einmal besiegt war. Dazu wäre es politisch unklug gewesen, die Stimmung durch den Beginn militärischer Auseinandersetzungen "anzuheizen". Und zweitens hatte die deutsche Luftwaffe gar nicht die Kapazität, gleichzeitig mit dem Kampf in Polen auch im Westen offensiv tätig zu werden[53]. Nachdem die meisten Verbände im Osten gebraucht wurden, war die deutsche Westgrenze nahezu ungeschützt. Die Provokation alliierter Gegenangriffe, womöglich gegen das Ruhrgebiet, hätte zu diesem Zeitpunkt mit einer empfindlichen Niederlage geendet. So wird Hitlers Zurückhaltung gegenüber Frankreich und England verständlich.

Aber auch auf der anderen Seite gab es Gründe, nicht mit dem strategischen Luftkrieg zu beginnen und sich an die äußerst restriktiven Anweisungen zu halten: Frankreich war sich der Schwäche seiner eigenen Luft-

---

50) Basic Field Manual: Rules of Land Warfare, Washington 1940, Art. 47; die Art. 45-48 sind im Anhang B, Dokument 20 wiedergegeben;

51) a.a.O., Art. 27;

52) Siehe z.B. DOMARUS, a.a.O. (Anm. 3), S. 1331ff.; IRVING D., Die Tragödie der deutschen Luftwaffe, Frankfurt/M.-Berlin-Wien 1970, Taschenbuchausg. 1975, S. 133ff.;

53) Vgl. a.a.O., S. 138f.; sowie MASON H.M., Die Luftwaffe, Wien-Berlin, Taschenbuchausg. München 1979, S. 230f.;

streitkräfte bewußt und wollte eine Provokation deutscher Gegenschläge unter allen Umständen vermeiden. Deshalb drang es auch in Großbritannien auf strikte Zurückhaltung gegenüber Deutschland[54]. Dort stieß man sogar auf Gegenliebe, denn das Bomber Command war noch viel zu schwach, um den geplanten strategischen Luftkrieg zu führen. Die vorhandenen Flugzeuge boten keine ausreichenden Leistungen und nach der Meinung des Kommandeurs des Bomber Command könnte der Versuch eines Einfluges weit nach Deutschland mit einem größeren Desaster enden[55]. So akzeptierte man in der RAF die Entscheidung der Regierung, Deutschland die Initiative in der Luft zu überlassen, mit einer gewissen Erleichterung. Die gewonnene Zeit konnte zur besseren Vorbereitung genützt werden.

Jedoch herrschte in den ersten Kriegswochen zwischen England, Frankreich und Deutschland nur eine latente Ruhe. Die britische Luftkriegsdoktrin baute voll auf den strategischen Angriff gegen die Zentren der Industrieproduktion im feindlichen Hinterland. Bestandteil dieser Doktrin war auch die Bekämpfung der Moral der Zivilbevölkerung. Für einen taktischen Luftkrieg war die RAF in keiner Weise gerüstet, so bedeuteten die Einschränkungen, welche aufgrund der Anweisungen Chamberlains erlassen wurden, die Stillegung des gesamten englischen Luftkriegspotentials. Dieser Zustand konnte nicht lange halten, spätestens wenn sich das Bomber Command stark genug für die sich gestellten Zielsetzungen fühlte, mußten die Beschränkungen fallen. Noch im November verstärkte sich der Widerstand gegen die "Instructions" vom August[56].

Auf der anderen Seite stand Deutschland mit seiner mächtigen, aber ausschließlich taktisch orientierten Luftwaffe. Noch hatte es kein Interesse an einer Konfrontation mit der RAF, jedoch ließ die Führung keinen

---

54) CHURCHILL, a.a.O. (Anm. 1), S. 201; siehe auch Denkschrift des Air Ministry vom 7.9.1939, "Note on the question of relaxing the bombardment instructions", (PRO AIR 8/283), Abs. VIII;

55) BROOKS S., Bomber. Strategic air power in twentieth century conflict, London 1983, S. 21; HASTINGS M., Bomber Command, New York 1979, Ausg. New York-London-Toronto u.a. 1989, S. 53f.;

56) Siehe Denkschrift des Air Ministry, a.a.O. (Anm. 54);

Zweifel daran, daß sie sich auf eine solche vorbereitete. Für diesen Fall würde sie jedes Mittel, auch das der direkten Terrorangriffe gegen die britische Zivilbevölkerung einsetzen[57]. Die Eskalation, welche Douhet schon für den ersten Kriegstag vorausgesagt hatte, war also in stillschweigendem Einverständnis vertagt worden. Das entscheidende Kräftemessen sollte erst stattfinden, wenn "die Handschuhe ausgezogen"[58] würden. Bis dahin aber hatten die Kriegsparteien dem in der Zwischenkriegszeit entstandenen VGR auch gegenüber ihren Militärs bindende Autorität zuerkannt.

Für die Geschehnisse des Zweiten Weltkrieges stellt sich nach der Analyse der zum damaligen Zeitpunkt existierenden kriegsvölkerrechtlichen Grundsätze die Frage, ob diese in der Folge irgendwelche Auswirkungen auf die Luftkriegspraxis bis 1945 hatten. Das Ausmaß der Zerstörungen aufgrund von Luftbombardements und die überaus hohe Anzahl der Opfer namentlich unter der Zivilbevölkerung sind allgemein bekannt, aus diesem Grund erscheint es naheliegend, jede Einflußnahme des Kriegsvölkerrechts auf die Praxis von 1939 bis 1945 zu verneinen. Doch vor einer solcherart pauschalierten Aussage muß erst überprüft werden, ob das vor Kriegsausbruch bestehende VGR über die Durchführung von Luftbombardements während der Kriegsjahre überhaupt noch als Beurteilungsgrundlage in Frage kommen kann. Wie bereits ausgeführt, kann bestehendes Völkergewohnheitsrecht jederzeit durch neue, mit Rechtsüberzeugung verknüpfte

57) So forderte Jodl 1940 im Kampf gegen England zeitweilige Terrorangriffe, welche als "Vergeltung" kaschiert werden sollten (IRVING, a.a.O. [Anm. 52], S. 157); in einer geheimen Rede vor Reichs- und Gauleitern in der Reichskanzlei am 21.10.1939 verkündete Hitler seine Absicht, den Großangriff gegen England mit allen Mitteln zu führen: "Er werde der Welt bekanntgeben, daß er sich im Rahmen der internationalen Bestimmungen hielte und keine verbotenen Kampfstoffe und Waffen gebrauchen würde. In Wahrheit aber denke er nicht daran, noch irgendwelche Rücksichten zu nehmen. Er werde demgemäß auch offene Städte angreifen." (Niederschrift zit. bei GROSCURTH H., Tagebücher eines Abwehroffiziers 1938-1940, Stuttgart 1970, S. 385); im Februar 1940 soll von Hitler für den Fall des Scheiterns von konventionellen Angriffen die Ausrottung der Londoner Bevölkerung mit Giftgas vorbereitet worden sein (ROON G. van [Hrsg.], Helmuth James Graf von Moltke. Völkerrecht im Dienste der Menschen, Berlin 1986, S. 231f.);

58) Dieser Ausdruck wurde innerhalb der RAF wiederholt gebraucht;

Staatenpraxis ersetzt oder gar völlig vernichtet werden. Es wäre durchaus möglich, daß die Kriegsparteien angesichts der Eskalation der Feindseligkeiten allgemein zu dem Schluß gekommen sind, daß der vorher verbotene direkte Angriff gegen die feindliche Zivilbevölkerung nun nicht mehr verboten sei. Vielleicht wurden die vernichtenden Angriffe sogar in vollem Einklang mit der Rechtsüberzeugung durchgeführt. Es ist demnach offensichtlich, daß die Untersuchung der weiteren Haltung der Staaten zu den noch 1939 bekräftigten Normen des Kriegsvölkerrechts die einzige Grundlage für eine Beurteilung der Luftkriegspraxis im Zweiten Weltkrieg sein kann. Diese Untersuchung der staatlichen Rechtsüberzeugung in den Jahren 1939 bis 1945, sowie insbesondere die kriegsvölkerrechtliche Beurteilung der Luftbombardements dieser Zeit sind Gegenstand einer eigenen, an die vorliegende Arbeit anschließenden Darstellung.

# Zusammenfassung

Die vorangegangenen Ausführungen zeigen, daß sich seit der Erfindung des Flugzeuges eine intensive Tätigkeit mit dem Ziel, dessen militärischen Gebrauch gewissen Regeln, namentlich in Bezug auf den Schutz der Zivilbevölkerung, zu unterwerfen, entwickelt hat. Diese Tätigkeit war gekennzeichnet von zahlreichen Kodifikationsversuchen, welche ausnahmslos gescheitert sind. Dennoch aber kann keine Rede davon sein, daß vor dem Ausbruch des Zweiten Weltkrieges überhaupt kein Recht bezüglich des Schutzes der Zivilbevölkerung vor Luftbombardements entstanden ist. Tatsächlich haben sich bis 1939 im Rahmen des Völkergewohnheitsrechts einige Normen entwickelt, welche ohne weiteres geeignet waren, exakte Verhaltensmaßregeln für die Luftkriegführung zu entwerfen.

Zusammenfassend kann die Entwicklung des Luftkriegsrechts vor dem Zweiten Weltkrieg in drei Perioden unterteilt werden:

Der erste Abschnitt erstreckt sich von 1899 bis 1914. In diesem Zeitraum begann erst die Entwicklung der Luftfahrt, und das Ausmaß ihrer künftigen Bedeutung war kaum absehbar. Aufgrund der technischen Probleme bedeutete es für die Großmächte keinen Verzicht auf eine wertvolle Waffe, als sie den Abwurf von Sprengmitteln aus der Luft 1899 völlig untersagten. Doch bereits die Befristung auf wenige Jahre Geltungsdauer zeigte, daß sich die Militärs viel von der künftigen Entwicklung versprachen. Bereits 1907 konnte keine Einigung über ein neuerliches Verbot mehr erreicht werden. Stattdessen ging man von der grundsätzlichen Erlaubtheit von Luftbombardements aus. Aufgrund der immer noch gravierenden technischen Beschränkungen, welchen die Fliegerei unterworfen war, akzeptierte man die Militärfliegerei nicht als selbständige Art der Kriegführung. In der militärischen Planung konnte das Flugzeug bis auf weiteres nur über der Front eine Rolle spielen, deshalb ordnete man es nach dem Scheitern des völligen Luftkriegsverbots dem im Landkrieg geltenden Recht zu. In der Haager Landkriegsordnung von 1907 wurde das

Luftbombardement von unverteidigten Orten untersagt, eine Bestimmung, welche dem damaligen Stand der Technik und den Einsatzmöglichkeiten von Flugzeugen durchaus entsprach. Mit dieser Situation traten die über Luftwaffen verfügenden Mächte 1914 in den Ersten Weltkrieg ein.

Der Ausbruch des Krieges brachte auch eine gesteigerte Geschwindigkeit der flugzeugtechnischen Entwicklung. Durch die Erhöhung der Reichweite und der Nutzlast trat die Militärluftfahrt in eine neue Dimension. Zuerst mit Luftschiffen, später mit Flugzeugen gelangte man in Gebiete, welche weit hinter der eigentlichen Kampfzone lagen und bisher der direkten Bekämpfung entzogen waren. Die Fliegerei löste sich damit vom Heer und erschloß die Möglichkeit der Führung eines strategischen Luftkrieges, auch wenn sie weiterhin über der Front taktische Aufgaben erfüllte. So gelangte man rasch an den Punkt, in welchem die bisherige Bindung des Luftkrieges an das Landkriegsvölkerrecht keine befriedigenden Lösungen für die aus der neuen Situation erwachsenen Probleme mehr ermöglichte. Mit diesem Punkt, der etwa mit dem Jahr 1915, und zwar mit dem Beginn der deutschen Zeppelinoffensive gegen England anzusetzen ist, trat die Entwicklung des Luftkriegsrechts in seine zweite Periode. Aus der Tatsache, daß die Übertragung von Landkriegsverhältnissen auf den Luftwaffeneinsatz abseits des Kampfbereiches der Bodentruppen nicht mehr ausreichte, entstand die Doktrin vom militärischen Objekt. Deren Inhalt war die Erkenntnis, daß es im Hinterland keinen "verteidigten Ort" im Sinne der HLKO geben konnte. Andererseits gab es überall im Feindstaat Objekte, welche für die Kriegführung wichtig waren. Die Militärs gingen dazu über, die Zerstörung dieser "militärischen Objekte" durch Bombenabwurf überall für gerechtfertigt zu halten. Die neue Doktrin setzte sich langsam, aber doch gleichmäßig bei allen Konfliktsparteien durch. Ausschlaggebend für die Beurteilung eines Luftbombardements hinter der Front als rechtmäßig war nicht mehr die Verteidigung des Zieles, sondern die Anwesenheit militärischer Objekte. Nachdem für den Einsatz an der Front aber nach wie vor der Begriff "verteidigt" seine Gültigkeit behielt, kam es zur rechtlichen Zweiteilung des Luftwaffenoperationsgebietes in die Kampfzone einerseits und das Hinterland andererseits. Nach wie vor galt die Immunität der Zivilbevölkerung vor direkten Angriffen als ein Grundsatz der Kriegführung, aber konkrete Normen über die Stellung der Nichtkombattanten im Luftkrieg konnten sich im Laufe des Ersten Weltkrieges und der Jahre danach nicht herausbilden. Dieser Zustand, in welchem sich das Luftkriegsrecht erstmals von der Ebene des Vertrags- auf die des Gewohnheitsrechts verlagert hatte, hielt an bis 1923.

Die dritte Periode in der Entstehung des Rechts der Luftbombardements begann mit den in diesem Jahr ausgearbeiteten Haager Luftkriegsregeln. Sie boten erstmals konkret formulierte Regeln über die Durchführung von Luftbombardements sowohl an als auch hinter der Front. Die Tatsache, daß sie von einer auf Regierungsebene approbierten, internationalen Kommission stammten, verlieh Ihnen trotz Ihrer Nichtannahme als völkerrechtlichem Vertrag eine hohe Autorität. Ihr Wortlaut war die Grundlage für die wissenschaftliche Diskussion der Folgezeit, und aus der nahezu einhelligen Zustimmung beziehungsweise Ablehnung zu bestimmten Normen entstand eine gleichförmige, herrschende Lehre.

Durch ihren Charakter als offizieller Entwurf und ihrer Wirkung auf die Völkerrechtswissenschaft gerieten die LKR immer mehr in das Blickfeld der internationalen Politik. Immer häufiger beriefen sich Regierungen auf sie und sie wurden Inhalt und "Speerspitze" völkerrechtlicher Proteste und Dementis. So wirkten sie gleichsam als Grundlage für die Bildung eines Völkergewohnheitsrechts, denn diese Bezugnahmen waren Teil einer internationalen Praxis und Ausdruck bestehender Rechtsüberzeugung zugleich. Bis 1939 hatten daher die ursprünglich nur von der Völkerrechtswissenschaft akzeptierten Sätze aus den LKR die Qualität von Normen des VGR angenommen. Anteil an dieser Entwicklung hatte auch das Militär, welches in diesen Rechtssätzen keine einschneidende Beschränkung ihrer eigenen Handlungsfreiheit sah, andererseits aber die Vorteile des politisch opportunen Verhaltens erkannte. So läßt sich rückblickend auf die gesamte Entwicklung des Luftkriegsrechts bis 1939 sagen, daß sich dieses nur im Zusammenspiel mit militärischen Anforderungen und Theorien entwickeln konnte.

Beim Ausbruch des Zweiten Weltkrieges 1939 galten konkrete Voraussetzungen für die Rechtmäßigkeit eines Luftbombardements als Inhalt des allgemeinen Gewohnheitsrechts:

1) Positive Voraussetzung war, daß das vorsätzlich angegriffene Ziel ausschließlich ein militärisches Objekt sein durfte. Als "militärisch" durfte nur ein Objekt gelten, dessen Zerstörung, Beschädigung oder Neutralisierung für den Kriegführenden einen klaren militärischen Vorteil brachte.

2) Negative Voraussetzung für ein rechtmäßiges Luftbombardement war, daß es sich niemals - mit oder ohne Terrorisierungsvorsatz - gegen die Zivilbevölkerung richten durfte, auch wenn diese nur als Teil des angegriffenen Ziels - beispielsweise eine ganze Stadt - betrachtet wurde.

3) Unterschiedslose Angriffe über dem Hinterland waren verboten. Unterschiedslos war ein Angriff, der sich zwar gegen ein militärisches Objekt richtete, bei dessen Durchführung aber in hohem Maße die Zivilbevölkerung getroffen wurde und dies dem Angreifer gleichgültig war. Versuchte der Angreifer hingegen, unbedingt nur das militärische Objekt zu treffen, und hoffte er, dabei die Zivilbevölkerung weitestmöglich zu verschonen, so war dies ein Fall der - nicht rechtswidrigen - bewußten Fahrlässigkeit.

4) Unterschiedslose Angriffe über dem Kampfgebiet waren im Sinne eines dolus eventualis grundsätzlich erlaubt. Es galt jedoch das Proportionalitätsprinzip, wonach der von der Zerstörung des Ziels erhoffte militärische Vorteil nicht unverhältnismäßig kleiner sein durfte als die erwarteten Verluste unter der Zivilbevölkerung.

5) Für den Schutz von Krankenhäusern und besonderen Kulturdenkmälern galt auch im Luftkrieg das für das Artilleriebombardement zwingende Recht.

Diese Rechtssätze des Völkergewohnheitsrechts wurden bei Beginn des Zweiten Weltkrieges nicht öffentlich dementiert, sondern sogar durch die den beteiligten Luftwaffen gegebenen Anweisungen als bindend bestätigt. Sie hatten somit als bindendes VGR Eingang in das allgemein anerkannte Kriegsvölkerrecht gefunden.

# Verzeichnis der verwendeten Literatur


ABENDROTH W., Nyon-Abkommen von 1937, in: WBdVR 2, S. 643ff.;

ANONYM, The League of Nations and the laws of war, in: BYIL 1920/21, S. 109ff.;

ANZILOTTI D., Lehrbuch des Völkerrechts, Berlin-Leipzig 1929;

Auswärtiges Amt (Hrsg.), Dokumente über die Alleinschuld Englands am Bombenkrieg gegen die Zivilbevölkerung, Berlin 1943;

BADOGLIO P., The war in Abyssinia, London 1937;

BATTINO R., La place du bombardement aérien dans la guerre totale, in: La protection de la population civile en temps de guerre 1939, S. 291ff.;

BAUMBACH W., Zu spät? Aufstieg und Untergang der deutschen Luftwaffe, München 1949;

BECHOFF R., L'aviation et les lois de la guerre, in: RGDA 1932, S. 526ff.;

BECKERT E., Kriegsvölkerrecht - Luftkriegsrecht, in: Unterrichtsblätter für die Bundeswehrverwaltung 15, 1976, S. 178ff.;

BELL J. (Hrsg.), Völkerrecht im Weltkrieg, Bd. 4, Berlin 1927;

BELLENGER J., La guerre aérienne et le droit international, Diss. Paris 1912;

BENTZIEN J.F., Die für die Militärluftfahrt geltenden Regeln im Falle bewaffneter Konflikte, in: ZS für Luft- und Weltraumrecht 33, 1984, S. 30ff.;

BERBER F., Lehrbuch des Völkerrechts, Bd. 2: Kriegsrecht, 2. Aufl. München 1969;

BERNHARDT R., Customary international law, in: Encycl. 7, 1984, S. 61ff.;

BEST G., Humanity in warfare, London 1983;

BETZ H.D., Das OKW und seine Haltung zum Landkriegsvölkerrecht im Zweiten Weltkrieg, Diss. Würzburg 1970;

BIERZANEK R., Sur les origines du droit de la guerre et de la paix, in: Revue historique de droit français et étranger 38, 1960, S. 83ff.;

BINZ G.L., Die Marten'sche Klausel, in: Wehrwiss. Rundschau 1960, S. 139ff.;

BLIX H., Area bombardment: Rules and reasons, in: 49 BYIL 1978, S. 31ff.;

BONFILS H./FAUCHILLE P., Manuel de droit international public, 6. Aufl., Paris 1912;

BOS M., The identification of custom in international law, in: 25 German Yearbook of International Law 1982, S. 9ff.;

BOURUET-AUBERTOT J., Les bombardements aériens, Diss. Paris 1923;

BOWYER C., Royal Air Force Handbook 1939-1945, London 1984;

BRAVO L.F., Méthodes de recherche de la coutume internationale dans la pratique des états, in: Recueil des Cours 1985/III, S. 233ff.;

BROOKS S., Bomber. Strategic air power in twentieth century conflict, London 1983;

BROWN G.C., Concepts of strategic warfare, Vorlesungsskriptum, Montgomery/Al. 1951, nicht im Druck erschienen;

BRUHA T., Bombardment, in: Encycl. 3, 1982, S. 53ff.;

BURNS E.L.M., Megamurder, London-Toronto-Wellington-Sydney 1966;

CARNAHAN B.M., The law of air bombardment in its historical context, in: The Air Force Law Review 17/2, 1975, S. 39ff.;

CARTIER J.-P., Der Erste Weltkrieg, 2. Aufl., München-Zürich 1986;

CARTIER R., Der Zweite Weltkrieg, München-Zürich, Sonderausg. 1977;

CARTIER R., Vom Ersten zum Zweiten Weltkrieg, München-Zürich 1982;

CASTRÉN E., Ilmasota - Kausainvälisoikeudellinen tutkimus (Resumé: La guerre aérienne - étude de droit international), Diss. Helsinki 1938;

CASTRÉN E., La protéction juridique de la population civile dans la guerre moderne, o.O. und o.J.;

CASTRÉN E., The present law of war and neutrality, Helsinki 1954;

CHARLTON L.E.O., War from the air. Past - present - future, London u.a. 1935;

CHARPENTIER J., L'humanisation de la guerre aérienne, Paris 1938;

CHURCHILL W.S., Der Zweite Weltkrieg, Bern-München-Wien 1948, Ausg. 1985;

CLÉMENS R., Le projet de Monaco - le droit de la guerre, Paris 1937;

CLOSTERMANN P., Brennender Himmel, o.O. 1970;

COLBY E., Aerial law and war targets, in: 19 AJIL 1925, S. 702ff.;

CORNILLE R., La guerre aérienne, Paris 1942;

CRAVEN W.F./CATE J.L. (Hrsg.), The Army Air Forces in World War II, 7 Bde., Chicago 1948ff.;

CZESANY M., Alliierter Bombenterror 1940-1945. Der Luftkrieg gegen die Zivilbevölkerung Europas, Leoni 1986;

CZESANY M., Nie wieder Krieg gegen die Zivilbevölkerung, 2. Aufl., Graz 1964;

DE LUPIS I.D., The law of war, Cambridge-New York-New Rochelle u.a. 1987;

DE SAUSSURE H., International law and aerial bombing, in: The U.S. Air Force Air University quarterly Review 1952, S. 22ff.;

DE SEVERSKY A., Victory through air power, New York 1942;

DEIGHTON L., Luftschlacht über England, 2. Aufl., München 1985;

Der Luftkrieg über Deutschland 1939-1945. Deutsche Berichte und Pressestimmen des neutralen Auslands, München 1963;

Die Militärluftfahrt im Völkerrecht und Deutschen Recht der Vorkriegszeit, Kriegsgeschichtliche Einzelschriften der Luftwaffe, Bd. 2, Berlin 1938;

Die taktische Verwendung der Luftwaffe im Zweiten Weltkrieg, in: Allg. Schweizerische Militärzeitschrift 118, 1952, S. 870ff.;

Die Wehrmachtsberichte 1939-1945, 3 Bde., München 1985;

DINSTEIN Y., The laws of war in the air, in: 11 Israel Yearbook on Human Rights 1981, S. 41ff.;

DINSTEIN Y., Warfare, methods and means, in: Encycl. 4, 1982, S. 338ff.;

DOMARUS M. (Hrsg.), Hitler - Reden und Proklamationen 1932-1945, 4 Bde., Wiesbaden 1973;

DOUHET G., Luftherrschaft, Berlin 1936;

Douhets Luftkriegslehre in der Praxis, in: Interavia 6/1958, S. 535ff.;

DRAPER G.I.A.D., Indiscriminate attack, in: Encycl. 3, 1982, S. 219ff.;

DÜLFFER J., Regeln gegen den Krieg? Die Haager Friedenskonferenzen 1899 und 1907 in der internationalen Politik, Frankfurt/M.-Berlin-Wien 1978;

DUNBAR N.C.H., The myth of customary international law, in: 8 Australian Year Book of International Law 1983, S. 1ff.;

DURAND A., From Sarajevo to Hiroshima (History of the International Committee of the Red Cross, Bd. 2), Genf 1984;

EARLE E.M., Hitler: The Nazi concept of war, in: DERS. (Hrsg.), Makers of modern strategy, New York 1966, S. 504ff.;

EGGENBERGER S., Die strategische Bombardierung, in: Allg. Schweizerische Militärzeitschrift 4, 1949, S. 269ff.;

ELLIS W.E., Aerial-land and aerial-maritime warfare, in: 8 AJIL 1914, S. 256ff.;

ELSTOB P., Legion Condor, Rastatt 1981;

ENDRES R., Zum Verbleib der Luftwaffenakten beim Zusammenbruch 1945 und danach, in: Fünfzig Jahre Luftwaffen- und Luftkriegs-Geschichtsschreibung, Freiburg/Br. 1970, S. 25ff.;

ERDELBROCK A., Das Luftbombardement, Diss. Tübingen 1929;

ERDMANN J., Zur Entwicklung des britischen Kriegsbegriffs, in: Berliner Monatshefte 1942, S. 364ff.;

FAUCHILLE P., Le bombardement aérien, in: RGDIP 24, 1917, S. 56ff.;

FAUCHILLE P., Traité de droit international public, Bd. I: Paix, Paris 1922, Bd. II: Guerre et neutralité, Paris 1921;

FENWICK C.G., International law, New York-London 1924;

FEUCHTER G.W., Der Luftkrieg, Frankfurt/M.-Bonn 1964;

FEUCHTER G.W., Die Luftwaffe der Gegenwart, Berlin 1938;

FEUCHTER G.W., Flieger als Hilfswaffe, Potsdam 1938;

FEUCHTER G.W., Geschichte des Luftkriegs, Bonn 1954;

FEUCHTER G.W., Probleme des Luftkriegs, Potsdam 1936;

FONCK, Luftkrieg, Zivilbevölkerung und Völkerrecht, in: DJZ 1933, Sp. 268ff.;

FONCK, Völkerrecht und Zukunftskrieg, in: MwR 1937, S. 518ff.;

FRANKENBERG H. von, Vom Luftkriegsrecht zum Luftschutz, in: DJZ 1933, Sp. 1340ff.;

FRIEDMAN L. (Hrsg.), The law of war, 2 Bde., New York 1973;

FULLER J.F.C., Die entartete Kunst Krieg zu führen, Köln 1964;

GARNER J.W., International law and the world war, 2 Bde., London 1920;

GARNER J.W., International regulation of air warfare, in: ALR 1932, S. 103ff., 309ff.;

GARNER J.W., Proposed rules for the regulation of aerial warfare, in: 18 AJIL 1924, S. 56ff.;

GARNER J.W., Questions of international law in the Spanish Civil War, in: 31 AJIL 1937, S. 66ff.;

GENTIZON P., Horreurs inutiles, in: Le Mois Suisse 5, 1943, S. 3ff.;

GOSNELL H.A., The Hague rules of aerial warfare, in: 62 AmLR 1928, S. 409ff.;

GRAHAM B., The pictorial history of air battles, London 1974;

GREENSPAN M., The modern law of land warfare, Berkeley-Los Angeles 1959;

GREWE W.G., Epochen der Völkerrechtsgeschichte, Baden-Baden 1984;

GREWE W.G., History of the law of nations: World War I to World War II, in: Encycl. 7, 1984, S. 252ff.;

GREWE W.G., Probleme des Luftkriegsrechts, in: Archiv für Luftrecht 11, 1943, S. 117ff.;

GROSCURTH H., Tagebücher eines Abwehroffiziers 1938-1940, Stuttgart 1970;

GUGGENHEIM P., Lehrbuch des Völkerrechts, Bd. II, Basel 1951;

GULDIMANN W., Luftkriegsrecht, Diss. Basel 1940;

GULDIMANN W., Rechtsfragen des gegenwärtigen Luftkrieges, in: FWT 1943, S. 320ff.;

GUNDELACH K., Gedanken über die Führung eines Luftkrieges gegen England bei der Luftflotte 2 in den Jahren 1938/39, in: Wehrwiss. Rundschau 1960, S. 33ff.;

GUNSTON B., Bombers, London-New York 1978;

GUTSCHE W./KLEIN F./PETZOLD J., Der Erste Weltkrieg, Köln 1985;

HACKEL E., Das militärische Objekt, Diss. Würzburg 1980;

HAMILTON E., The war in Abyssinia, London 1936;

HAMMARSKJÖLD A./MACDONOGH G./ROYSE M.W. u.a., La protection des populations civiles contre les bombardements, Genf 1930;

HARDIE F., The Abyssinian crisis, London 1974;

HASTINGS M., Bomber Command, 1979, Ausg. New York-London-Toronto etc. 1989;

HEIL E., Die völkerrechtlichen Regeln über den Bombenabwurf aus Luftfahrzeugen in ihrer geschichtlichen Entwicklung, Diss. Gießen 1935;

HELM J.G., Die Rechtsstellung der Zivilbevölkerung im Kriege in ihrer geschichtlichen Entwicklung, Diss. Frankfurt/M. 1957;

HENDERSON A. (Hrsg.), League of Nations - Conference for the reduction and limitation of armaments. Preliminary report on the work of the conference, Genf 1936;

HENRY-COÜANNIER A. (Hrsg.), Légitimité de la guerre aérienne, Paris 1925;

HERRMANN G., Douhetismus und Völkerrecht, in: Gasschutz und Luftschutz 6, 1936, S. 35f.;

HEYDTE F.A. von der, Air warfare, in: Encycl. 3, 1982, S. 6ff.;

HEYDTE F.A. von der, Haager Luftkriegsregeln von 1923, in: WBdVR 2, S. 441f.;

HEYDTE F.A. von der, Luftbombardement, in: WBdVR 2, S. 436ff.;

HEYDTE F.A. von der, Luftkriegsrecht, in: WBdVR 2, S. 438ff.;

HEYDTE F.A. von der, Military objectives, in: Encycl. 3, 1982, S. 276ff.;

HEYDTE F.A. von der, Völkerrecht, 2 Bde., Köln 1960;

HINZ J./RAUCH E. (Hrsg.), Kriegsvölkerrecht, 3. Aufl., Köln-Berlin-Bonn-München 1984;

HOEPPNER G. von, Bombenkrieg und Internationales Rotes Kreuz, in: Die Luftwacht 1929, S. 552;

HOIJER O., Le conflit sino-japonais et la question des bombardements aériens, in: RGDA 1937, S. 521ff.;

HOIJER O., Les bombardements aériens, in: RGDA 1932, S. 822ff.;

HOKUSAI T., Bomben auf Nanking, Gütersloh 1939;

HOLD-FERNECK A., Lehrbuch des Völkerrechts, Bd. 2, Leipzig 1932;

HUBATSCH W. (Hrsg.), Hitlers Weisungen für die Kriegführung 1939-1945, Frankfurt/M. 1962;

IKRK, Report of the International Committee of the Red Cross on its activities during the Second World War (September 1, 1939 - June 30, 1947), Bd. 1: General Activities, Genf 1948;

IPSEN K., Die "offene Stadt" und die Schutzzonen des Genfer Rechts, in: FLECK D. (Hrsg.), Beiträge zur Weiterentwicklung des humanitären Völkerrechts für bewaffnete Konflikte, Hamburg 1973;

IRVING D., Die Tragödie der Deutschen Luftwaffe, Frankfurt/M.-Berlin-Wien 1970, Taschenbuchausg. 1975;

IRVING D., Von Guernica bis Vietnam, München 1982;

JONES H.A./RALEIGH W., The war in the air, 6 Bde., Oxford 1922-1937;

JONES N., The beginnings of strategic air power. A history of the British bomber force 1923-1939, London 1987;

JONES N., The origins of strategic bombing, London 1973;

JUNOD M., Warrior without weapons, London 1951, Nachdr. Genf 1982;

KALSHOVEN F., Belligerent reprisals, Leiden 1971;

KALSHOVEN F., The law of warfare, Leiden 1973;

KARL W., Vertrag und spätere Praxis im Völkerrecht, Berlin-Heidelberg 1983;

KENS K., Die Flugzeuge des Zweiten Weltkriegs 1939-1945, 8. Aufl., München 1979;

KENS K./MÜLLER H., Die Flugzeuge des Ersten Weltkriegs 1914-1918, 2. Aufl. München 1973;

KENS K./NOWARRA H.J., Die deutschen Flugzeuge 1933-1945, 4. Aufl. München 1972;

KIELMANSEGG P. Graf, Deutschland und der Erste Weltkrieg, 2. Aufl., Stuttgart 1980;

KISTNER A., Die geschichtliche Entwicklung des Bombenwurfs aus Luftfahrzeugen, in: Geschichtsblätter für Technik und Industrie 1918, S. 89ff.;

KLÖSS E. (Hrsg.), Der Luftkrieg über Deutschland 1939-1945, 2. Aufl., München 1964;

KÖHLER K., Die Forschung zwischen 1919 und 1945, in: Fünfzig Jahre Luftwaffen- und Luftkriegs-Geschichtsschreibung, Freiburg/Br. 1970, S. 9ff.;

KOTSCHY W., Recht der Luftkriegführung - seine geschichtliche Entwicklung und gegenwärtiger Stand, Diss. Rostock 1940;

KROELL J., Incidents de guerre aérienne dans le conflit bolivo-paraguayen, in: RGDA 1935, S. 226ff.;

KROELL J., Les pratiques de guerre aérienne dans le conflit italo-éthiopien, in: RGDA 1936, S. 178ff.;

KUNZ J.L., Kriegsrecht im allgemeinen, in: WBdVR 2, S. 354ff.;

KUNZ J.L., Kriegsrecht und Neutralitätsrecht, Wien 1935;

KUNZ J.L., The chaotic status of the laws of war and the urgent necessity of their revision, in: 45 AJIL 1951, S. 37ff.;

KUNZ J.L., The laws of war, in: 50 AJIL 1956, S. 313ff.;

KUNZ J.L., The nature of customary international law, in: 47 AJIL 1953, S. 662ff.;

KUNZMANN K.H., Die Fortentwicklung des Kriegsrechts auf den Gebieten des Schutzes der Verwundeten und der Beschießung von Wohnorten, Diss. Bonn 1960;

KUROWSKI F., Der Luftkrieg über Deutschland, Düsseldorf-Wien 1977, Taschenbuchausg. München 1979;

La guerre aérienne et le droit international, in: Journal du Droit International 1915, S. 814ff.;

La guerre aérienne. Révision des lois de la guerre - La Haye 1922-1923, Paris 1930;

LA PRADELLE A. de, Les bombardements aériens et la population civile, in: Revue des deux mondes 46, 1938, S. 515ff.;

LA PRADELLE A. de/VONCKEN J./DEHOUSSE F., La reconstruction du droit de la guerre, Paris-Brüssel 1936;

LANG J. von, Krieg der Bomber, Frankfurt/M. 1986;

LARRAZABAL J.S., Das Flugzeug im Spanischen Bürgerkrieg, Stuttgart 1969;

LAUTERPACHT H., The limits of the operation of the laws of war, in: 30 BYIL 1953, S. 206ff.;

LAUTERPACHT H., The problem of the revision of the law of war, in: 29 BYIL 1952, S. 360ff.;

LE GOFF M., La guerre aérienne, in: Revue générale de l'Air 18, 1955, S. 165ff.;

LE GOFF M., Les bombardements aériens dans la guerre civile espagnole, in: RGDIP 1938, S. 581ff.;

LE GOFF/KROELL, Les bombardements aériens et le droit international, in: RGDA 1938, S. 654ff.;

LENNINGER, Der Luftschutz als wehrorganisatorische, wehrtechnische und wehrpsychologische Gleichzeitigkeitsaufgabe, in: Wissen und Wehr 1943, S. 140ff.;

LEROY H.S., Limitation of air warfare, in: ALR 1941, S. 19ff.;

Les bombardements aériens en Espagne, in: RGDA 1938, S. 45ff.;

Les bombardements aériens, in: RGDA 1938, S. 201ff.;

LIDDELL HART B.H., Geschichte des Zweiten Weltkrieges, Düsseldorf-Wien, Sonderausg. 6. Aufl., Wiesbaden 1985;

LISZT F. von, Das Völkerrecht, 7. Aufl., Berlin 1911;

LISZT F. von/FLEISCHMANN M., Das Völkerrecht, 12. Aufl., Berlin 1925;

MAIER K.A., Guernica, 26.4.1937, Freiburg/Br. 1975;

MANCHOT K.R., Die Entwicklung der völkerrechtlichen Regelung der Luftfahrt und des Luftkriegs, Diss. Erlangen 1930;

MANISTY H.F., Aerial warfare and the laws of war, in: Transactions of the Grotius Society, Bd. VII: Problems of peace and war, 1921, S. 33ff.;

MASON H.M., Die Luftwaffe, Wien-Berlin, Taschenbuchausg. München 1979;

MERGLEN A., Der chinesisch-japanische Krieg 1937-1945, in: Wehrwiss. Rundschau 1960, S. 363ff.;

MERKES M., Die deutsche Politik im Spanischen Bürgerkrieg, Bonn 1969;

MESSERSCHMIDT M., Revision, Neue Ordnung, Krieg. Akzente der Völkerrechtswissenschaft in Deutschland 1933-1945, in: DERS., Militärgeschichtliche Aspekte der Entwicklung des deutschen Nationalstaates, Düsseldorf 1988, S. 151ff.;

METS D.R., Master of airpower. General Carl A. Spaatz, Novato/Cal. 1988;

MEURER C., Das Kriegsrecht der Haager Konferenz, München 1907;

MEYER A., Völkerrechtlicher Schutz der friedlichen Personen und Sachen gegen Luftangriffe, Berlin-Königsberg 1935;

MICHIE A.A., The air offensive against Germany, New York 1943;

MIDDELDORF E., Die direkte Unterstützung der Erdtruppen durch Flieger auf dem Gefechtsfeld bei der deutschen Luftwaffe im Zweiten Weltkrieg, in: FWT 1957, S. 101f.;

MOORE J.B., Rules of warfare: Aircraft and radio, in: DERS., International law and some current illusions, New York 1924, S. 182ff.;

MORRIS J., The german air raids on Great Britain 1914-1918, London 1925;

MÜNCH F., War, laws of, history, in: Encycl. 4, 1982, S. 326ff.;

NEUHOLD H./HUMMER W./SCHREUER C. (Hrsg.), Österreichisches Handbuch des Völkerrechts, Wien 1983;

NOSTITZ-WALLWITZ O. von, Das Kriegsrecht im italienisch-abessinischen Krieg, in: ZaöRV 1936, S. 680ff.;

NURICK L., The distinction between combatant and noncombatant in the law of war, in: 39 AJIL 1945, S. 680ff.;

O'CONNELL D.P., International law, 2 Bde., London-New York 1965;

O'ROURKE V.A., Recognition of belligerency and the Spanish War, in: 31 AJIL 1937, S. 398ff.;

OEHLRICH C., Vom "Police Bombing" zum Luftterror, in: Auswärtige Politik 1943, S. 578ff.;

OFFENBERG M., Luft- und Kriegsrecht, Diss. Würzburg 1919;

OPPENHEIM L./LAUTERPACHT H., International law, Bd. 2: Disputes, war and neutrality, 7. Aufl. London 1952, Nachdr. London 1965;

PADELFORD N.J., International law and the Spanish Civil War, in: 31 AJIL 1937, S. 226ff.;

PARKS W.H., Conventional aerial bombing and the law of war, in: United States Naval Institute, Proceedings (Naval Review) 108, 1982, S. 98ff.;

PARTSCH K.J., Repressalie, in: WBdVR 3, S. 103ff.;

PASCHEK E., Luft- und Nervenkrieg, in: Militärwiss. Mitteilungen 1943, S. 291ff.;

PHILPOTT B., History of the German Air Force, London 1986;

PICTET J., Das Pendel der Geschichte, in: RICR 1975, S. 50ff.;

PICTET J., Development and principles of international humanitarian law, Dordrecht-Boston-Lancaster 1985;

PIEKALKIEWICZ J., Der Erste Weltkrieg, Düsseldorf-Wien 1988;

POHL H., Luftkriegsrecht, Stuttgart 1924;

POOLMAN K., Zeppelins over England, London 1960;

QUINDRY F.E., Aerial bombardment of civilian and military objectives, in: The Journal of Air Law 1931, S. 474ff.;

RANDELZHOFER A., Civilian objects, in: Encycl. 3, 1982, S. 93ff.;

RANDELZHOFER A., Flächenbombardement und Völkerrecht, in: KIPP H./MAYER F. u.a. (Hrsg.), Um Recht und Freiheit (FS von der Heydte), Berlin 1977, S. 471ff.;

RAY J., Les bombardements aériens: Quelques aspects de la position prise par le Japon, in: RGDA 1938, S. 418ff.;

REVIE A., ...war ein verlorener Haufen. Die Geschichte des Bomber Command, Stuttgart 1974;

RICHTHOFEN M. Freiherr von, Der rote Kampfflieger, Berlin 1933;

RIESCH E., Das Luftkriegsrecht seit dem Weltkrieg, in: MwR 1940, S. 178ff.;

RODGERS W.L., The laws of war concerning aviation and radio, in: 17 AJIL 1923, S. 629ff.;

RÖHRIG G., Die Ziele selbständiger Luftangriffe, Königsberg-Berlin 1938;

ROLLAND L., Les pratiques de la guerre aérienne dans le conflit de 1914 et le droit des gens, in: RGDIP 1916, S. 497ff.;

ROSENBLAD E., Area bombing and international law, in: RDPM 1976, S. 53ff.;

ROTOCKI Z., Polish directives of 1939 concerning aerial bombardment in the light of international rules of air warfare, in: Polish Yearbook of International Law 1970, S. 143ff.;

ROUSSEAU C., Le conflit italo-éthiopien devant le droit international, Paris 1938;

ROYSE M.W., Aerial bombardment and the international regulation of warfare, New York 1928;

SCHAFFER R., Wings of judgment. American bombing in World War II, New York-Oxford 1985;

SCHINDLER D./TOMAN J. (Hrsg.), The laws of armed conflicts, Leiden 1973;

SCHMITZ E., Die "offene Stadt" im geltenden Kriegsrecht, in: ZaöRV 1940/41, S. 618ff.;

SCHMITZ E., Die Abmachungen von Nyon und Genf (14. und 17. September 1937), in: ZaöRV 8, 1938, S. 1ff.;

SCHNEIDER P., Haager Friedenskonferenzen von 1899 und 1907, in: WBdVR 1, S. 739ff.;

SCHÜTTEL, Die Mitwirkung der italienischen Luftwaffe am Niederbruch Abessiniens, in: MwR 1936, S. 541ff.;

SCHWARZENBERGER G., Das Luftkriegsrecht und der Trend zum totalen Krieg, in: JBfIR 8, 1957/58, S. 243ff.;

SCHWARZENBERGER G., International law as applied by international courts and tribunals, Bd. 2: The law of armed conflict, London 1968;

SCHWARZENBERGER G., Neo-barbarism and international law, in: YBWA 1968, S. 191ff.;

SCHWINGE E., Bilanz der Kriegsgeneration, Marburg 1979;

SCUPIN H.-U., History of the law of nations: 1815 to World War I, in: Encycl. 7, 1984, S. 179ff.;

SEIDL-HOHENVELDERN I., Völkerrecht, 5. Aufl., Köln-Berlin-Bonn-München 1984;

SHANDROFF G., The evolution of area bombing in American doctrine and practice, Diss. New York 1972;

SOUTHWORTH H.R., La destruction de Guernica, Paris 1975;

SPAATZ C., Strategic air power, in: Foreign Affairs 1946, S. 385ff.;

SPAIGHT J.M., Air bombardment, in: 4 BYIL 1923/24, S. 21ff.;

SPAIGHT J.M., Air power and the cities, London 1930;

SPAIGHT J.M., Air power and war rights, 3. Aufl., London 1947;

SPAIGHT J.M., Aircraft in war, London 1914;

SPAIGHT J.M., Bombing vindicated, London 1944;

SPAIGHT J.M., Legitimate objectives in air warfare, in: 21 BYIL 1944, S. 158ff.;

SPENCER J.A., Quelques aspects juridiques de l'emploi des aéronefs dans la guerre italo-éthiopienne, in: RGDA 1938, S. 7ff.;

SPETZLER E., Luftkrieg und Menschlichkeit, Göttingen 1956;

STRUPP K., Grundzüge des positiven Völkerrechts, 2. Aufl., Bonn 1922;

SÜDWESTFUNK, Krieg der Bomber, Skriptum zur gleichnamigen Fernsehserie, Baden-Baden 1985, nicht im Druck erschienen (s. auch LANG J. von, Krieg der Bomber);

SUGIMURA Y., La réglementation des bombardements aériens, in: RJILA 1924, S. 241ff.;

SUTTNER B. von, Die Barbarisierung der Luft, Berlin 1912;

TAYLOR J.W.R., A history of aerial warfare, London-New York u.a. 1974;

TEDDER, Air power in war, London o.J. (1948?);

THOMAS A.V.W./THOMAS A.J., International legal aspects of the civil war in Spain 1936-39, in: FALK R.A. (Hrsg.), The international law of civil war, Baltimore-London 1971, S. 111ff.;

THOMAS G./MORGAN-WITTS M., Der Tag, an dem Guernica starb, Zug 1978;

THOMAS H., ;The Spanish Civil War, New York 1961

TOBLER A., Kriegsnotwendigkeit, in: WBdVR 2, S. 351ff.;

TRESS H.B., British strategic bombing policy through 1940, Lewiston-Queenston-Lampeter 1988;

TULASNE G., Eine neue Kriegslehre (Douhetsche Theorie), in: Die Luftwacht 1932, S. 422ff.;

ULLMANN E. von, Völkerrecht, Tübingen 1908;

United States Air Force - Judge Advocate General Activities, International Law. The Conduct of Armed Conflict and Air Operations (Air Force Pamphlet 110-31), Washington 1976;

VAUTHIER P., Die Kriegslehre des Generals Douhet, Berlin 1935,

VERDROSS A., Völkerrecht, 4. Aufl., Wien 1959;

VERDROSS A., Völkerrecht, Berlin 1937;

VERDROSS A./SIMMA B., Universelles Völkerrecht, 3. Aufl., Berlin 1984;

VEROSTA S., History of the law of nations: 1648 to 1815, in: Encycl. 7, 1984, S. 160ff.;

VÖLKER K.- H., Die geheime Luftrüstung der Reichswehr und ihre Auswirkung auf den Flugzeugbestand der Luftwaffe bis zum Beginn des Zweiten Weltkrieges, in: Wehrwiss. Rundschau 1962, S. 540ff.;

VÖLKER K.-H., Die deutsche Luftwaffe 1933-1939, Stuttgart 1967;

VÖLKER K.-H., Die Forschung zwischen 1945 und 1969, in: Fünfzig Jahre Luftwaffen- und Luftkriegs-Geschichtsschreibung, Freiburg/Br. 1970, S. 17ff.;

WARNER E., Douhet, Mitchell, Seversky: Theories of air warfare, in: EARLE E.M. (Hrsg.), Makers of modern strategy, New York 1966;

WATT D.C., Restraints on war in the air before 1945, in: HOWARD M. (Hrsg.), Restraints on war, Oxford 1979;

WATTEVILLE H. de, Waziristan 1919-1920, London 1925;

WEBER T., Gedanken zum totalen Luftkrieg, in: FWT 1943, S. 126ff.;

WHERRY W.M., Aerial bombardment in international law, in: NYLR 1940, S. 135ff.;

WILAMOWITZ-MOELLENDORFF, Das Wesen und die völkerrechtlichen Grundlagen des Luftbombenkrieges, in: Die Gegenrechnung 1921, S. 207ff.;

WILHELM R.-J., Les conventions de Genève et la guerre aérienne, in: RICR 397, 1952, S. 10ff.;

WILLIAMS P.W., Legitimate targets in aerial bombardments, in: 23 AJIL 1929, S. 570ff.;

WIRTH F., Die Anwendung chemischer Kampfstoffe bei Luftangriffen auf Städte und Industriebezirke, in: Wissen und Wehr 1934, S. 433ff.;

WOODWARD L., Great Britain and the war of 1914-1918, London 1967;

XYLANDER R. von, Die Eroberung Abessiniens 1935/36, Berlin 1937;

YENNE B., The history of the U.S. Air Force, London 1984;

ZAYAS A.M. de, Civilian population, protection, in: Encycl. 3, 1982, S. 96ff.;

ZAYAS A.M. de, Open towns, in: Encycl. 4, 1982, S. 69ff.;

ZAYAS A.M. de, Spanish Civil War, in: Encycl. 7, 1984, S. 434ff.;

# Anhang A:
# Diagramme

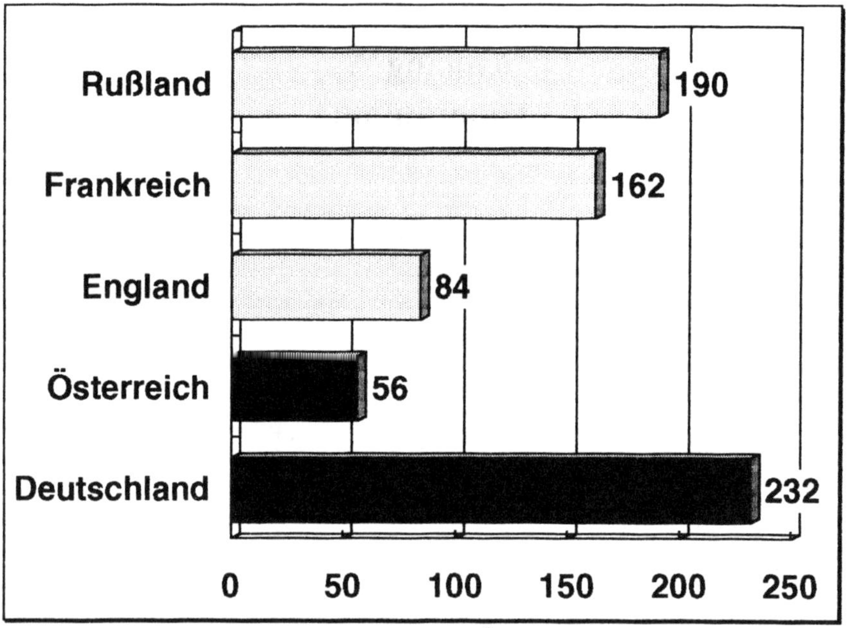


(nach: J.-P. CARTIER, Der Erste Weltkrieg, München 1986², S. 416)

**Diag. 1:** Anzahl der bei Ausbruch des Ersten Weltkrieges vorhandenen Flugzeuge

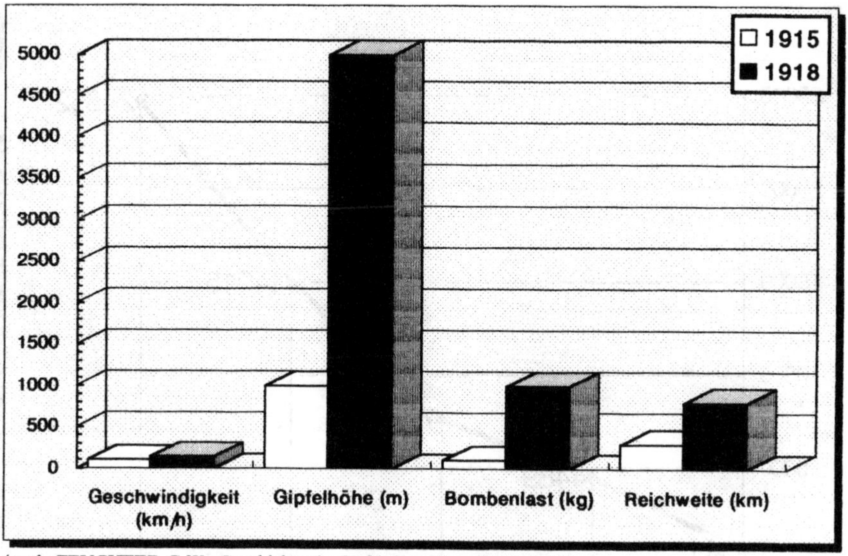


(nach: FEUCHTER G.W., Geschichte des Luftkriegs, Bonn 1954, S. 68)

**Diag. 2**: Leistungssteigerung der Bomber während des Ersten Weltkrieges

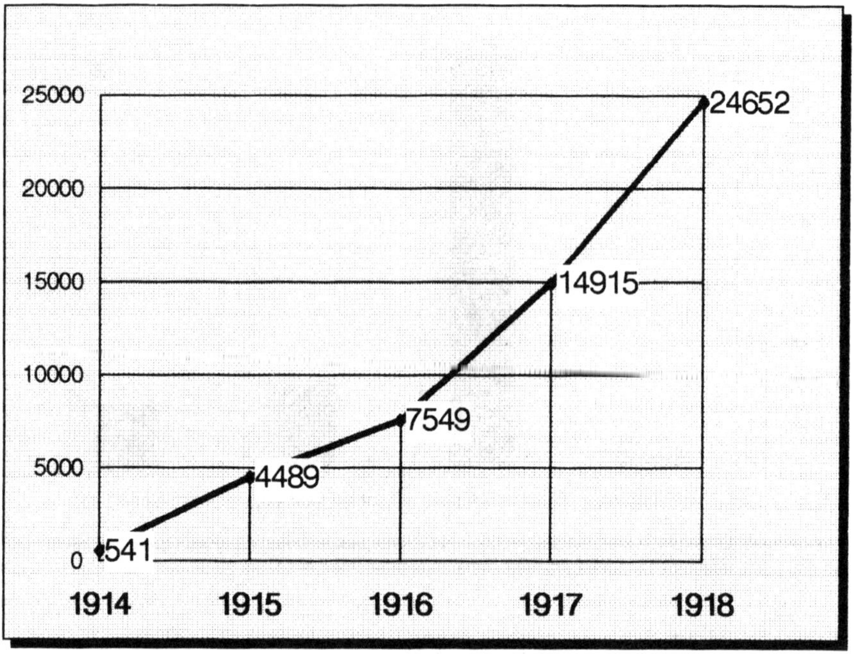


(nach: J.-P. CARTIER, Der Erste Weltkrieg, München 1986², S. 412)

**Diag. 3:** Die Flugzeugproduktion Frankreichs 1914-1918

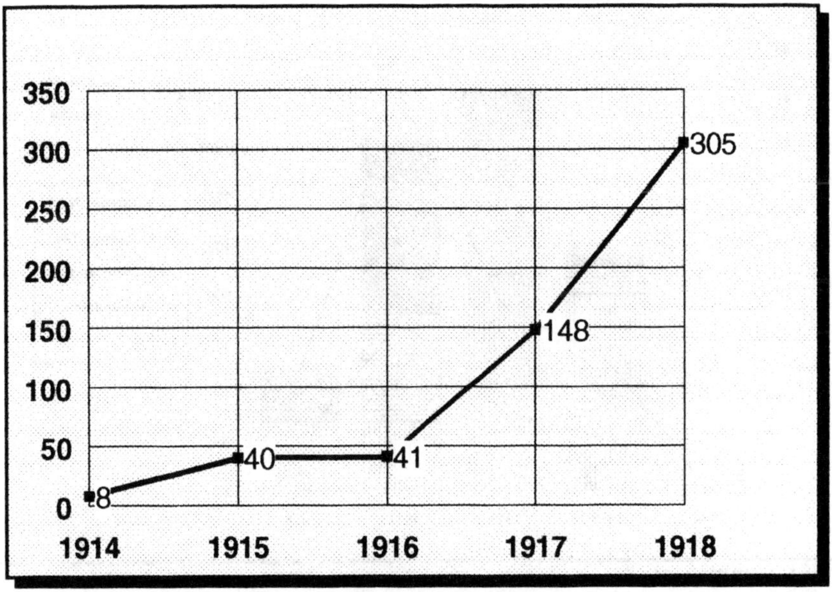


(nach: M.W. ROYSE, Aerial bombardment, New York 1928, S. 183f.)

**Diag. 4:** Zunahme der alliierten Luftangriffe gegen deutsches Gebiet 1914-1918

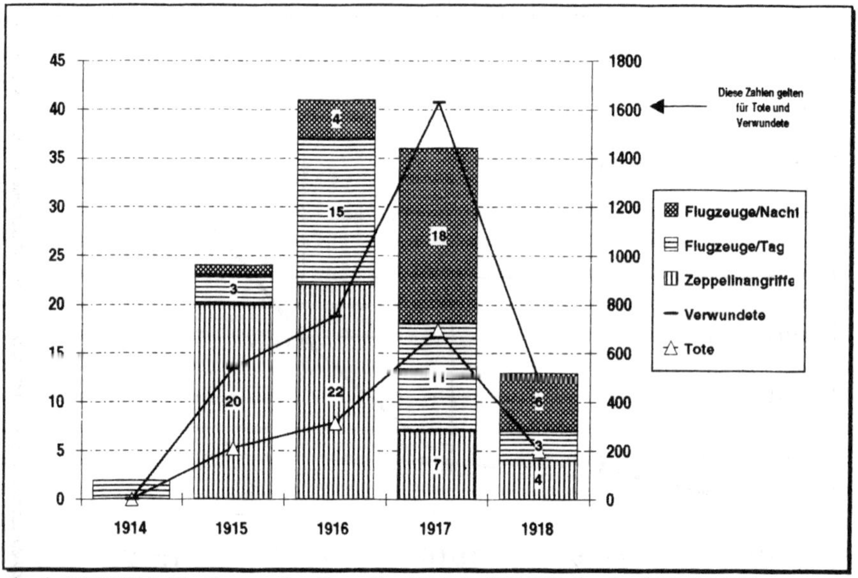


(nach: MORRIS J., The German air raids on Great Britain 1914-1918, London 1925, S. 265ff.)

**Diag. 5:** Die deutschen Luftangriffe gegen britisches Gebiet 1914-1918 und ihre Opfer

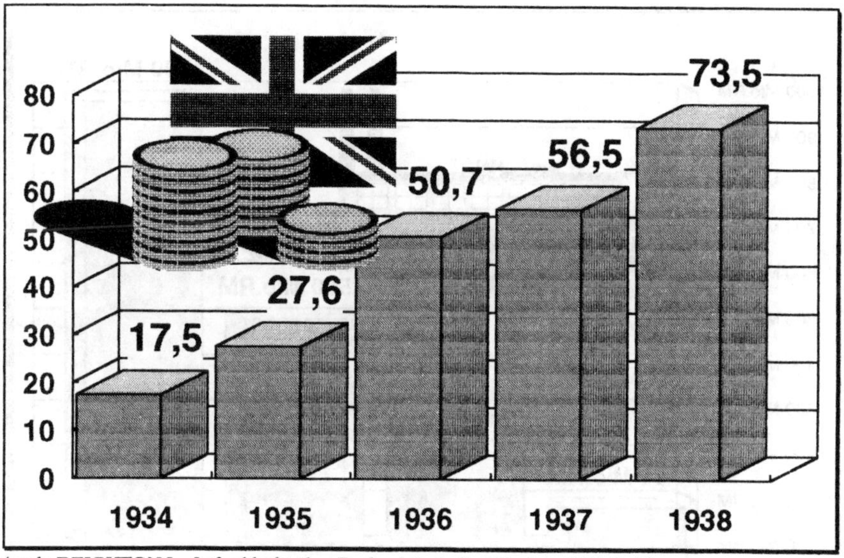


(nach: DEIGHTON L., Luftschlacht über England, 2. Aufl., München 1985, S. 50)

**Diag. 6:** Etat der Royal Air Force (in Mio. Pfund)
1934-1938

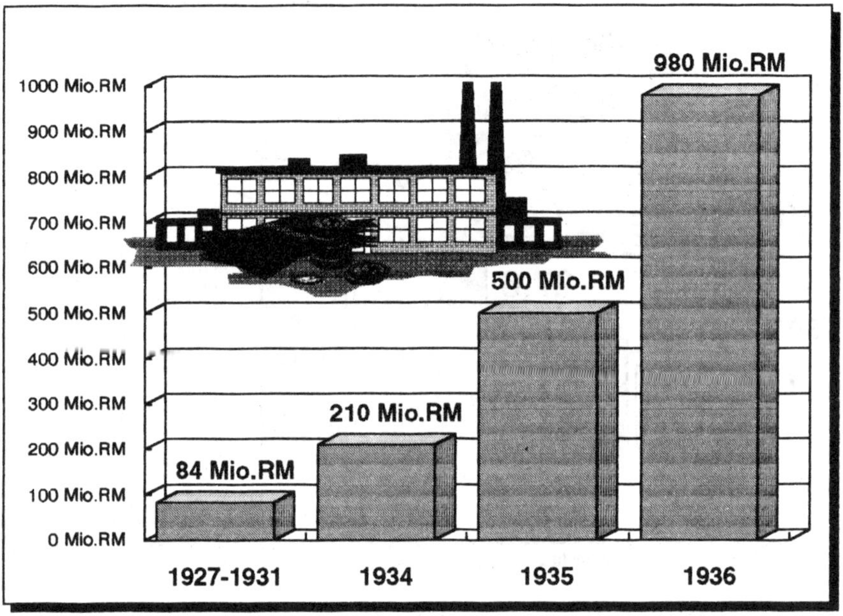


(nach: KENS/NOWARRA, Die deutschen Flugzeuge 1933-1945, 4. Aufl., München 1972, S. 16f.)

**Diag. 7:** Investitionen in die deutsche Luftfahrtindustrie 1927-1936

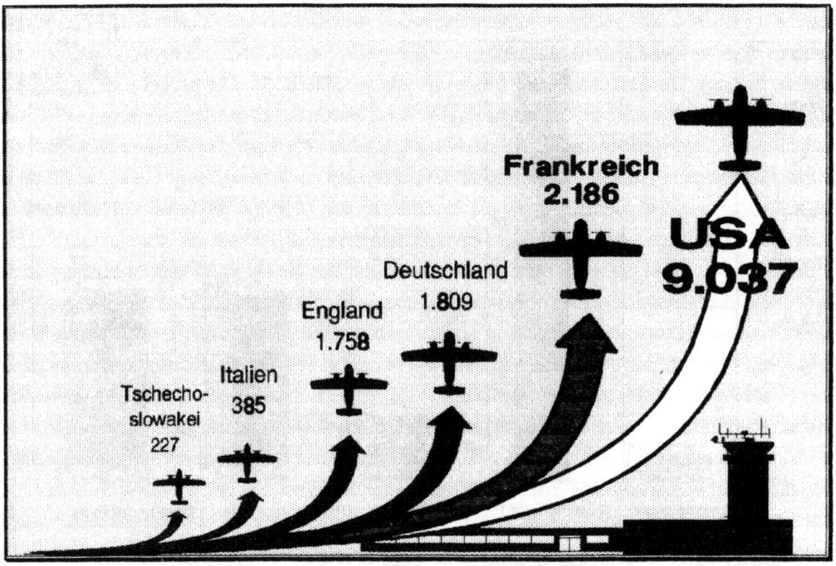


(nach: KENS/NOWARRA, Die deutschen Flugzeuge 1933-1945, 4. Aufl., München 1972, S. 9)

**Diag. 8:** Anzahl zugelassener Zivilflugzeuge August 1936

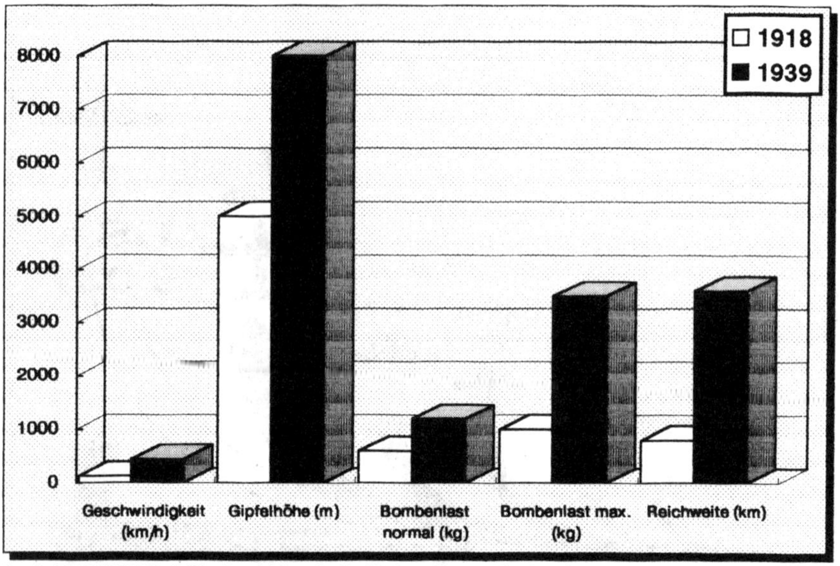


(nach: FEUCHTER G.W., Geschichte des Luftkriegs, Bonn 1954, S. 68)

**Diag. 9:** Die Leistungssteigerung schwerer Bomber 1918-1939

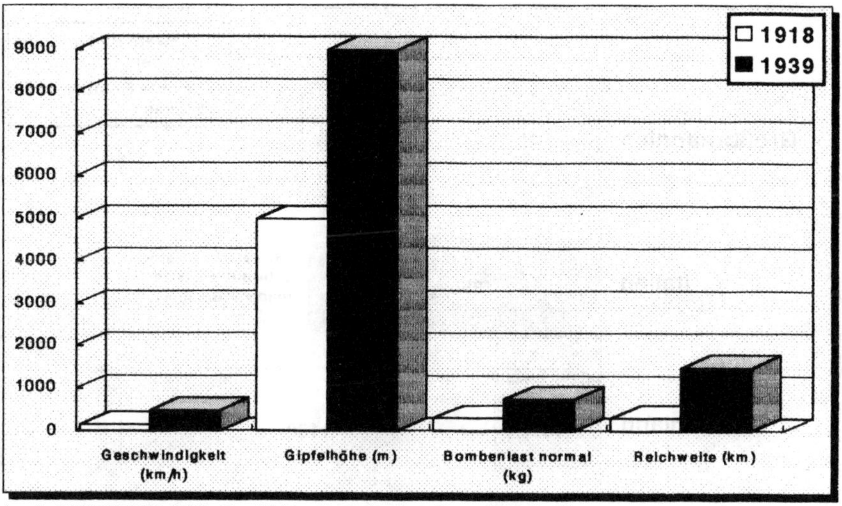


(nach: FEUCHTER G.W., Geschichte des Luftkriegs, Bonn 1954, S. 68)

**Diag. 10:** Die Leistungssteigerung mittlerer Bomber 1918-1939

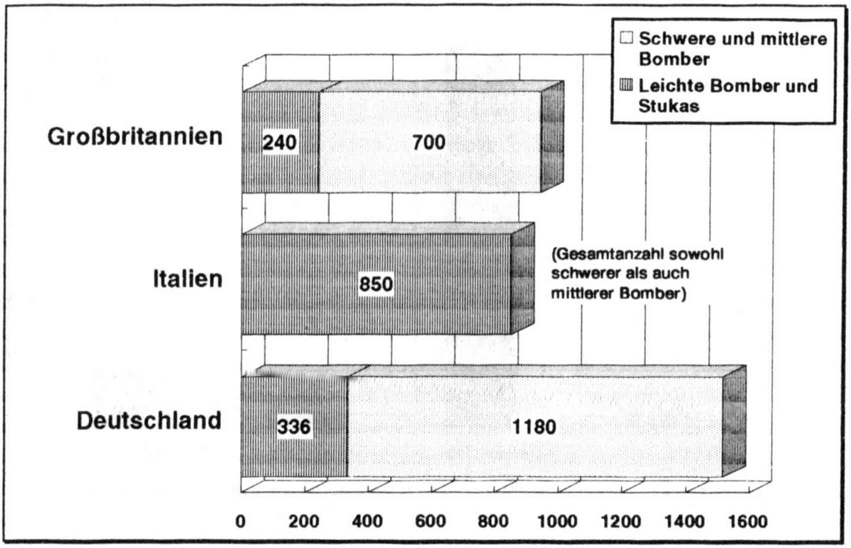


(nach: BAUMBACH W., Zu spät?, 2. Aufl., München 1949, S. 48; BOWYER C., Royal Air Force Handbook 1939-1945, London 1984, S. 28; FEUCHTER G.W., Geschichte des Luftkriegs, Bonn 1954, S. 85)

**Diag. 11:** Anzahl der vorhandenen Bomber September 1939 (ohne Reserven)

# Anhang B:
# Dokumente

## Verzeichnis der wiedergegebenen Dokumente

# Dokument 1

Amerikanischer Entwurf für ein Luftkriegsrecht vom 8.12.1921, vorgelegt bei der Abrüstungskonferenz in Washington, Art. 33-36; (PRO AIR 5/568 12C); die Anmerkungen des britischen Air Ministry zu diesem Entwurf befinden sich in der rechten Spalte;

VII. Bombardment.

33. The bombardment by aircraft of undefended towns, villages, dwellings or buildings is forbidden.

Article 33. - The term "undefended" is an unsatisfactory one; its meaning was never clear in connection with land or naval bombardment, and the use of it in the Conventions of the Hague has caused uncertainty and disputes as to the places which are in fact liable to be bombarded. It is suggested that the legitimacy of bombardment should depend not on a town's being defended but on its containing a "military objective", such "military objective" being defined. See articles 31, 32 and 33 of the Air Ministry draft.

34. The bombardment of communication centers, lines of communication, military or naval establishments, depots of arms or war material, workshops, plants and factories actually used for the manufacture of war material wherever situated is not prohibited.

Article 34. - A wider exposition of the places liable to bombardment is attempted in the Air Ministry draft (Article 32). It is submitted that, whatever limitations are laid down, the places there referred to will in fact be bombarded in the practice of war, and a prohibitory rule which is unlikely to be observed is useless. The inclusion of crops in Article 32 of the Air Ministry draft is due to these being often, in colonial wars, the only enemy property which can be destroyed with deterrent effect.

35. Ports, towns, villages, dwellings or buildings may not be bombarded by aircraft on account of failure to pay money contributions. A requisition for material and supplies at the time necessary and reasonable may, in case of refusal, be enforced by aerial bombardment.

Article 35. - It is considered that this rule of naval bombardment is unnecessary and inadvisable in the case of aerial bombardment.

36. In bombardment by aircraft, all necessary steps must be taken by the commander, to spare as far as possible buildings dedicated to public worship, art, science, or charitable purposes, historic monuments, hospital ships, hospitals and other places where the sick and wounded are collected, provided they are not at the time used for military purposes. It is the duty of inhabitants to indicate such monuments, edifices, or places by signs visible from above, which shall consist of large rectangular panels divided diagonally into two painted triangular portions, one black and the other white.

Article 36. - The substance of this Article is provided for in Article 34 of the Air Ministry draft.

# Dokument 2

Britischer Entwurf eines Luftkriegsrechts vom 3.8.1922, ausgearbeitet vom Committee of Imperial Defence, Art. 35-37 mit Kommentar (PRO AIR 5/568 45A);

[This Document is the Property of His Britannic Majesty's Government.] 45A

*Printed for the Committee of Imperial Defence. August 1922.*

SECRET.
L.W.-15.

COMMITTEE OF IMPERIAL DEFENCE.

REPORT

OF THE

SUB-COMMITTEE ON THE REVISION OF THE LAWS OF WAR.

*2, Whitehall Gardens, S.W.,*
*August 3, 1922.*

Section VI.—*Bombardment.*

ARTICLE 35.

Aerial bombardment is legitimate only when directed at a military objective. Its legitimacy depends, not on the fact that a town or other place is "defended," but on its constituting even temporarily a military objective of the nature defined below.

ARTICLE 36.

A military objective is to be regarded as including—

(*a.*) Naval, military or air forces.

(*b.*) Naval, military or air force establishments, depots, works, ships, aircraft and material generally.

(*c.*) Civil industrial establishments, workshops, warehouses, plants, factories, fuel oil and petrol storage tanks, coal and coke stacks, gas works, aerodromes, flying schools, granaries, cold-storage and other food supply depots, corn and other harvested or standing crops, water reservoirs, irrigation dams, &c., whose nature and magnitude make them an important actual or potential source of supply for the fighting forces of the country attacked.

(*d.*) Canals, docks, harbours, enemy shipping therein, piers, railways, bridges, high-roads, telegraphs, telephones, tramways, or other means or accessories of transport or communication, which are of importance for the service of the fighting forces of the country attacked.

(*e.*) Government establishments, either administrative or executive, whose nature and magnitude make them important factors in the country's capacity to carry on the war.

(*f.*) Any place which, though not ordinarily a military objective, is used, or is reasonably suspected of being used, for military purposes.

The Air Ministry submitted the following note to Articles 35 and 36 :—

It is important to note that the rules proposed regarding bombardment contain nothing revolutionary and that they merely represent a stage, and not a very important one, in a process of evolution which began fifty years ago.

The first stage is to be found in the rules proposed for land bombardment at the Brussels Conference in 1874. These rules laid down that only *fortified* towns could be besieged and that *open* towns which were *not defended* could neither be attacked nor bombarded.

The first Conference of The Hague, in 1899, taking up the unfinished work of Brussels, amended the rules to read that towns which were *not defended* could not be attacked or bombarded. The restriction of legitimate attack to fortified or non-open towns was discarded.

At the second Conference of The Hague, in 1907, the land war rule was merely extended to forbid the bombardment of non-defended towns "by any means whatever," the purpose of the extension being to make the rule applicable to bombardment from balloons as well as by artillery. In regard to *naval* bombardment, however, this conference took an important step forward. It recognised the right of a naval commander to shell certain defined parts of even an undefended port or town. These parts were :—

"Military works, military or naval establishments, depôts of arms and of material of war, workshops or plant fit to be used for the needs of the enemy fleet or army, and ships of war in the port."

This departure from the land war rule exempting undefended towns from bombardment was due, says the Report of the Committee which examined the question at The Hague, to special reasons which apply to naval bombardment, and which, it may be added, equally apply in large measure to aerial bombardment. "While in land war a belligerent will be in a position to take possession of an undefended place and then, without having recourse to bombardment, to carry out any destruction which would assist his operations, the commander of a naval force may be obliged under certain conditions, no other means being available, to use his guns to destroy enemy establishments serving military ends, when he has no landing party at his disposal or is faced by the necessity for a rapid withdrawal." (Blue Book, Cd. 4081 (1908), page 115.)

The practical application of the rule thus laid down presents some difficulty. The admitted objectives are vaguely defined, and it is not clear exactly what the definition covers. "Material of war," "plant," "workshops" are elastic terms. The first would apparently cover coal-stacks, for it is stated in the Committee's Report that a proposal specifically to include "dépôts de charbon" was withdrawn by its author, who declared himself satisfied with the expression "matériel de guerre." "Installations" (plant) we are informed in the same report would cover railway lines and floating docks. (Cd. 4081, p. 115). The use of the expression "Propres à être utilisés" adds to the difficulty of determining what would be or not be a legitimate objective under the terms of the definition.

The difficulty just referred to, it should be mentioned, arises only in the case of *undefended* places, and, in the nature of things, most ports or towns containing works or establishments sufficiently important to encourage a hostile fleet to undertake the operation of destroying them would be defended. If a place is defended, the attacking commander is not bound to discriminate between admitted and non admitted objectives in the same manner. In such a case—and the position is the same in land bombardment—he can range his guns over the whole city, taking care only *so far as possible* to spare buildings devoted to religion, art, science or charity, historic monuments and hospitals. "Defended localities may be bombarded alike from sea and from land. And in such localities, on sea as on land, the bombardment may be brought to bear without discrimination on all their parts, even on those inhabited by the civil population." (Fauchille, "Le Bombardement Aérien," in "Revue de Droit International, 1917, p. 56.)

In the proposals of the Conferences of 1874, 1899 and 1907, three successive stages in the development of the law of bombardment can be seen, and steadily in the direction of widening its scope. First, only the fortified and defended city can be attacked. Next, an unfortified city can be attacked if it is defended. Then, an unfortified and undefended city containing certain establishments can be attacked for the purpose of destroying these establishments. The development must now proceed to yet another stage, or rather the last stage must be supplemented by a more detailed definition of the objectives which render an open, undefended city liable to bombardment.

It is the recent three-fold change in the character of war that has rendered this last development inevitable. War has become, at one and the same time, unprecedentedly mobile (through the invention of flying machines), enormously industrialised, and more clearly characterised as a contest in endurance between whole nations, than it ever was in the past.

It is safe to assume that the kind of war which was contemplated even in 1907 was one in which the manufacture of munitions was not the colossal and widely diffused business which it is now known to be when Great Powers are engaged. It can also be assumed that (as the rules regarding absolute and conditional contraband prove) the war then contemplated was one in which a fairly well-defined line could be drawn between the food and other supplies of the armed forces and those of the population at large. No one then foresaw the conditions under which a high proportion of the industrial establishments of a whole country would be temporarily converted into arsenals, and civilians would be rationed in order that soldiers might be fed and clothed. "Controlled establishments" and food cards were outside the old conception of war as a contest fought out professionally and affecting only in a limited degree the ordinary routine of civilian life and work. It is now known that even if wars begin on a small scale they must tend in time to become a kind of double competition between the parties engaged; first, in the effective mobilising of their war industries so that any and every commercial undertaking is liable to be diverted to serve some warlike end; secondly, in the bringing of all possible economic pressure to bear upon the enemy nation, the combatant and non-combatant constituents of which cannot be differently treated if the pressure is to be effective. The destruction of food supplies, provided they are important enough in each given case to warrant the expenditure of shells or bombs upon them, cannot be regarded as an unjustifiable act of war under modern conditions. It is the coincidence that war has taken on these new characteristics just at the time when its radius of attack has been almost indefinitely enlarged by the development of aviation that has made it necessary to review and define more clearly the law of bombardment.

In another respect also air warfare has affected the question. As already stated, a *defended* town can always be bombarded. Now "defended" is "an unfortunate expression, for one cannot know whether a town is defended until the moment when one decides to attack it." (Pillet, "La Guerre Actuelle et le Droit des Gens," in "Revue de Droit International," 1916, p. 429.) It will be still more difficult in future to tell whether a place is defended or not, for defence against air attack will tend to take the form of aerial counteraction rather than of artillery defence, and a squadron or flight of defending aircraft, perhaps based on some fairly distant aerodrome, may suddenly appear above a town which is entirely open so far as ground defence is concerned, and deny the raiding aircraft force access to that town, which cannot then truly be said to be undefended. For this and other reasons the criterion of "defence" as a test of the legitimacy of bombardment will have to be reconsidered, and liability to attack made to depend not on a place's being defended, but on its containing a "military objective."

Even apart from the considerations just put forward, it could be argued that under the existing rules—those, that is to say, which govern *naval* bombardment—there is nothing to prevent an aircraft force from attacking practically every one of the objectives specified in the rules proposed for aerial bombardment. A hard-pressed belligerent would have some justification for advancing such an argument. Undoubtedly he could contend that all munition works at least were subject to attack. "In France," wrote Professor Rolland, of Nancy, in 1916 ("Les Pratiques de la Guerre Aérienne," in R.D.I., 1916, p. 554), "women and non-mobilised men are employed in munition factories and workshops in which army equipment, sandbags, &c., are made. They sometimes work side by side with men sent back from the front for employment in the factories and shops. This part of the civil population holds a position intermediate between the combatants properly so-called and the non-combatants who continue to follow their peace-time pursuits and professions. The reasons for giving them a privileged position in regard to hostile action are losing much of their force. Fundamentally, these people are almost exactly in the same situation as men engaged in the auxiliary services of the armies. Now the latter are certainly exposed to violent measures." "The naval bombardment rule," says Dr. Pearce Higgins, "might, and probably will, be held to confer a right on a commander to destroy by bombardment railway stations, bridges, *entrepôts*, coal-stacks, whether belonging to public authorities or private persons."

The diffusion and multiplicity of munition work, together with the reasonable doubt which may be felt as to the meaning of "material of war," would justify a belligerent whose military interests so inclined him in claiming that the present rules for naval bombardment would cover aerial attack upon practically any town that is anything more than a glorified village.

The fact that the rules of naval bombardment can be so interpreted disposes of the contention that the present proposals are unprecedented and revolutionary. While the naval rules stand, it would be hardly logical on humanitarian grounds to forbid the aerial bombardment of cities, towns and villages altogether, or, as some have proposed, to allow it only in conjunction with an attack by land or sea forces. The result of any such restrictions would be that armies behind the front, where only air attack is possible, could always obtain sanctuary by simply retiring into a town, and the right of a commander (including one of an aerial force) to seek out and destroy his adversary wherever found outside neutral jurisdiction would be set at nought. This would be to ask too much of belligerency. There is no satisfactory solution of the difficulty but to recognise that some such rules as have been found necessary in the case of naval bombardment apply to air warfare, and to define as precisely and fully as possible what in practice those rules mean. Such, in effect, is the principle of the rules for air bombardment now proposed. The long list of objectives defined can prove a shock to the consciences only of those who forget what does actually happen in bombardments by other arms.

In reality, the proposals represent an advance and an improvement. Only in so far as they countenance the carrying of war into peaceful valleys and regions hitherto exempt can they be thought to be a retrogression; and, in regard to that objection, it must be remembered that such places, because of their seclusion and their distance from the front, are just the places likely to be chosen for locating munition workshops or supply reserve depôts. An enemy cannot afford to spare them under modern conditions of war. They are bound to suffer, but not so much as from bombardment by land or sea forces.

Apart from such extreme cases as those of the destruction of Ypres, Rheims and other towns in the recent war, the instances of indiscriminate bombardment of cities in modern wars are many. The commercial cities of Genitschi and Taganrog were shelled by the British Fleet in May 1855, not because they were defended, but because they refused to surrender Government stores. Many cases of the destruction of inhabited towns occurred in the American Civil War. At Atlanta, Hood accused Sherman of "firing for weeks into the habitations of women and children," and even the churches at Petersburg were shelled in Grant's bombardment. Ten thousand people were rendered homeless by the German bombardment of Strassburg in 1870. The upper town of Montmédy was practically destroyed, and at Soissons, Longwy and Péronne great damage was done to private houses in the same war. The town (as well as the forts) of Alexandria was bombarded by the British Fleet in 1882; so was that of Santiago by the American Fleet in 1898. The Boer gunners made no attempt to confine their fire to the works and defences at Ladysmith, Kimberley and Mafeking in 1899–1900. Very great destruction was wrought in the business parts of Port Arthur by the Japanese bombardment in 1904. So long as war continues to be waged, the idea that non-military buildings and property will be spared when there are military reasons for including them in the scope of a bombardment is likely to prove a delusion.

It is a complete misconception of the position to suppose that the objectives detailed in the list proposed in the draft rules for aerial bombardment have been hitherto shielded from attack by any restrictive rule. They have not been immune whenever they have come within range of an enemy's guns. What has saved them has been simply that they were out of reach, and nothing else. The rule that an undefended city could not be attacked in land war nor, unless it contained objectives of the nature defined, in naval war has been of no practical consequence whatever. If such a city contained objectives important enough to be worth attacking it would naturally be defended, and then what has saved it from wholesale destruction has not been any restrictive law of war or huminatarian sentiment, but simply the physical impossibility of bringing enough artillery to bear to destroy it exhaustively before it was captured or surrendered. To hold that the rules for air bombardment proposed represent a lapse from an existing high standard is to ignore hard facts. Air bombardment is likely to be far less damaging to all civilian life or property save that which serves a warlike end than the older forms of bombardment. The bombing aircraft will be a superior weapon of precision to the high-angle, long-range gun. Its attack will be confined to certain pre-determined objectives, and to these alone. Whole sections of cities which would have come under shell-fire in land or sea bombardment—the residential quarters, the retail shopping centres and those containing the smaller warehouses and the less important commercial and business establishments—will be entirely immune. No such indiscriminate and widespread destruction as has occurred over and over again in the other kinds of bombardment should result from an attack by aircraft. So far as destruction of civilian property is concerned, no aircraft campaign is likely to accomplish anything worse than the systematic devastations—entirely justified under the laws of war—which Sheridan carried out in the Shenandoah Valley in the autumn of 1864, Sherman in Georgia and the Carolinas in the winter of 1864–65, and Lords Roberts and Kitchener in the Transvaal and Orange Free State in 1900–01. If it is clearly known beforehand just what parts of a city are liable to attack from the air, it will be possible for the people to organise means for reducing casualties to the minimum even in the area of the admitted objectives.

The Admiralty and War Office representatives concurred in the conclusions of the Air Ministry, but the Foreign Office representatives consider that it would be better to omit Article 36, which attempts to give an itemised definition of what constitutes a military objective. They have supplied the following statement of their views:—

Article 35 contains a clear statement of the principle, advocated by the Air Ministry and recommended by the Committee, that aerial bombardment must be directed at a military objective if it is to be legitimate. The enumeration contained in Article 36 of a list of objects which may be considered as military objectives will only serve to confuse the issue. It is so comprehensive that it includes a great many objects that would not ordinarily be comprised within the term, and the effect of the list, if it is adopted, must be in practice to legalise the indiscriminate bombardment of towns and villages as practised by the enemy in the late war. Any cottage where troops are billetted is "used for military purposes," and if Article 36 had been in force during the late war it would not have been possible to reprobate any of the enemy's air attacks.

A military objective is not really capable of definition; what is implied by the phrase is that in the circumstances of the moment the object is worth attacking. It is, however, very often only the circumstances that render the object worth attacking, and no value attaches to setting out a list of the objects which circumstances may render worthy of attack. To make the list exhaustive is to run the risk of opening the door to indiscriminate aerial bombardment; to leave it incomplete may tie the hands of the British air forces.

If the policy of the Air Ministry is to limit bombing attacks upon the enemy by British forces to the attack of genuine military objectives, there can be no advantage in accepting the insertion in a convention of a provision which will enable the enemy to practice unlimited aerial bombardment of this country.

Precise guidance and information for the members of the Air Force as to what may or may not be bombed are, of course, necessary, but this object is better attained by the issue of instructions to the personnel of the British forces by the Air Authorities than by their insertion in an international convention. Such instructions can then be varied from time to time in the light of experience as occasion requires, whereas a provision in a convention entails the difficulty that it can only be altered in agreement with all the other parties.

ARTICLE 37.

The commander of a bombarding aerial force is bound to take all reasonable precautions that the bombardment is confined to a military objective as above defined, and, in particular, that hospitals and other privileged buildings protected under the Geneva Convention, The Hague Rules (Article 27) and the Convention respecting bombardment by Naval Forces in time of war (Article 5), are spared; but he incurs no responsibility for any unavoidable damage which may result from the legitimate bombardment of a military objective in the vicinity. Such protected buildings must be indicated by signs plainly visible with the naked eye in clear weather at a height of 12,000 ft. from above; such signs will be, in the case of buildings protected under the Geneva Convention, the red cross on a white ground; in the case of other protected buildings, a large rectangular panel divided diagonally into two painted triangular portions, one black and the other white.

A belligerent who desires to secure by night the protection for the hospitals and other privileged buildings above mentioned must take the necessary measures to render the special signs referred to sufficiently visible.

26. For convenience of reference, the Draft Code of Laws of Aerial Warfare has been printed without the explanatory notes as Appendix II to this Report.

# Dokument 3

Britischer Kodifikationsentwurf vom 7.12.1922, ausgearbeitet für die Vorlage bei der Tagung der Juristenkommission im Haag, Art. 35f. (PRO AIR 5/568);

**Section VI.—Bombardment.**

ARTICLE 35.

Aerial bombardment is legitimate only when directed at a military objective. Its legitimacy depends, not on the fact that a town or other place is "defended," but on its constituting even temporarily a military objective.

ARTICLE 36.

The commander of a bombarding aerial force is bound to take all reasonable precautions that the bombardment is confined to a military objective, and, in particular, that hospitals and other privileged buildings protected under the Geneva Convention, The Hague Rules (Article 27) and the Convention respecting Bombardment by Naval Forces in Time of War (Article 5) are spared; but he incurs no responsibility for any unavoidable damage which may result from the legitimate bombardment of a military objective in the vicinity. Such protected buildings must be indicated by signs sufficiently visible for the purpose; such signs will be in the case of buildings protected under the Geneva Convention, the red cross on a white ground, in the case of other protected buildings, a large rectangular panel divided diagonally into two painted triangular portions, one black and the other white.

A belligerent who desires to secure by night the protection for the hospitals and other privileged buildings above mentioned must take the necessary measures to render the special signs referred to sufficiently visible.

# Dokument 4

Amerikanischer Kodifikationsentwurf, vorgelegt bei der Tagung der Juristenkommission im Haag 1922, Art. 32-36 (La guerre aérienne. Révision des lois de la guerre - La Haye 1922-1923, Paris 1930, S. 155);

*VII. Du bombardement.*

32. Le bombardement comprend l'acte de faire tomber ou de lancer un projectile, ou tout explosif ou matière nocive. Est interdit, le bombardement par aéronef dans le but de blesser des non-combattants ou de détruire ou endommager la propriété privée sans caractère militaire, ou de terroriser la population civile ou de contraindre au paiement de contributions ou à l'exécution de réquisitions.

33. Est interdit le bombardement par aéronef de villes, bourgs, villages, habitations ou bâtiments hors du théâtre des combats.

34. N'est pas interdit le bombardement par aéronef des forces ennemies, des lignes de communication et de transport, des établissements militaires ou navals, des dépôts d'armes ou de matériel de guerre, des ateliers, installations et usines utilisés pour la fabrication de matériel de guerre, abstraction faite de l'endroit où ils sont situés.

35. Le bombardement par aéronef d'un navire neutre dans les eaux territoriales ennemies est interdit, sauf dans les circonstances qui rendraient admissible l'attaque contre ce navire par les navires de guerre de surface d'un belligérant.

36. En cas de bombardement par aéronef, toutes les mesures nécessaires doivent être prises par le commandant pour épargner, autant que possible, les édifices consacrés aux cultes, aux arts, aux sciences et à la bienfaisance, les monuments historiques, les bâtiments-hôpitaux, les hôpitaux et les autres lieux de rassemblement de malades et de blessés, à conditions qu'ils ne soient pas employés en même temps à un but militaire. Les édifices, objets et lieux en question peuvent être désignés par des signes visibles aux aéronefs; le caractère de ces marques sera notifié à l'autre belligérant. L'utilisation des signes ainsi notifiés pour désigner d'autres édifices, objets ou lieux que ceux détaillés ci-dessus, sera considérée comme un acte de perfidie. Les signes ci-dessus visés seront de forme ou de dessin identique dans tout le territoire qui se trouve sous le contrôle du belligérant qui en effectue la notification.

# Dokument 5

## Die Haager Luftkriegsregeln von 1923, Art. 18, 22-26;

***Kapitel IV Feindseligkeiten***

**Artikel 18 [Zündende oder explodierende Spurgeschosse]**

Der Gebrauch von zündenden oder explosiven Spurgeschossen durch oder gegen ein Luftfahrzeug ist nicht verboten.

Diese Bestimmung gilt in gleicher Weise für die Staaten, die Unterzeichner der Erklärung von St. Petersburg von 1868, und für diejenigen, die es nicht sind.

...

**Bombardierung**

**Artikel 22 [Terrorbombardierung]**

Das Luftbombardement zur Terrorisierung der Zivilbevölkerung und Zerstörung oder Beschädigung von Privateigentum nichtmilitärischen Charakters oder zur Verletzung von Nichtkombattanten ist verboten.

**Artikel 23 [Bombardierung zum Zwecke der Sachrequisition oder Erzwingung von Geldkontributionen]**

Das Luftbombardement zu dem Zweck, die Durchführung einer Sachrequisition oder die Zahlung einer Geldkontribution zu erzwingen, ist verboten.

**Artikel 24 [Luftbombardierung militärischer Ziele]**

1. Das Luftbombardement ist nur dann berechtigt, wenn es gegen ein militärisches Ziel gerichtet ist, d.h. ein Ziel, dessen gänzliche oder teilweise Zerstörung für den Kriegführenden einen klaren militärischen Vorteil darstellen würde;

2. Ein solches Bombardement ist nur dann rechtmäßig, wenn es ausschließlich gegen folgende Ziele gerichtet ist: militärische Streitkräfte, militärische Anlagen, Gebäude oder Magazine, Fabriken, die wichtige und wohlbekannte Werke zur Herstellung von Waffen, Munition oder gekennzeichneten militärischen Bedarfsgegenständen sind, Verkehrs- oder Transportlinien, die für militärische Zwecke benutzt werden;

3. Die Bombardierung von Städten, Dörfern, Wohnhäusern und Gebäuden, die sich nicht in unmittelbarer Nähe der Landstreitkräfte befinden, ist verboten. Falls die im Absatz 2 aufgeführten Ziele so gelegen sind, daß sie nicht bombardiert werden können, ohne daß dadurch eine unterschiedslose Bombardierung der Zivilbevölkerung eintritt, müssen die Luftfahrzeuge von der Bombardierung abstehen;

4. In der unmittelbaren Umgebung der Landstreitkräfte ist die Bombardierung der Städte, Dörfer, Ansiedlungen und Gebäude berechtigt, vorausgesetzt, daß eine begründete Vermutung besteht, daß die militärischen Ansammlungen dort belangreich genug sind, um das Bombardement im Hinblick auf die der Zivilbevölkerung daraus erwachsende Gefahr zu rechtfertigen.

5. Der kriegführende Staat ist zum geldlichen Ersatz der Schäden verpflichtet, die Personen oder Sachen durch Verletzung der Bestimmungen des vorstehenden Artikels durch irgendeinen seiner Vertreter oder irgendeine seiner Streitkräfte zugefügt sind.

**Artikel 25 [Geschützte Gegenstände]**

Bei Luftbombardements müssen durch den Befehlshaber alle nötigen Maßnahmen ergriffen werden, um soweit als möglich die religiösen, künstlerischen, wissenschaftlichen und wohltätigen Zwecken dienenden Gebäude, geschichtlichen Denkmäler, Lazarettschiffe, Lazarette und andere Sammelstellen der Kranken und Verwundeten zu schonen, vorausgesetzt, daß diese Gebäude, Gegenstände und Plätze nicht gleichzeitig militärischen Zwecken dienen. Diese Denkmäler, Gegenstände und Örtlichkeiten müssen bei Tage den Luftfahrzeugen durch sichtbare Zeichen kenntlich gemacht werden. Die Verwendung dieser Zeichen zur Kenntlichmachung anderer Gebäude, Gegenstände und Örtlichkeiten als der oben angeführten wird als betrügerische Handlung betrachtet. Die Zeichen, von denen - wie oben angegeben - Gebrauch gemacht wird, sind bei den durch die Genfer Konvention geschützten Gebäuden das Rote Kreuz auf weißem Grund und bei den anderen geschützten Gebäuden ein großes, rechteckiges Feld, das durch eine Diagonale in zwei Dreiecke, ein weißes und ein schwarzes, geteilt wird.

Ein Kriegführender, der den Schutz der Lazarette und anderer, oben erwähnter bevorrechtigter Gebäude nachts sicherstellen will, muß die nötigen Maßnahmen ergreifen, um deren obenerwähnte besondere Bezeichnungen hinlänglich sichtbar zu machen.

**Artikel 26 [Kulturgutschutz]**

Die nachfolgenden besonderen Grundsätze werden vereinbart, um es Staaten zu ermöglichen, einen wirksameren Schutz für die auf ihrem Gebiet liegenden Denkmäler von großem geschichtlichem Wert zu erreichen, vorausgesetzt, daß sie bereit sind, davon abzusehen, diese Gebäude und das sie umgebende Gebiet für militärische Zwecke zu benutzen, und eine Sonderregelung für ihre Kontrolle anzunehmen.

1. Ein Staat hat die Möglichkeit, wenn er es für angebracht hält, eine Schutzzone um die auf seinem Gebiet liegenden Denkmäler dieser Art zu schaffen. In Kriegszeiten sollen diese Zonen vor Bombardements geschützt sein;

2. die Denkmäler, um die eine Zone geschaffen werden soll, sind schon in Friedenszeiten den anderen Mächten auf diplomatischem Wege zur Kenntnis zu bringen. Die Notifizierung hat gleichfalls die Grenze dieser Zone anzugeben. Diese Notifizierung kann in Kriegszeiten nicht widerrufen werden;

3. die Schutzzone kann außer dem durch das Denkmal oder die Gruppe von Denkmälern eingenommenen Raum eine anschließende Zone umfassen, deren Breite 500 m von dem Umfang des genannten Raumes an nicht überschreiten darf;

4. zur sicheren Erkennung der Schutzzonengrenze durch kriegführende Luftfahrzeuge sind tags wie nachts Bezeichnungen zu verwenden, die für Luftfahrzeuge gut sichtbar sind;

5. die an den Denkmälern selbst anzubringenden Kennzeichen sind die im Art. 25 angegebenen. Die zur Bezeichnung der Schutzzonen verwendeten Zeichen werden durch jenen Staat festgesetzt, der diesen Artikel annimmt, und den anderen Mächten gleichzeitig mit der Notifizierung der Liste der Denkmäler und der Schutzräume notifiziert;

6. jede mißbräuchliche Verwendung der im Absatz 5 vorgesehenen Kennzeichen wird als eine Betrugshandlung angesehen;

7. ein Staat, der die Abmachungen dieses Artikels annimmt, muß davon absehen, sich dieser historischen Denkmäler und der umgebenden Zone für militärische Zwecke oder auf irgendeine Art zum Nutzen seiner militärischen Organisation zu bedienen, und muß auch davon Abstand nehmen, innerhalb des Denkmales oder dieser Zone irgendeine Handlung mit militärischer Zielsetzung vorzunehmen;

8. ein Überwachungsausschuß, der aus drei neutralen diplomatischen Vertretern, die bei dem Staat akkreditiert sind, der die Abmachungen des vorstehenden Artikels angenommen hat, oder aus ihren Vertretern besteht, ist zu ernennen, um sicherzustellen, daß keinerlei Verletzung der Bestimmungen des Absatz 7 stattfindet. Eines der Mitglieder dieses Überwachungsausschusses soll der diplomatische Vertreter oder dessen Stellvertreter desjenigen Staates sein, dem die Wahrnehmung der Interessen der anderen kriegführenden Macht anvertraut sind.

# Dokument 6

Kodifikationsentwurf der International Law Association, ausgearbeitet bei der Konferenz in Stockholm 1924, Art. 1-7 (ILA-Report 1924, S. 118);

**Part II.**

**Suggested Regulations for War in the Air**

1. The term military in these articles shall include the terms naval and aerial respectively.

2. Aerial warfare is an attack or bombardment made in war time from the air by a belligerent by means of aircraft of any description on objectives on land, sea or in the air.

3. Aerial warfare directed at cities, towns, villages or other inhabited places except as provided by Art. VII is prohibited.

4. Aerial warfare for the purpose of terrorising or injuring the civil population or of destroying or damaging property not of a military character is prohibited.

Aerial warfare with the object of enforcing compliance with requisitions in kind or payment of contributions in money is also prohibited.

5. Aerial warfare is legitimate when directed exclusively at the following objectives, i.e., military forces, military works, military establishments; camps and depots including ammunition stores; ports or harbours used as military bases; factories engaged in the manufacture of munitions of war; lines of communication or transportation principally used for military purposes.

In cases where the said objectives specified above are so situated that they cannot be bombarded without the indiscriminate bombardment of the civilian population the aircraft must abstain from bombardment.

6. The aircraft of a belligerent State may lawfully be used as part of the military forces of a belligerent in the military operations of those forces, but subject to the same laws and customs of war as are applicable to the land or naval forces respectively of the belligerent and to the laws and customs of aerial warfare.

7. If a town, village or inhabited place is lawfully attacked or bombarded by the land forces of a belligerent with a view to its effective occupation and the attack is resisted, it is lawful for the attacking force to employ aircraft in aid of the attack or bombardment, but subject to the same laws and customs as are mentioned in Art. 6.

All necessary steps shall be taken by a belligerent to spare sacred edifices, buildings devoted to art, science, and charities, military and other hospitals, and collecting stations for sick and wounded, provided that such are not used for military operations.

# Dokument 7

Kodifikationsentwurf der International Law Association, ausgearbeitet bei der Konferenz in Amsterdam 1938, Art. 2-5 (SCHINDLER D./TOMAN J. [Hrsg.], The laws of armed conflicts, Leiden 1973, S. 156);

### Attack or Bombardment of Undefended Towns

**Art. 2.** The bombardment by whatever means of towns, ports, villages or buildings which are undefended is prohibited in all circumstances. A town, port, village or isolated building shall be considered undefended provided that not only **(a)** no combatant troops, but also **(b)** no military, naval or air establishment, or barracks, arsenal, munition stores or factories, aerodromes or aeroplane workshops or ships of war, naval dockyards, forts, or fortifications for defensive or offensive purposes, or entrenchments (in this Convention referred to as "belligerent establishments") exist within its boundaries or within a radius of "X" kilometres from such boundaries.

### Bombardment of Defended Towns

**Art. 3.** The bombardment by whatever means of towns, ports, villages or buildings which are defended is prohibited at any time (whether at night or day) when objects of military character cannot be clearly recognized.

**Art. 4.** Aerial bombardment for the purpose of terrorising the civilian population is expressly prohibited.

**Art. 5. 1.** Aerial bombardment is prohibited unless directed at combatant forces or belligerent establishments or lines of communication or transportation used for military purposes.

2. In cases where the objectives above specified are so situated that they cannot be bombarded without the indiscriminate bombardment of the civilian population, the aircraft must abstain from bombardment

# Dokument 8

Kodifikationsentwurf des Internationalen Militärmedizinerkongresses, ausgearbeitet bei der Konferenz von Monaco 1934, Teil I, Art. 1-9; Teil IV, Art. 4-6 (LAPRADELLE A. de/VONCKEN J./DEHOUSSE F., La reconstruction du droit de la guerre, Paris 1936, S. 61ff.);

### 1. Villes et localités sanitaires

**Article Premier.** - Une protection particulière est garantie aux villes sanitaires par les belligérants, aux conditions suivantes:

**Art. 2.** - La ville doit être réservée aux besoins particuliers des services de santé à l'exclusion de toute utilisation militaire.

Ne sont pas compris dans cette exclusion:

a) l'utilisation en transit des voies de communication et de transport par des convois militaires;

b) la présence de permissionaires originaires de la ville;

c) les cas prévus par l'article 8 de la Convention de Genève;

d) l'activité des établissements industriels autres que ceux constituant des centres importants et bien connus employés à la fabrication d'armes, de munitions ou de fournitures militaires caractérisées.

**Art. 3.** - La ville doit être notifiée soit pendant la paix, soit à l'ouverture ou au cours des hostilités.

Cette notification sera faite:

a) pendant le temps de paix, par voie de communication diplomatique à tous les gouvernements;

b) à l'ouverture et au cours des hostilités, entre belligérants, par l'entremise des puissances protectrices.

*variante ou mieux:*

.............tant en temps de paix qu'en temps de guerre, par l'entremise d'un organe international *(à définir).*

**Art. 4.** - Le choix de la ville peut être l'objet d'une protestation dûment motivée dans un délai raisonnable.

La vérification des motifs de cette protestation sera faite à la demande du notifiant, en temps de paix dans un délai raisonnable, en temps de guerre d'urgence, par:

a) en temps de paix: la Cour Permanente de Justice Internationale;

b) en temps de guerre: le Comité spécial désigné à l'ouverture des hostilités par les puissances non belligérantes signataires de la convention.

*ou mieux:*

dans les deux cas, par l'organisme international précité.

**Art. 5.** - La ville doit recevoir obligatoirement, en temps de guerre, une commission de contrôle dont les membres, désignés par une des autorités ci-dessus qualifiées devront être agréés par le gouvernement intéressé.

Ils agiront sous le contrôle de la puissance protectrice; *(ou mieux)*: de l'organisme international précité.

**Art. 6.** - La Commission de contrôle des non-belligérants n'a pas à s'immiscer dans l'exercice de la souverainité territoriale. D'autre part, l'autorité locale devra donner à la commission toutes facilités utiles pour l'accomplissement de sa mission.

**Art. 7.** - La procédure à employer pour l'affectation des villes sanitaires s'applique à leur désaffectation.

En cas d'occupation par l'ennemi, l'affectation est maintenue sauf notification contraire de sa part.

**Art. 8.** - Les garanties accordées aux villes sanitaires peuvent s'étendre aux localités dans lesquelles seront groupées des formations sanitaires mobiles ou fixes, opérant au contact rapproché du front de bataille, aux conditions suivantes:

1° ne recevoir à l'intérieur, et dans une zone environnante de 500 mètres, aucune formation militaire autre que celles appartenant en propre au service de santé, compte tenu des cas prévus par l'article 8 de la Convention de Genève.

2° placer les insignes de la Croix-Rouge aux issues de la localité; ce placement tiendra lieu de notification, celle-ci s'imposant de plein droit à l'adversaire, sauf à lui d'en contester la légitimité d'après les modes de droit commun (parlementaires, liaison radiotéléphonique, message lesté).

3° le contrôle sera, s'il n'en est autrement décidé, exercé aux termes de l'article 30 de la Convention de Genève.

Il est toutefois recommandé aux intéressés d'utiliser, dans toute la mesure du possible, les bons offices d'organes des contrôle composés de non-belligérants.

**Art. 9.** - Aucune des dispositions qui précèdent ne peut être interprétée dans un sens restrictif des droits acquis à l'Humanité en vertu de toutes autres conventions.

......

**4. De la Protection de la Population civile**

......

**Art. 4.** - Peuvent faire l'objet d'un acte de guerre:

1° Toutes formations militaires autres que celles appartenant au service de santé;

2° Tout organe de combat et de ravitaillement direct des armées;

3° Tout établissement industriel employé à la fabrication d'armes, de munitions ou de fournitures militaires caractérisées;

4° Toutes lignes des communications ou de transports dont il es fait usage pour des buts militaires, hors le cas de villes sanitaires et de sécurité.

La population civile n'est en aucun cas un objectif militaire.

Dans les agglomérations où se trouvent des objectifs militaires, les moyens d'attaque des objectifs militaires situés au contact immédiat de la population devront être choisis et employés de telle manière qu'ils ne puissent étendre leurs effets au delà d'un rayon de 500 mètres calculé à partir de la limite extérieure de ces objectifs.

**Art. 5.** - Les villes défendues sont soumises à l'emploi de tous moyens de guerre licites.

Les belligérants devront s'efforcer de n'atteindre dans ces villes aucun des édifices destinés au culte, à la charité, à la science ou présentant un caractère historique ou artistique.

Ces édifices devront être signalés d'une manière apparente et, de toute façon, rendus notoires par des moyens appropriés.

Les belligérants devront respecter les dispositions de la Convention de Genève du 27 juillet 1929 pour l'amélioration du sort des blessés et des malades dans les armées en campagne: ces dispositions sont, par le présent accord, étendues à la population civile.

Art. 6. - Les villes non défendues dans laquelles n'existera aucun objectif militaire pourront être transformées en villes de sécurité.

Les villes de sécurité bénéficieront du régime des villes sanitaires, à la condition de se soumettre aux mêmes formalités de notification et de contrôle que celles-ci.

# Dokument 9

## Auszüge aus britischen Denkschriften zu den LKR anläßlich der Genfer Abrüstungskonferenz;

### 9a

Denkschrift des Air Ministry zu den Haager Luftkriegsregeln, November 1932, Auszug: S. 1f., S. 5 (PRO AIR 8/141);

S E C R E T.

DRAFT HAGUE RULES.

1. The Air Ministry's disarmament proposals for the restriction and control of air bombardment are summarised as follows in a Memorandum by the Secretary of State for Air (D.C.(M) 32.20):-

"Air Bombardment.

(a) Air attack upon the civil population to be completely prohibited(without prejudice to the use of air power in police operations overseas).

(b) Air bombardment to be restricted to legitimate military objectives.

The most practicable method of securing protection of the civil population against air attack is :-

(i) by the definition of military objectives;

(ii) by the delimitation of areas which do not contain legitimate military targets for any form of bombardment.

A code of rules for implementing the above proposals to be drawn up by a competent body of jurists to secure the comprehensive and co-ordinated regulation of all bombardment, i.e., from land, sea and air, and as regards air bombardment to accept as a basis for further elaboration the rules drawn up by the Committee of Jurists at The Hague, 1922-23".

2. The reasons why the Air Ministry have consistently suggested that the Hague rules provide the most satisfactory basis for the regulation of air bombardment are in brief :-

(1) The rules are the result of a prolonged and careful examination of the problem by a body of jurists representative of all the Great Powers (except Germany).

The Chairman of the Commission was a distinguished American Judge (The Hon. J. Bassett Moore), while the British delegates were :- Sir Rennell Rodd, and Sir Cecil Hurst (now a Judge of the International Court at The Hague.)

(2) Draft rules prepared by the Commission represented a unanimous agreement as regards the question of aerial bombardment which is the major issue involved. The question on which they failed to reach agreement was the comparatively less, though inherently, important one, of the use of aircraft in the exercise of the belligerent right of visit and search of merchant vessels.

(3) The draft rules even in their present form would ban the indiscriminate dropping of bombs which was practised in the Great War with the object of terrorising the civil population.

(4) In addition there are, it is considered, certain directions in which their scope can be extended to provide a greater measure of protection for the civilian and non-combatant population without falling into the fallacy of laying down rules which disregard the facts of war and which would, therefore, have no likelihood of being observed.

3. In the first place as regards the extent to which the Hague rules provide limitations on aerial bombardment as normally practised in the Great War, Article 24 (2) of the Rules

provides that "Such (i.e. aerial) bombardment is legitimate only when directed exclusively at the following objectives : (a) military forces; (b) military works; (c) military establishments or depots; (d) factories constituting important and well-known centres engaged in the manufacture of arms, ammunition, or distinctively military supplies; (e) lines of communication or transportation used for military purposes".

Of the above (a), (b) and (c) are unquestionably and under any definition "military objectives" of a type which can have no claim or expectation of immunity from attack by whatever means are physically available to a belligerent. No "rule of warfare" to the contrary would survive the test of actual war. The intention of (d), however, (as the Report of the Commission expressly stated) was to limit aerial bombardment to those supplies which by their nature show that they are certainly manufactured for military purposes. It is clear that the combined effect of these and the other underlined words of limitation is to sanction the bombardment of "munition works" but to prohibit the bombardment of many objectives of types which in the war were bombed deliberately and without any plea of "accident". The adoption of the Hague rules on this point would, therefore, provide a much greater measure of immunity from the fear of air bombardment than the civil populations obtained in the Great War.

......

It is considered that H.M. Government could support a rewording of category (d) on lines which would restrict aerial bombardment against lines of communication or transportation (i.e. railway stations, docks and ports not being naval dockyards or harbouring ships of war) to (a) those in the area of active operations, (b) those outside the area of active operations but used predominantly for transport of troops of munitions and (c) any others in which troops or military convoys were actually in transit.

SUMMARY.

7. If the Air Ministry is asked to justify its proposal that the Rules of air bombardment contained in the Hague Draft of 1922/23 should be taken as a basis of a code for the protection of the civilian population against air attack, our reply could be to the effect:-

(1) that the acceptance and observance of these rules without any elaboration would provide immunity against many of the types of bombardment which were carried out during the Great War;

(2) that the draft rules could be so extended as to cover the creation of large areas against which aerial bombardment would be sholly prohibited and with every chance that such rules would be observed in war.

S.6.
November 1932.

## 9b

## Notiz des Chief of Air Staff über die LKR, 14.10.1932 (PRO AIR 8/141);

Copy.

C.A.S.
Secretary.

Draft Hague Rules.

In our last memorandum to the Ministerial Disarmament Committee it was proposed that the whole question of bombardment should be further considered; but that in any case His Majesty's Government should state that they were prepared to accept as a basis for further elaboration the rules for air bombardment contained in the Hague Draft of 1922-23.

2. If this question again comes up for discussion I shall probably be asked in what direction I suggest that the Hague Rules shall be modified so far as air bombardment is concerned. The final form of any modification would, of course, have to be settled by legal experts; but I presume that we have some ideas as to the kind of modification, if any, which we wish to suggest.

3. I see from file S.23417 that when the question was under consideration in 1924 the then C.A.S. was of opinion that Article 24 did not give sufficient protection to our pilots and a formal reservation on this point was entered by the Air Council in the letter of the 24th January, 1925. to the Foreign Office. When the proposed adoption of these Rules was under discussion at Geneva last summer, the criticism made by some of the delegates was that they did not afford sufficient protection to the civilian; and any modification of the rules may be expected to be in this direction rather than in the direction of protecting the pilot.

4. There is another point, and that is the very definite prohibition of the bombardment of "cities, towns, villages, dwellings or buildings in the immediate neighbourhood of the operations of land forces". It is true that the intention is that any agreement on the subject of bombing shall be confined to the nations signing the Draft Convention; but you are familiar with the difficulty of maintaining this position and the wording of para. 3 of Article 24 is very definite.

5. I shall be glad of your views on the above points as soon as possible so that I may have time to consider them before the question is raised by any of my colleagues.

(Int.) L.

14.10.32.

## 9c

Denkschrift des Staatssekretärs für Luftfahrt, 7.7.1932 (PRO AIR 8/155);

Note on Rules of Warfare for the Protection of the Civil Population from Air Bombardment.

Secretary of State

(1) The observance of a Rule of warfare - like the observance of a law or any other prohibition - depends upon its inherent reasonableness.

From the early prohibition of the use of fire-arms, to the Declaration of London, there are innumerable examples of the truth of this statement.

(2) The non-observance or infraction of a Rule of warfare has customarily led to reprisals. There are no laws governing reprisals.

(3) An unreasonable Rule or Prohibition can only, therefore, bring about an illusion of security: such rules inevitably encourage lack of provision against military contingencies - whether unforeseen or merely neglected - in the vain hope that some unreasonable Rule will not be infringed.

Failure to prepare for submarine attack on our Merchant Shipping brought us to the verge of ruin in the last war.

(4) Any rule which attempts to exempt a military objective from the consequences of military action, is inherently unreasonable.

(5) There is no virtue in making simplicity the basis of a Rule, if, in so doing, the Rule becomes unreasonable and consequently unlikely to be observed.

(6) No Rule which, in attempting to shield the civil population, artificially protects, or can be exploited to protect, military objectives, can be regarded as reasonable. No such Rule will be observed in war.

(7) The possibility of separating military objectives from civilians is largely dependent upon the definition of a "military objective". The difficulty of defining a military objective does not justify proposals for Rules under which troops, for instance, are legitimate targets in certain areas and not in others.

(8) It may be that civilians and military objectives are commonly interspersed, and, in certain cases, cannot easily be separated. The remedy for this state of affairs is to provide protection by military means, and not by legislation.

(9) It would be unreasonable to suppose that military objectives could be made immune from attack when outside or inside an imaginary zone or line.

It would be still more unreasonable to imagine that such a system could be applied when the imaginary line or zone was a moving one. "Fronts" can move at 30 or more miles an hour.

(10) In the stress of war the only way in which a given area can reasonably be freed from the consequences of military action, is by denuding it of military objectives.

(11) War is inhuman. Experience has shewn that attempts to humanize it are foredoomed to failure.

(12) Recognising these difficulties, the Committee of Jurists which sat at the Hague in 1922 and 1923, evolved a set of Rules for the conduct of Air warfare which, although they may not be perfect, are based upon sound principles and represent the limit of restrictions which are likely to be observed in war.

(13) The Air Ministry consequently advocate the adoption of the Hague Rules. They recommend that consideration might be given to securing more complete immunity for areas in which no military objectives are situated, and in which no military activity is taking place. This might be achieved by extending the provisions of Article 26 of the Hague Rules.

-----------------

Extract from Cabinet Committee C.D.(B). (6), para.9.

"With great reluctance, we feel bound to admit that in the overwhelming stress of war which threatens the life of a nation, no reliance can be placed on the observance of artificial laws of war".

"The proposed Rule (for the total prohibition of bombing) would not result in making London more secure, but, on the contrary would produce results that would be dangerous to its defence".

Geneva.
July 7th, 1932.

## 9d

Memorandumsentwurf des Staatssekretärs für Luftfahrt, 18.8.1932, Auszug: S. 2 (PRO AIR 8/151);

5. The corner stone of our present proposals is the prohibition of aerial bombardment. It is precisely this experiment - for experiment it is - which is destined to wreck the possibility of agreement. For even if the question of the prohibition of aerial bombardment should not prove an insurmountable obstacle to Franco-German agreement on air matters, it still remains a stumbling block to universal agreement. As my colleagues are aware, the Japanese Government have propounded two conditions to their acceptance of a prohibition of aerial bombardment. They demand firstly that aircraft carriers, and war vessels, with landing-on platforms, should be completely abolished; - a condition which neither our Admiralty nor America are prepared to grant; and secondly, that measures be instituted to prevent effectively the use of civil aircraft for warlike purposes in time of war, - this condition must be regarded as incapable of fulfilment. Nor are these the only other difficulties. For the Argentine and Siam wish to retain bombing for the purpose of territorial defence; while the Spanish Government have repeatedly dubbed the prohibition of aerial bombardment as completely unreliable.

6. What is our own position vis-a-vis the prohibition of aerial bombardment ? When the proposal was first mooted and examined, a Ministerial Committee (C.D.(B) 5) came to the conclusion that :-

> "The proposed prohibition of the act of bombing on the territories and shipping of another Sovereign State possesses considerable disadvantages from the point of view of Imperial Defence generally, and decisive disadvantages from that of the defence of London and other objectives to air attack in the United Kingdom."

Earlier in their report the Committee state (paragraph 20):-

> "We are conscious that, in pursuit of a policy of peace and disarmament, we cannot be guided solely by technical considerations of defence. The objections, however, presented by the(then)Chief of the Air Staff are so overwhelming that we could not recommend that our Delegates at Geneva should take the initiative in proposing any such rule of war."

The Committee's report was approved by the Cabinet. Under pressure from Geneva this decision was subsequently revised, and since March 1933, when we tabled the draft Convention at Geneva, we have been committed (against the advice of the responsible defence department - the Air Ministry) to the prohibition of aerial bombardment as a possible and, I must maintain, experimental measure of protection for the civil population - and in particular for London. London is admittedly extremely vulnerable to air sttack, but this fact neither lessens the likelihood of aerial attack nor diminishes the need for defence.

## Dokument 10

Telegramme bezüglich des Einsatzes der britischen Luftwaffe in Indien;

### 10a

Telegramm des Staatssekretärs für Indien an die indische Regierung vom 29.7.1932 unter Bezugnahme auf die sogen. Benes-Resolution der Völkerbundskonferenz in Genf (PRO AIR 8/145);

SECRET.

A.M. 553.

Received Registry Telegrams 1100 hrs.

30/7/32.

Cypher telegram from Secretary of State to Government of India (Foreign and Political Department), dated 29.7.32.

---

IMMEDIATE.

2006 Your telegram 27th July, No. 1677. I have discussed with Secretaries of State for Foreign Affairs and Air the question as to whether the Geneva resolution ties our hands on the North West Frontier. We are agreed that it does not. You will, therefore, act as you think fit. We wish in no way to tie your hands. You can judge better than we can as to the possibility of the Moslems raising an outcry that within a few days of agreeing to a general resolution at Geneva we are bombing Moslem villages, and of such an outcry reacting badly on the communal decision.

Registry (telegrams)

Copies to:-

S. of S.
U.S. of S.
Secretary.
C.A.S.
D.C.A.S.
D.D.O.I.
A.I.
F.O.4. (2) for action.
Plans.
S.6.

No action is to be taken on this telegram without reference to the holder of the action copy.

## 10b

Schreiben des Kommandeurs der RAF in Indien an den Chief of Air Staff, 8.8.1932 unter Bezugnahme auf die Benes-Resolution (PRO AIR 8/145);

TELEGRAMS " AERONAUTICS"
TELEPHONE NO.......................

JMS/CAS/75

**Headquarters,**
**Royal Air Force, India.**

SIMLA, the 8th August, 1932.

Dear Cal.

I have had a busy week in connection with bombing on the Frontier, and attended a meeting of the Viceroy's Council to decide what action should be taken on the Frontier in view of the British Government's declaration at Geneva and the Secretary of State's telegram referring to it. I will not worry you with details about the various conversations, etc., but it has been decided to carry on with Frontier operations for the time being as if no declaration had been made at Geneva. This, of course, is very satisfactory, and I am sure you will be as satisfied as I am.

Every Member of Council, however, expressed surprise that Secretary of State for India did not consider that what was done at Geneva affected us out here, because from the wording of the declaration at Geneva, it would appear that it certainly did affect us out here, and, as far as we know, the Indian Delegation did not enter any caveat.

I must say that I am equally puzzled, and am surprised that no mention was made of possible exceptions in certain areas, so that armed civilian populations were excluded. Can you throw any light on all this, and give me any idea as to what is likely to be the outcome of this very inconvenient declaration.

Yours sincerely,

[signature]

Air Chief Marshal Sir J.M. Salmond, G.C.B., C.M.G., C.V.O., D.S.O., LL.D.,
Chief of the Air Staff,
Air Ministry,
LONDON, W.C.2.

# Dokument 11

Denkschrift des Air Staff, "Restriction of air warfare", 1.3.1938, Auszug: S. 24-26 (PRO AIR 8/155);

58. *The Draft Hague Rules.*—The main provisions of The Hague Draft Rules in respect of Air Bombardment are contained in the Articles which are considered in some detail in the following paragraphs.

59. *Article* 22.—"*Aerial bombardment for the purpose of terrorising the civilian population, of destroying or damaging private property not of military character or of injuring non-combatants is prohibited.*"

This article could be accepted subject to an adequate definition of "property not of military character." The difficulty of devising such a definition has been pointed out above. A definition is attempted in Article 24 below.

*Article* 23.—"*Aerial bombardment for the purpose of enforcing compliance with requisitions in kind or payment of contributions in money is prohibited.*"

There would be no objection to the acceptance of this article.

60. *Article* 24, *Paragraph* 1.—"*Aerial bombardment is legitimate only when directed at a military objective, that is to say, an object of which the destruction or injury would constitute a distinct military advantage.*"

This general definition of a "military objective" is adequate from the military point of view, but it will be seen that the further definition in paragraph 2 of the Article tends to restrict it.

*Paragraph* 2.—"*Such bombardment is legitimate only when directed exclusively at the following objectives: military forces; military works; military establishments or depots; factories constituting important and well-known centres engaged in the manufacture of arms ammunition, or distinctively military supplies; lines of communication of transportation used for military purposes.*"

There are two important points about this paragraph :—

(*a*) Recent detailed investigation by the Air Targets Sub-Committee has shown that the most effective way of paralysing an enemy's munition industry is likely to be to put out of action his sources of power. This would involve attacks on a comparatively few objectives any of which, if successful, would paralyse an enemy's war industrial effort over very wide areas. It is a course of action which might be of vital importance to the success of our own counter-offensive.

On the other hand, power stations are a public service, and their inclusion in the list of legitimate objectives would have widespread repercussions. Moreover, our own power stations are no less vital and even more vulnerable. It is, therefore, on balance probably undesirable, as well as politically impracticable, for us to take the initiative in insisting upon their inclusion in the list of military objectives.

(b) The Article as it stands would exclude from the list of legitimate objectives the essential sources of raw material, including steel, oil and coal, which form the basis of any munitions industry. A wide range of objectives in this class were subject to air attack in 1914–18; and an appreciation by Marshal Foch in 1918 showed clearly how action against essential raw materials and the railways used for their transport in Lorraine and the Saar was the most effective action possible in the circumstances to reduce the output of munitions from the Ruhr.

On the other hand the inclusion of raw materials among military objectives would expose almost the whole range of national industry to legitimate air attack; our own sources of raw material, both indigenous and seaborne, are particularly accessible and vulnerable. On balance, therefore, it would be to our advantage to agree to the exclusion of these items from the list of legitimate military objectives.

61. *Paragraph* 3.—"*The bombardment of cities, towns, villages, dwellings or buildings not in the immediate neighbourhood of the operations of land forces is prohibited. In cases where the objectives specified in paragraph 2 are so situated that they cannot be bombarded without the indiscriminate bombardment of the civil population the aircraft must abstain from bombardment.*"

The weak point in this paragraph is the word "indiscriminate," which for some reason is so constantly and loosely used in connection with air bombardment. If it means that aircraft must abstain from any attack from which injury to the civil population may result, then this paragraph conflicts with the laws and usages of war on land or at sea, and is clearly impracticable. Woolwich Arsenal or the R.A.F. Depot at Kidbrooke, for instance, are manifestly military objectives; but neither could be bombed without injury to the civil population. It would even make it possible, on a process of *reductio ad absurdum*, to secure immunity for reserve stocks of ammunition by building storage facilities in the heart of thickly populated residential areas.

It is suggested, therefore, that this paragraph should be reworded to secure the end for which it was, in fact, probably drafted, as follows:—

"The indiscriminate bombardment of cities, towns, villages, and dwellings or buildings not in the immediate neighbourhood of the operations of land forces is prohibited. *If installations constituting military objectives as defined in paragraph 2 are situated in populous areas all reasonable care must be taken to avoid incidental damage to civil life and property.*"

62. *Paragraph* 4.—" *In the immediate neighbourhood of the operation of land forces, the bombardment of cities, towns, villages, dwellings or buildings is legitimate, provided that there exists a reasonable presumption that the military concentration is sufficiently important to justify such bombardment having regard to the damage thus caused to the civilian population.*"

This paragraph is perhaps not very clearly worded, and actually conflicts with the existing land and Naval codes, by which such objectives can be subjected to unrestricted bombardment on the grounds of military necessity. On the whole, however, it is not objectionable, though it contains various " loopholes " which would result in its being of little practical value. It could, therefore, be accepted as it stands.

*Paragraph* 5.—" *A belligerent State is liable to pay compensation for injuries to person or property caused by the violation by any of its officers or forces of the provisions of this Article.*"

This provision might act as a deterrent to unrestricted attack for a time, but as soon as one belligerent or another seemed likely to win the deterrent would disappear, as the victor could presumably dictate terms. There seems no objection to the clause, however, and, for what it is worth, it could be accepted.

*Article* 25.—This is very long and it is unnecessary to quote it here. It deals with the protection of hospitals, churches, etc., and could be accepted.

*Article* 26 is another long Article dealing with the protection of historic monuments and the demarcation of " zones of protection " round them. It can be accepted as it stands.

## Dokument 12

Denkschrift des Air Ministry über die Führung des Terrorkrieges gegen Eingeborene in den Kolonien, 1922, Auszug (PRO AIR 5/264);

Forms of "frightfulness".

(1) Long delay action bombs (several hours).

To keep villagers outside their villages, by night, in country where night bombing is impossible.

It has been asserted that these have been sent to India: if so, they are lost in the muddle at the depot.

I consider these of the utmost value.

(2) Phosphorus bombs (time-fused).

No one who saw the "umbrella" of some 200 yards in diameter and rain of burning phosphorus pellets caused by one of these bombs at Hendon in 1921 would deny that this is a most alarming bomb, which should produce great moral results against trans frontier valleys, if sparingly used. Its possibilities, however, depend almost entirely on the prospects of making it safer in use: in its present form it is not comfortable for handling or carriage on aircraft.

(3) War rockets, or large squibs shooting all over the place with long detonations, might be useful for searching scrub and nullahs and making tribesmen move.

(4) "Calthrops" or "Crows-feet".

These are four pointed metal spikes, so designed that one point is always uppermost: they were originally used for making fords impassible for cavalry.

Stamped out of light metal in very small form (say ½" spikes) they should be very cheap and light (say ¼ oz) and could be sown broadcast in a valley occupied by obstreperous tribes. Thousands would be wasted on the hillsides, but many hundreds would hang up on the horizontal surface of hillside paths and more would be washed down on to them by every rainstorm. As a result, great numbers of cattle would be lamed and great numbers of people incommoded. Lying down on the approach of aircraft will also be discouraged.

Some 25,000 of these crows-feet could be carried by a single D.H.9A aeroplane.

(5) Aerial Darts.

I know that these were tried in the war and discarded

but I have always felt that on aircraft of modern weight carryi -ng capacity they might be extraordinarily useful.

Roughly stamped with "whistling" holes to increase the moral effect, and with 10,000 carried on a single aeroplane I feel sure that considerable successes might be achieved against personnel hiding in nullahs and scrub.

(6) "Stink" cartridges.

Of a harmless lachrymatory nature, these should be most useful to keep tribesmen on the move and annoy them when hiding in caves and nullahs.

The type developed by D.of R is quite harmless and most objectionable, and I do not see why it should not be used.

They are only suitable for low bombing.

(7) "Throwdowns".

Enlarged replicas of the article used by schoolboys.

These might be useful to supplement H.E. bombs for purely moral effect. In small sizes like 4 oz, a very large number could be carried and each should make a loud noise. Mixed with real bombs they should keep the tribesmen on the jump and give then the impression that oub bombing capacity is very large.

I do not know whether they could be made safe for carriage on an aeroplane.

(8) "Liquid" fire.

If means can be found to burst and ignite oil drums considerable damage might be done in these countries where liquids flow readily down hillsides until caught up on levels which are occupied by crops or houses.

(10) Crude oil.

Water supply is often from pools or stagnant ponds. If these were attacked with crude oil it would spread over the surface and render the water impossible for use by men or animals. The recent outcry about discharging oil in our estuaries and round our coasts shows how enormously it spreads in water.

....

# Dokument 13

Protestnote der republikanischen Regierung Spaniens vom 28.5.1938 gegen Bombardements durch die nationalistische Luftwaffe (RGDA 1938, S. 206-108);

Le gouvernement de la République espagnole a adressé aux gouvernements de France et de Grande-Bretagne, le 28 mai 1938, la note suivante protestant contre les bombardements aériens de villes ouvertes:

Excellence.

Lors de la dernière réunion de la Société des Nations, je me suis permis d'appeler l'attention du Conseil sur le grave péril que constituaient pour la population civile espagnole certaines paroles prononcées au cours de la discussion suscitée par mon gouvernement et d'après lesquelles "les tragiques pertes de vies humaines déplorées par tous étaient le résultat inséparable des méthodes modernes de la guerre".

J'ai dû, à cette occasion, exprimer la profonde inquiétude qu'une qualification tellement bénévole prononcée par le représentant du Royaume-Uni pourrait être malicieusement interprétée par les professionnels du crime international, en tant que justification, ou tout au moins comme une atténuation de leurs sauvages agressions contre la population non-combattante. C'est sous l'emprise de cette préoccupation que j'ai tout spécialement évoqué les bombardements de Barcelone, d'Almeria et de Guernica, de même que d'autres auxquels se livraient systématiquement les forces régulières italo-allemandes d'invasion de l'Espagne.

J'ai formulé en même temps l'espérance que de telles paroles n'affaibliraient en rien l'adhésion donnée par le gouvernement britannique à la résolution du Conseil du 29 mai 1937, par laquelle le Conseil, après avoir exprimé son émotion pour les "horreurs résultant de la guerre", condamnait "le recours dans la guerre espagnole à des méthodes contraires au droit des gens, ainsi que le bombardement de villes ouvertes".

Le dernier bombardement de la cité d'Alicante, qui, par son indescriptible férocité, aurait dû "soulever d'horreur et de répugnance", pour employer une phrase de l'actuel premier ministre britannique, contre les responsables du présent état de choses en Europe, est venu confirmer le bien-fondé de mes craintes.

Mais, en tout ceci, il existe quelque chose qui, dépassant la sphère générale des considérations de caractère humanitaire, place les gouvernements ayant, au mois de février de cette année, à l'occasion d'une des plus violantes attaques aériennes que Barcelone ait subies, pris l'initiative d'exhorter le gouvernement de la République et les rebelles pour qu'ils mettent fin au bombardement de villes ouvertes, devant une responsabilité morale fort précise.

Fidèle à la ligne que s'est toujours tracée le gouvernement de la République de faire, pour sa part, tout ce qui serait en son pouvoir pour humaniser la guerre, le ministre de la Défense nationale, à l'époque, avait fait connaître, même antérieurement à la démarche en question, par une note qu'il rendit publique le 29 janvier 1938 et dont le texte fut opportunément notifié au gouvernement britannique, que "l'aviation républicaine s'abstiendrait résolument de bombarder les populations de l'arrière si l'ennemi y consentait également, et que le gouvernement de la République se rallierait avec plaisir à toute initiative tendant à un compromis mutuel, moyennant lequel serait écarté de la guerre un procédé de lutte qui, outre le sang innocent versé, accumulerait la hantise d'accélérer la ruine d'Espagne".

# Dokument 14

## Dokumente zur Schaffung einer internationalen "fact-finding-commission" zu Bombardements im Spanischen Bürgerkrieg;

### 14a

## Britische Note vom 24.6.1938 (RGDA 1938, S. 211);

Le chargé d'affaires britanniques à Barcelone a remis le 24 juin la note suivante au ministre des Affaires étrangères:

Le gouvernement de Sa Majesté éprouve une telle horreur devant les récents bombardements aériens d'Alicante et de Granollers, qui ont causé des morts très nombreuses parmi la population civile, sans atteindre de véritable objectif militaire, qu'il désire ardemment faire tout ce qui est en son pouvoir pour mettre fin à de pareils procédés de guerre. Il croit possible que les deux partis en lutte se sentent disposés à renoncer à de pareils bombardements, s'ils savaient qu'il existe une commission indépendante, au service des deux partis, chargée de se transporter rapidement sur les lieux où se produirait un bombardement quelconque, afin d'établir un rapport sur les désastres causés et de rechercher si, à son avis, il y avait à cet endroit un objectif militaire.

La commission devrait publier immédiatement son rapport. Le gouvernement de Sa Majesté a donc envisagé l'opportunité de créer un organisme composé d'officiers résidant en France et qui seraient prêts à se transporter sur n'importe quel point à la demande du parti qui aurait subi une attaque aérienne, afin de rédiger un rapport impartial sur les faits qu'ils ont examinés et constatés.

Il est évident que cet organisme doit être composé d'officiers appartenant à des pays qui n'ont pas pris position en faveur d'aucun des deux partis en lutte. Le gouvernement de Sa Majesté et les gouvernements de Suède et de Norvège ont désigné déjà un officier, chacun, pour faire partie de cette commission et sont prêts à partir le plus tôt possible. Le lieu de résidence de la commission sera probablement Toulouse.

....

Je dois souligner que le gouvernement de Sa Majesté estime qu'aucune considération d'ordre politique ne doit intervenir dans cette question et que les officiers qui en feront partie n'auront d'autre responsabilité que la leur propre.

Ce projet a uniquement pour objet d'arrêter, si possible, les horribles massacres parmi la population civile.

Je vous prie de me faire savoir le plus rapidement possible si le projet en question répond aux désirs du gouvernement de la République et j'exprime l'espoir que le gouvernement espagnol recourra aux services de la dite commission toutes les fois qu'il estimera avoir été l'objet d'un bombardement aérien, dans les conditions indiquées ci-dessus.

## 14b

## Republikanische Antwortnote vom 27.6.1938 (RGDA 1938, S. 211f.);

Le gouvernement espagnol a remis, le 27 juin, au chargé d'affaires du gouvernement britannique à Barcelone, la note suivante, approuvant l'initiative des puissances pour essayer, par la constitution d'une commission neutre d'enquête, de limiter et humaniser le guerre aérienne.

1° C'est avec satisfaction que le gouvernement espagnol voit que ses demandes réitérées, adressées aux puissances qui, en février dernier, avaient pris l'initiative d'une action internationale destinée à mettre un terme à des méthodes de guerre moralement inadmissibles et dont l'emploi leur cause de l'aversion, aboutissent finalement à une initiative qui pourra révéler clairement à l'opinion du monde qui applique en Espagne les méthodes sauvages de la guerre totalitaire.

2° Depuis cinq mois, le gouvernement espagnol, qui, presque aussitôt que le gouvernement du Royaume-Uni eut donné à entendre à la Chambre des Communes qu'il se préparait à étudier le moyen de faire cesser les bombardements de villes ouvertes, avait donné l'ordre qu'aucun bombardement de ce genre ne fût commis par les forces aériennes de la République, a vu, jour après jour, comment, comptant sur l'absence de toute réaction officielle internationale, l'aviation germano-italienne a été encouragée à étendre son action terroriste et destructrice contre la population civile.

3° Le gouvernement espagnol a toujours considéré comme incompatible avec sa conception de la véritable nature de la lutte qui se livre en Espagne et des sentiments du peuple espagnol tout entier, de répondre à un massacre en masse de femmes et d'enfants, et de non-combattants en général, en se payant des vies perdues en Espagne républicaine par d'autres vies d'Espagnols appartenant à la population civile de la zone rebelle. Quelle que soit la réponse à laquelle pourrait l'obliger la persistance des agressions aériennes de la nature sus-indiquée, cette réponse sera basée sur la considération qui précède.

4° Le gouvernement espagnol est reconnaissant de l'expression de l'horreur que ressent le gouvernement du Royaume-Uni en présence des bombardements d'Alicante et de Granollers, contenue dans la communication à laquelle nous répondons actuellement et note que ce dernier gouvernement reconnaît qu' "ils ont causé des pertes de vies humaines sans avoir de but militaire apparent"

5° Ainsi qu'il l'a annoncé dans le communiqué publié à l'issue de l'une de ses récentes réunions, le gouvernement espagnol approuve la constitution d'une commission d'enquête, donne son accord à sa compostion et à son but, et assure d'ores et déjà la commission de sa collaboration la plus loyale. - Julio Alvarez del Vayo.

## 14c

## Nationalistisches Presseecho zu Erklärungen Francos (RGDA 1938, S. 212f.);

Les principaux journaux nationalistes ont consacré une large place aux déclarations du général Franco, avec les titres suivants, publiés en manchette:

Le généralissime barre la route aux infâmes campagnes de la presse étrangère.

A l'agitation provoquée dans les milieux internationaux par la propagande rouge, au sujet des bombardements de l'aviation nationale, l'Espagne oppose sa vérité authentique et ses propositions acceptables.

Il y a un moyen d'éviter le bombardement des navires, c'est d'établir un port éloigné de tout objectif militaire et efficacement contrôlé par des observateurs neutres. Il y a également un moyen d'éviter des morts parmi la population civile, c'est d'éloigner des agglomérations et des édifices civils tout objectif militaire.

Toute l'agitation suscitée dans les milieux internationaux au sujet des bombardements répond à une campagne en vue de créer de graves conflits; elle est entretenue par la Russie et ses agents.

# Dokument 15

## Spanien-Tagebuch des Oberstleutnant i.G. Dr.Ing. Wolfram Frhr. v. Richthofen, Auszüge (nach MAIER K.A., Guernica, 26.4.1937, Freiburg/Brsg. 1975, S. 103ff.);

*26.4.1937*

Nach kurzer fernmündlicher Lageunterrichtung durch Vigon[1] um 6.00 Uhr wird K/88[2] auf Guernicais[3] angesetzt, 2 Dörfer an Wegekreuzung westl. Marquina, um roten Rückzug, der dort durch muß, zu stören und aufzuhalten.

Um 7.00 Uhr ergibt sich bei Vigon folgende Lage:

1. Brig. hat noch Osthänge Monte Oiz besetzt und drückt weiter auf Guernica (nach Norden) und soll Durango von Nordosten her nehmen. Druck nach Norden wird sehr schwach sein, da Truppe sehr müde und rechts ganz in der Luft hängt wegen Stehenbleibens 4. Brig. (Über letzteres bin ich froh, da Gegner hier dann stehenbleibt, und wenn 1. Brig. nur etwas drückt, gefaßt werden kann.)

4. Brig. hat gestern einige geräumte Stellungen besetzt, hat aber nicht, wie befohlen, auf Eibar gedrückt. Vigon hat das noch spät abends durch persönliches Heranführen von 2 Batl. zu erreichen versucht; aber vergeblich. Rot hat daher die Zeit gefunden, Eibar in der Nacht an allen Ecken anzuzünden. Heute früh wurde es kamplos besetzt. Soll nun auf Marquina und westl. vorgehen.

Setzen sofort ein: A/88 und J/88[4] auf Straßenjagd im Raum Marquina-Guernica-Guerricaiz. K/88 (nach Rückkehr von Guerricaiz), VB/88[5] und Italiener auf Straßen und Brücke (einschließlich Vorstadt)[6] hart ostw. *Guernica*. Dort *muß* zugemacht werden, soll endlich ein Erfolg gegen Personal und Material des Gegners herausspringen. Vigon sagt zu, seine

---

1) Oberst Vigon war der Stabschef des nationalistischen Generals Mola.

2) K/88 war die Bezeichnung des Bombergeschwaders der Legion Condor.

3) Hierbei handelt es sich um den ca. 15 km südöstlich von Guernica gelegenen Ort Guerricáiz.

4) A/88 war der Aufklärerverband, J/88 der Jagdverband der Legion Condor.

5) Die mit Heinkel He 111 ausgerüstete Versuchsbomberstaffel.

6) Dabei handelt es sich um die Renteria-Brücke und den Vorort Renteria (vgl. Kapitel V, S. 141).

Truppen so vorzudrücken, daß alle Straßen südl. Guernica gesperrt sind. Gelingt das, haben wir den Gegner um Marquina im Sack.

....

*30.4.1937*

Früh morgens los über Verriz-Guerricaiz-Guernica - zurück nach Durango.

Im Raum Guerricaiz sammelt sich endlich die von Oviedo geschickte 5. Brig., die rechts der ersten wirken und die dort eingesetzten Truppen der 4. Brig. mitübernehmen soll. Mein "Freund" Alonso kann dann endlich am linken Flügel verschwinden.

In Guerricaiz durch Jus[7] kein Haus mehr ganz. Straßen, der eigentliche Zweck, nur wenig getroffen, aber doch so, daß Verkehr wesentlich verzögert.

Guernica, Stadt von 5000 Einwohnern, buchstäblich dem Erdboden gleichgemacht. Angriff erfolgte mit 250-kg- und Brandbomben, letztere etwa $^{1}/_{3}$. Als die 1. Jus kamen, war überall schon Qualm (von VB, die mit 3 Flugzeugen angriffen), keiner konnte mehr Straßen-, Brücken- und Vorstadtziel erkennen und warf nun mitten hinein. Die 250er warfen eine Anzahl Häuser um und zerstörten die Wasserleitung. Die Brandbomben hatten nun Zeit, sich zu entfalten und zu wirken. Die Bauart der Häuser: Ziegeldächer, Holzgalerie und Holzfachwerkhäuser, führte zur völligen Vernichtung. - Einwohner waren größtenteils eines Festes wegen außerhalb[8], Masse des Restes verließ die Stadt gleich zu Beginn. Ein kleiner Teil kam in getroffenen Unterständen um. - Bombenlöcher auf Straßen noch zu sehen, einfach toll. - Stadt war völlig gesperrt für mindestens 24 Stunden, es war die geschaffene Voraussetzung für einen großen Erfolg, wenn Truppen nur nachgerückt wären. So nur ein voller technischer Erfolg unserer 250er u. EC.B.1.[9]

In Guernica sonst Friede. Die nächsten Höhen von Rot besetzt, ohne daß etwas dagegen getan wurde. Brig. Mista rückte langsam von Osten ein und erstaunlicherweise ohne jede Flankensicherung (nicht einmal eine Patr.) auf Westufer des Meeresarmes nach Norden auf Bermeo weiter.

In Guernica heilige Eiche, unter die Könige seit über 1000 Jahren (alter Stamm unter Glas, neue Eiche gepflanzt) die Verfassung und Rechte von Viscaya beschworen. Daneben Kirche mit Landtag pp. Von dem ganzen Bezirk am Stadtrande nichts zerstört.

Weiter nach Durango. Hübsches Städtchen mit schönen Adelspalästen. Durch 2maligen Bombenwurf der Italiener allerdings toll aussehend. Es ist, als ob die Bomben die Kirchen geradezu *gesucht* hätten. Der große Dom, in dem gerade große Messe war, hat mindestens 6, eine Klosterkirche (Kloster war allerdings rote Kaserne) mindestens 4 Bomben bekommen.

---

7) Die Behelfsbomber Junkers Ju 52.

8) Offenbar verwechselte Richthofen dieses Fest mit dem wöchentlichen Markttag in Guernica. Deshalb war die Bevölkerung tatsächlich *nicht* außerhalb.

9) "u. EC.B.1." handschriftlich hinzugefügt. Hierbei handelt es sich um die Bezeichnung der beim Angriff verwendeten Brandbomben.

Nur Mauern stehen noch. Im Dom viel (es heißt über 150) Tote. Rote haben aus Propagandagründen nichts fortgeräumt.

Abens offizielle Einladung von Kindelan, der mit Franco in Vitoria, an uns und Italiener. Mops!

# Dokument 16

## Kriegswissenschaftliche Abteilung des RLM, Geschichte des Einsatzes der Legion Condor, Auszug (BA/MA RL 3 IV/3);

Am 26. April war ein Fliegerangriff auf Brücke und Straßengabel hart ostwärts Guernica befohlen, der mit neun Flugzeugen aus 2300m Höhe im Einzelanflug durchgeführt wurde. Es wurden neun 250kg Bomben und 114 50kg Bomben, insgesamt 7950kg geworfen. Die Beobachtung ergab auf der Brücke keinen Treffer. Die Sicht war vollkommen ungenügend, da die Stadt in Brand und Rauch gehüllt war. Dieser Bombenwurf wurde von der ganzen feindlichen Weltpresse zum Anlaß genommen, insbesondere den deutschen Verbänden die Schuld an der Zerstörung Guernicas zugeschrieben [sic]. Es wurde heftigste Stimmungsmache damit betrieben. Befehlsgemäß hatten aber alle Flieger den Ort geschont. Vielmehr war er planmäßig von Rot durch Brandstiftung und Sprengungen in einen Trümmerhaufen verwandelt worden. Das geht ja auch daraus hervor, daß die angesetzten Verbände durch Qualm und Rauch der bereits brennenden Stadt in der Sicht stark behindert waren.

# Dokument 17

Denkschrift des Chief of Air Staff, Plans for attack on German war industry...,15.9.1939 (PRO AIR 8/283);

MOST SECRET

PLANS FOR ATTACK ON GERMAN WAR INDUSTRY IN RELATION TO:-

(i) President Roosevelt's appeal.
(ii) The Anglo-French Declaration of 3rd September.
(iii) International law as represented by the basic principles of war and the Draft Hague Rules of Air Warfare.

PROBLEM -

To what extent is the implementation of

(a) The Oil Plan,

(b) The Ruhr Plan,

affected by

(i) President Roosevelt's appeal.

(ii) The Anglo-French Declaration of 3rd September.

(iii) International law as represented by the basic principles of war and the Draft Hague Rules of Air Warfare.

NATURE OF THE TARGETS INVOLVED.

2. The Oil Plan.

The targets in the Oil Plan are:-

(i) Above ground stocks of refined and imported oils at the imported oil refineries and in isolated tank farms;

(ii) Hydrogenation plants;

(iii) Domestic oil refineries;

(iv) Synthetic Plants.

3. The Ruhr Plan.

The targets in the Ruhr Plan are:-

(i) Coking plants;

(ii) Generating stations.

4. President Roosevelt's Appeal.

(i) This is in two parts and consists of an appeal that bombardment shall not be directed:-

(a) Against the civil population;

(b) Against unfortified cities.

(ii) The meaning of (a) above is clearly to exclude attack on the civil population, as such, for the purpose of demoralisation. As regards (b) the "open town" distinction has long been abandoned by jurists as obsolete in view of modern developments in weapons and methods of war. To quote Spaight: "The old broad rule that a defended city may, and that an undefended city may not, be bombarded, is no longer of any practical value".

(iii) In view of (ii) above it may be said that acceptance of the President's appeal does no more than bind us not to attack the civilian population as such. H.M.G. have no intention in any case of departing from this principle. In their original instructions to Commanders, however, they went far beyond this principle, and required that no objectives should be attacked which might result in even minor consequential loss of civilian life. In view of German action in Poland, however, they are clearly absolved from this restriction by the conditional clauses both in President Roosevelt's appeal and in H.M.G.'s acceptance of it.

5. <u>The Anglo-French Declaration</u>.

The Declaration stated that instructions had been given prohibiting the bombardment whether from the air, or the sea, or by artillery on land, of any except strictly military objectives in the narrowest sense of the word, provided that the enemy restricted his action similarly.

Although this Declaration is more specific than President Roosevelt's appeal it does not attempt to define a "military objective in the narrowest sense of the word", nor is there any statement of the circumstances in which the attack may or may not be made. We ourselves have interpreted and defined this statement to our Commanders in terms which exclude the targets in the plans under consideration. Juridically it might be capable of much wider interpretation; some jurists, as Spaight points out, regard as liable to bombardment in all circumstances (and, therefore, as military objectives in the narrowest sense) even buildings used as the seat of Government, which obviously involve at least as great risks to civilians as the objectives in paragraphs 2 and 3 above.

In any event, it now seems clear, in view of the air action taken by Germany since the declaration was made, that H.M. Government are absolved from any necessity to adhere any longer to their own interpretation of the Declaration.

6. International Law and the Hague Rules.

(i) From the point of view of international law the action of air forces must, basically, be regarded as conditioned by the generally accepted principles governing the conduct of war. In addition, a considerable measure of practical guidance is afforded by the Draft Hague Rules, which go a considerable way in providing a basis upon which to judge the legality of the various forms of air action.

(ii) Except for certain places protected by the Geneva Red Cross Convention the bombardment of almost any object may be justifiable in international law at one time or another, provided that the civil population, as such, is not attacked. This is, in effect, recognised in the Draft

Hague Rules Article 24 (1) which says:-

> "Aerial bombardment is legitimate only when directed at a military objective, that is to say, an object of which the destruction or injury would constitute a distinct military advantage to the belligerent".

(iii) The Hague Rules, however, go on somewhat illogically in Article 24(2) to define the objects which would constitute "a distinct military advantage to the belligerent"; a definition which cannot be generalised and can only satisfactorily be given in relation to specific circumstances. However, taking the given definition as the criterion for the present purpose, the critical phrase is "factories constituting important and well-known centres engaged in the manufacture of arms ammunition, or distinctively military supplies".

(iv) As regards the oil plan it cannot be said that oil is normally a distinctively military supply, though it is obviously an essential one. It is, however, as distinctively military as army food or clothing, which no Commander would hesitate to destroy if circumstances demanded it. It is worth noting, however, that in time of war there can be practically no oil in Germany which is not earmarked for exclusively military use.

(v) As regards the Ruhr Plan, coking plants and generating stations do not come within the definition in

Article 24(2); but the factories which manufacture distinctively military supplies could not work without them; they may, therefore, be regarded as essential adjuncts to these factories.

(vi) It must be remembered that the Hague Rules were drafted 17 years ago, before the implications of modern air warfare had been carefully considered or understood.

(vii) The conclusion is that although the Oil and Ruhr Plan targets do not, strictly speaking, fall within the terms of the specific definition of Article 24(2) of the Hague Rules, they are in fact covered by the principle set out in Article 24(1), that a military objective is an object of which the destruction would constitute a distinct military advantage to the belligerent. This statement is the more weighty, since it has the warrant of international law, whereas the definition in the subsequent paragraph has not.

7. To sum up, attack on the Oil Plan and Ruhr Plan targets

(a) would perhaps be precluded by a generous interpretation of our acceptance of President Roosevelt's appeal;

(b) would be precluded by the joint Anglo-French Declaration of 3rd September,

(c) we have been released by the German actions in Poland from the restrictions under both the above heads, in view of the conditional clause contained in each,

(d) can be regarded as legitimate from the point of view of international law in view of the unquestionable military importance of the targets, provided that the attack is made in such a way that it cannot be described as indiscriminate.

# Dokument 18

ObdL, Anweisung zur Führung des Luftkrieges, 20.7.1939 (30.9.1939), Auszüge: Begleitschreiben, Thesen 18-26, Kommentar (BA/MA RW 5/v.336);

Geheime Kommandosache

Der Reichsminister der Luftfahrt und Oberbefehlshaber der Luftwaffe
Generalstab der Luftwaffe
1. Abt. Nr. 1681/39 g. Kdos.

Berlin, den 20. Juli 1939
(Neudruck vom 30. 9. 1939)

80 Ausfertigungen
62 Ausfertigung

Anweisung für die Führung des Luftkrieges auf Grund der anliegenden Thesen.

I.) Allgemeines.

Die Thesen (Rechtsgrundsätze) in Anlage 1 stellen von Deutschland festgesetzte Regeln für die Luftkriegführung dar. Sie berücksichtigen die allgemeinen völkerrechtlichen Grundsätze, die für den Luftkrieg Geltung haben. Besondere luftkriegsrechtliche Regeln bestehen im Gegensatz zur Landkriegsordnung und zum Seekriegsrecht bisher nur in geringem Umfang.

An der Aufstellung der Thesen haben Vertreter folgender Ministerien und Körperschaften verantwortlich mitgewirkt:

Wehrmacht (OKW, RLM, OKM, OKH)
Justizministerium
Auswärtiges Amt
Kaiser-Wilhelm-Institut für ausländisches öffentliches Recht und Völkerrecht
Deutsche Gesellschaft für Wehrpolitik und Wehrwissenschaften.

Die Thesen in Anlage 1 sind nur der erste, aber wichtigste Teil der zu bearbeitenden Materie. Auch ihre Fassung ist nur vorläufig. Auf Grund der allgemeinen Lage erscheint es jedoch zweckmäßig, den Frontstellen die bisherige Arbeit mit Rücksicht auf ihre Bedeutung bei der Führung des Luftkrieges bereits in diesem unfertigen Zustand zur Kenntnis zu bringen.

Die Thesen sind geheim, solange die politische Leitung des Reichs dies für erforderlich hält. Ihre Fassung ist aber unter dem Gesichtspunkt erfolgt, daß sich ihre Veröffentlichung unter Umständen als zweckmäßig erweisen kann, und daß ihre Benutzung als Unterlage für zwischenstaatliche Verhandlungen oder für Auseinandersetzungen mit den Neutralen in Betracht kommt. Die Thesen bedürfen daher für die Frontstellen einiger Erklärungen, die in der Anlage 2 zusammengestellt sind.

II. Zweck der Thesen.

Es ist notwendig, das Verhalten der Luftwaffe dem Feinde und Neutralen gegenüber grundsätzlich zu regeln.

Die Thesen geben Richtlinien für die Durchführung der Kampfhandlungen, für das Verhalten, wenn Hoheitsrechte neutraler Staaten berührt werden und für die Behandlung feindlicher und neutraler Zivilluftfahrzeuge und Handelsschiffe. Sie schränken das Vorgehen der Truppenführer nur in dem durch das eigene Kriegsinteresse gebotene Maß ein und sollen dazu dienen, die in den Grenzen dieser Richtlinien ergriffenen Maßnahmen der Truppenführer zu decken.

I.A.

gez. Jeschonnek

Für die Richtigkeit:

MITTEL DES LUFTKRIEGES!

a) Unzulässige Kriegsmittel.

These 18.

Die Verwendung von erstickenden, giftigen oder gleichartigen Gasen sowie allen ähnlichen Flüssigkeiten, Stoffen oder Verfahrensarten und die Verwendung von bakteriologischen Kampfmitteln ist gemäß dem Genfer Protokoll vom 17. Juni 1925 verboten.

These 19.

Die Verwendung von Rauchspur-, Leuchtspur, Brand- und Sprenggeschossen aller Kaliber durch und gegen Luftfahrzeuge ist gestattet.

Luftangriff.

These 20.

Luftangriffe sind nur gegen militärisch wichtige Ziele zulässig.

These 21.

Luftangriffe auf die gemäß den Bestimmungen des Genfer-Abkommens und des 10. Haager Abkommens geschützten Personen und Sanitätseinrichtungen sind verboten.

These 22.

Luftangriffe in der Absicht, die Zivilbevölkerung zu terrorisieren, Nichtkombattanten zu verletzen oder Güter ohne militärische Bedeutung zu zerstören oder zu beschädigen, sind verboten.

These 23.

Luftangriffe zu dem Zwäck, die Durchführung von Sachrequisitionen oder die Zahlung von Geldkontributionen zu erzwingen, sind verboten.

These 24.

Luftangriffe müssen so durchgeführt werden, daß die in der Nachbarschaft der Angriffsziele befindliche Zivilbevölkerung nicht durch Unachtsamkeit getroffen wird.
Befindet sich ein Angriffsziel in einem dichtbevölkerten Gebiet, so darf der An riff nur durchgeführt werden, wenn unter Berücksichtigung der Größe und Lage des Ziels und der Bedingungen des Angriffs eine angemessene Treffwahrscheinlichkeit besteht.

These 25.

Beim Luftangriff müssen alle erforderlichen Vorkehrungen getroffen werden, um die dem Gottesdienst, der Kunst, der Wissenschaft und der Wohltätigkeit gewidmeten Gebäude, die geschichtlichen Do kmäler, Zivilkrankenhäuser und Sammelplätze für Kranke und Verwundete, sowie exterritoriale Gebäude Neutraler soweit wie möglich zu schonen, vorausgesetzt, daß sie nicht für militärische Zwecke mißbraucht werden.
Die Gebäudd und Plätze sollen am Tage durch deutlich sichtbare Abzeichen, die dem Feind vorher mitzuteilen sind, gekennzeichnet werden.
Das Deutsche Reich wird hierfür folgendes Abzeichen verwenden: >

These 26.

Im Operationsgebiet der Landstreitkräfte ist der Luftangriff auf Ortschaften und Gebäude erlaubt, wenn die begründete Vermutung besteht, daß sich dort militärische Kräfte oder Einrichtungen von solcher Wichtigkeit befinden, daß sie den Angriff unter Berücksichtigung der Gefahr, der die Zivilbevölkerung dadurch ausgesetzt ist, rechtfertigen.

Kommentar:

E.) Luftangriff.

Zu These 20.
Militärisch wichtige Ziele.
Es ist bewußt davon abgesehen worden, eine Aufzählung der erlaubten Ziele vorzunehmen. Militärisch wichtig ist jedes Ziel, das für die Kriegführung des Gegners bedeutungsvoll ist. Militärisch wichtig sind z.B. auch Wasser-, Gas- und Elektrizitätsversorgung, Lebensmittelvorratslager, Großbäckereien, Kühlhäuser usw.

Zu These 22.
Terrorangriffe.
Terrorangriffe auf die Zivilbevölkerung sind völkerrechtswidrig. Die Kriegslage kann jedoch auch diese Art von Luftangriffen erfoderlich machen. Der Befehl zu Terrorangriffen erfolgt ausschließlich durch den Ob.d.L.
"Güter ohne militärische Bedeutung" werden aus Gründen der militärischen Zweckmäßigkeit sowieso nicht angegriffen. Ihre Erwänung in der These ist nur aus formalen Gründen erfolgt.

Zu These 24.

Angriffsziele in dicht bevölkertem Gebiet.

Ziele in dicht bevölkertem Gebiet und Ziele in unmittelbarer Nähe von Objekten, auf die der Luftangriff (gemäß Thesen 21 u.25) verboten ist, dürfen nur im gezielten Bombenwurf angegriffen werden.

Zu These 25.

Kennzeichnung der Objekte, die nicht angegriffen werden dürfen.

Die Art der Kennzeichnung der nach der These zu schonenden Objekte muß der Gegner bekanntgeben. Wird im Verlauf des Krieges Mißbrauch festgestellt, so wird der Ob.d.L. anordnen, daß Angriffe auf diejenigen Objekte, die zur Führung der Kennzeichen nicht berechtigt sind, zulässig sind.

Falls die Gebäude der ausländischen Missionen gekennzeichnet sind, so sind sie zu schonen. Wohnhäuser von Staatsangehörigen, nicht am Kriege beteiligten Länder, fallen nicht hierunter, da sie im Gegensatz zu den Gebäuden der Missionen nicht exterritorial sind.

Zu These 26.

Angriffe auf Ortschaften im Operationsgebiet des Heeres.

Bei Anforderungen des Heeres von Luftangriffen auf Ortschaften obliegt die Beurteilung, "ob sich dort militärische Kräfte oder Einrichtungen von solcher Wichtigkeit befinden, daß sie den Angriff rechtfertigen", dem zuständigen Befehlshaber des Heeres.

# Dokument 19

Instructions governing naval and air bombardment, 22.8.1939, Auszüge: Begleitschreiben, Art. 1-11 (PRO AIR 8/283);

TELEPHONE: ABBEY 3411. Extn. ..........

Any communications on the subject of this letter should be addressed to:— THE UNDER SECRETARY OF STATE, and the following number quoted:—

S.46239/S.6.

AIR MINISTRY,
LONDON, S.W.1.

SECRET.

22 August, 1939.

Sir,

I am commanded by the Air Council to forward for your information and compliance copies of instructions governing naval and air bombardment in the opening stages of a war which are being issued to all Commanders-in-Chief, General and Air Officers Commanding operational commands at home and abroad.

2. The Council desire to emphasise that these instructions do not necessarily represent the policy that would be pursued by His Majesty's Government throughout a war. It will be observed that they impose restrictions more severe than would be required under a reasonable interpretation of the Draft Hague Rules of Air Warfare. The restrictions imposed in them on naval and air bombardment by considerations of humanity might well have to be modified should the enemy resort to action resulting in heavy loss of civilian life.

3. In the initial stages of a war, however, the policy of His Majesty's Government, as agreed with the French during the Staff Conversations in April this year, is that described in paragraph 1 of the attached instructions. The implications of that policy have recently been the subject of an examination from which the conclusion emerged that the policy governing bombardment, whether from the air or from the sea, at the outset of a war must be the subject of definitive instructions from the highest authority. It must be obvious that any ill-considered action, expecially of a nature liable to result in heavy casualties to enemy civilians, might well be the cause of great embarrassment to His Majesty's Government in the critical opening stages of a war, and might produce serious reactions in neutral countries.

4. As a result, it has been considered desirable to define clearly for the guidance of all concerned those objectives which are to be regarded as purely military objectives in the narrowest sense of the word. It is fully realised that these instructions may well involve some surrender of initiative in the early stages of a war, but it is considered that this disadvantage is more than outweighed by the arguments in favour of the course decided upon. It must be clearly understood that the acceptance of these restrictions at the outset

does not mean that sooner or later other objectives will not be attacked, nor does it definitely commit this country to any policy or course of action. It ensures that all concerned act upon the same definition of military objectives, under the policy agreed with the French for adoption at the outset of a war.

5. It has not been considered worth while attempting to forecast the probable modifications of policy that may be forced upon us in the course of a war further than to suggest that a subsequent stage may be some relaxation which would permit of attack on the full range of objectives mentioned in the Draft Hague Rules of Aerial Warfare 19 3/23, as interpreted in a communication which is being made immediately to all concerned. If, however, the enemy proceeds at once to unrestricted (or practically unrestricted) air warfare, the instructions attached to this letter, which will be adopted in any event at the outbreak of war until the receipt of further orders, may have to be cancelled and replaced by the authorization of a considerably wider scope of operations.

6. The communication upon the interpretation of the Draft Hague Rules of Aerial Warfare referred to above and in paragraph 12 of the attached instructions, is being forwarded under separate cover.

7. The substance of the instructions set out in this letter has been communicated to the French Staff in the hope that they may see fit to take parallel action. They have also been communicated to the Governments of the Dominions and India and necessary action is being taken to secure the adherence of other potential allies to this general policy.

8. You are to ensure that the substance of these instructions is made known to all who may be concerned in the conduct of bombing operations, including the crews of aircraft. Sufficient copies are forwarded for transmission, under such covering orders as you may see fit to issue, down to Squadron Commanders.

I am, Sir,
Your obedient Servant,

SECRET.

## INSTRUCTIONS GOVERNING NAVAL AND AIR BOMBARDMENT.

1. Our policy in respect of air bombardment at the outset of a war was agreed with the French in th course of the Staff Conversations in London in April this year in the following terms. "The Allies would not initiate air action against any but purely "military" objectives in the narrowest sense of the word, i.e. Naval, Army and Air Forces and establishments, and as far as possible would confine it to objectives on which attack would not involve loss of civil life".

2. Since then the whole question of the various courses of action that may have to be taken by our air forces in certain eventualities has been re-examined, and our conclusions are now being discussed anew with the French. It is clearly impossible to decide in advance the course of action to be adopted, or the precise nature of the objectives to be attacked, if we have to initiate air action in Western Europe. Moreover, it is at least possible that this problem will be solved by the Germans initiating unrestricted air action against ourselves, or our allies.

3. It is, however, of the utmost importance that we should exercise the greatest discretion in this respect, and that the policy of the Government should not be compromised or embarrassed at a critical time by any

unco-ordinated action, especially of a nature liable by misinterpretation to have unfavourable repercussions in foreign countries.

4. This applies equally to bombardment from the sea or on land.

5. The action of armies is well established by practice and is not in dispute. Commanders of military forces on the ground will use every reasonable precaution to avoid undue loss of civilian life by artillery bombardment.

6. The following instructions will govern the conduct ~~of all forms of bombardment until the restrictions therein~~ contained are modified.

These restrictions, in the meantime, are not to be relaxed on any account pending further instructions, even in retaliation for indiscriminate action by an enemy.

7. The object of the instructions is not to define legitimate military objectives, but to lay down a course of action in accordance with the agreed policy, which it may be expedient to adopt at the outset of war. It will be observed that the effect will be to restrict bombardment more severely than is required by a reasonable interpretation of existing international law.

8. Only the following "purely military objectives in the narrowest sense of the word" may be bombarded from the

sea or air. Army Commanders will conform generally to the spirit of these instructions -

(a) Naval forces, i.e. warships, auxiliaries actually attendant on the Fleet, naval dockyards, barracks and other establishments manned by naval personnel.

(b) Army units, fortifications, coast defence works, barracks, camps, billets, depots, dumps, and other establishments manned by military personnel.

(c) Air units, military aerodromes, depots, storage units, bomb stores and other establishments manned by Air personnel.

(d) Troop transports (whether at sea or in harbour); roads, canals and railways used for military communications, military road and inland water transport. Trains, road and inland water transport are not to be attacked unless they can be reasonably presumed to be of a military character.

(e) Accumulations of naval, army or air force stores. (This does not authorise attack on factories).

(f) Naval, army and air force fuel installations or dumps in the field or situated within the confines of the naval, army and air force establishments mentioned in sub-paragraphs (a) to (c) above.

(<u>Note</u>:- Bulk stocks of fuel, not covered by the above definition, are not to be bombarded under these instructions).

9. Action against objectives in paragraph 8 above will be subject to the following general principles:-

(a) The intentional bombardment of civil populations is illegal.

(b) It must be possible to distinguish and identify the objective in question.

(c) Bombardment must be carried out in such a way that there is a reasonable expectation that damage will be confined to the objective and that civilian populations in the neighbourhood are not bombarded through negligence.

Thus it is clearly illegal to bombard a populated area in the hope of hitting a legitimate target which is known to be in the area, but which cannot be precisely located and identified.

10. Subject to the general policy set out above, Commanders must exercise their discretion, and orders for bombardment should be framed according to the spirit of that policy and not necessarily to the letter. In particular it must be borne in mind that the fact of an objective being unquestionably military does not necessarily or invariably

justify bombardment of it. Thus an anti-aircraft or coast defence gun situated in the centre of a populous area could not be bombarded with reasonable expectation that damage would be confined to it. A small detachment of troops in billets in, or a convoy of transport passing through a town, or a troop transport lying alongside a commercial wharf, are unquestionably military objectives, but the bombardment of such objectives in a town might involve risks to the civil population out of all proportion to the military importance of the target at the time and might thus be unjustifiable. Justification for bombardment even of unquestionably military objectives must therefore depend upon circumstances and must be decided by Commanders acting in the spirit of these instructions.

11. The necessary action is being taken to secure the adherence of our prospective allies to this policy, and the necessary communications are being made to the Governments of the Dominions and of India.

# Dokument 20

U.S. Basic Field Manual, Rules of Land Warfare, Washington 1940, Auszug: Art. 45-48;

BOMBARDMENTS, ASSAULTS, AND SIEGES

45. Bombardment of undefended places forbidden. - The attack or bombardment, by whatever means, of towns, villages, dwellings, or buildings which are undefended is prohibited *(H.R., art. 25)*.

46. Use of balloons. - The addition of the words "by whatever means" was for the purpose of making it clear that the bombardment of these undefended localities from balloons or airplanes is prohibited.

47. Defended place defined. - Investment, bombardment, assault, and siege have always been recognized as legitimate means of warfare, but under the foregoing rule (par. 45) their use is limited to defended places which certainly will include the following:

*a.* A fort or fortified place.

*b.* A town surrounded by detached forts, which is considered jointly with such forts as an undivisible whole.

*c.* A place that is occupied by a combatant military force or through which such force is passing. The occupation of such a place by sanitary troops alone is not sufficient to make it a defended place.

48. Throwing projectiles from aircraft on combatants and defended places. - There is no prohibition of general application among the great powers against the discharge of authorized projectiles from aircraft against combatant troops or defended places. (See H.D. XIV (par. 27).)

## RECHTSHISTORISCHE REIHE

Band 1 Studien zu den germanischen Volksrechten. Gedächtnisschrift für Wilhelm Ebel. Vorträge gehalten auf dem Fest-Symposion anläßlich des 70. Geburtstages von Wilhelm Ebel am 16. Juni 1978 in Göttingen. Götz Landwehr (Hrsg.) 1982.

Band 2 Hans Poeschel: Die Statuten der Banken, Sparkassen und Kreditgenossenschaften in Hamburg und Altona von 1710 bis 1889. 1978.

Band 3 Thomas Kolbeck: Juristenschwemmen, Untersuchungen über den juristischen Arbeitsmarkt im 19. und 20. Jahrhundert. 1978.

Band 4 Norbert Hempel: Richterleitbilder in der Weimarer Republik. 1978.

Band 5 Rolf Stratmann: Die Scheinbußen im mittelalterlichen Recht. 1978.

Band 6 Martin C. Lockert: Die niedersächsischen Stadtrechte zwischen Aller und Weser. Vorkommen und Verflechtungen. Eine Bestandsaufnahme. 1979.

Band 7 Joachim Rückert/Wolfgang Friedrich: Betriebliche Arbeiterausschüsse in Deutschland, Großbritannien und Frankreich im späten 19. und frühen 20. Jahrhundert. Eine vergleichende Studie zur Entwicklung des kollektiven Arbeitsrechts. 1979.

Band 8 Peter Bender: Die Rezeption des römischen Rechts im Urteil der deutschen Rechtswissenschaft. 1979.

Band 9 Friedrich Karl Alsdorf: Untersuchungen zur Rechtsgestalt und Teilung deutscher Ganerbenburgen. 1980.

Band 10 Dietmar Willoweit/Winfried Schich (Hrsg.): Studien zur Geschichte des sächsisch-magdeburgischen Rechts in Deutschland und Polen (Sammelband). 1980.

Band 11 Brigitte Hempel: Der Entwurf einer Polizeiordnung für das Herzogtum Sachsen-Lauenburg aus dem Jahre 1591. 1980.

Band 12 Klaus-Detlev Godau-Schüttke: Rechtsverwalter des Reiches. Staatssekretär Dr. Curt Joël. 1981.

Band 13 Rainer Polley: Anton Friedrich Justus Thibaut (AD 1772-1840) in seinen Selbstzeugnissen und Briefen. Teil 1: Abhandlung. Teil 2: Briefwechsel. Teil 3: Register zum Briefwechsel. 1982.

Band 14 Michael Wettengel: Der Streit um die Vogtei Kelkheim 1275-1276. Ein kanonischer Prozeß.1981.

Band 15 Otto Wilhelm Krause: Naturrechtler des sechzehnten Jahrhunderts. Ihre Bedeutung für die Entwicklung eines natürlichen Privatrechts. 1982.

Band 16 Helga Spindler: Von der Genossenschaft zur Betriebsgemeinschaft. Kritische Darstellung der Sozialrechtslehre Otto von Gierkes. 1982.

Band 17 Holger Otte: Gustav Radbruchs Kieler Jahre 1919 - 1926. 1982.

Band 18 Rüdiger Teuner: Die fuldische Ritterschaft 1510 - 1656. 1982.

Band 19 Gerhard Dilcher/Rudolf Hoke/Gian Savino Pene Vidari/Hans Winterberg (Hrsg.): Grundrechte im 19. Jahrhundert. 1982.

Band 20 Karl-Hans Schloßstein: Die westfälischen Fabrikengerichtsdeputationen - Vorbilder, Werdegang und Scheitern. 1982.

Band 21 Birger Schulz: Der Republikanische Richterbund (1921-1933). 1982.

Band 22 Engelbert Krause: Die gegenseitigen Unterhaltsansprüche zwischen Eltern und Kindern in der deutschen Privatrechtsgeschichte. 1982.

Band 23 Meent W. Francksen: Staatsrat und Gesetzgebung im Großherzogtum Berg (1806-1813). 1982.

Band 24 Gerd von Sonnleithner: Bearbeitung des Handelsrechts durch Ignaz von Sonnleithner in seinem "Leitfaden über das österreichische Handels- und Wechselrecht". 1982.

Band 25 Rudolf Palme: Rechts-, Wirtschafts- und Sozialgeschichte der inneralpinen Salzwerke bis zu deren Monopolisierung. 1983.

Band 26 Helen Bosshard: Pestalozzis Staats- und Rechtsverständnis und seine Stellung in der Aufklärung. 1983.

Band 27 Jens Jessen: Die Selbstzeugnisse der deutschen Juristen. Erinnerungen, Tagebücher und Briefe. Eine Bibliographie. 1983.

Band 28 Günter Martin Jensen: Das Domanium Waldeck. Die rechtliche Zuordnung eines Fürstenvermögens. 1984.

Band 29 Johann Heinrich Kumpf: Petitionsrecht und öffentliche Meinung im Entstehungsprozeß der Paulskirchenverfassung 1848/49. 1983.

Band 30 Sabine Frey: Rechtsschutz der Juden gegen Ausweisungen im 16. Jahrhundert. 1983.

Band 31 Dietrich Joswig: Die germanische Grundstücksübertragung. 1984.

Band 32 Andreas Baryli: Konzessionssystem contra Gewerbefreiheit. Zur Diskussion der österreichischen Gewerberechtsreform 1835 bis 1860. 1984.

Band 33 Gerhard Oberkofler: Studien zur Geschichte der österreichischen Rechtswissenschaft. 1984.

Band 34 Rudolf Lauda: Kaufmännische Gewohnheit und Burgrecht bei Notker dem Deutschen. Zum Verhältnis von literarischer Tradition und zeitgenössischer Realität in der frühmittelalterlichen Rhetorik. 1984.

Band 35 Jens Jensen: Die Ehescheidung des Bischofs Hans von Lübeck von Prinzessin Julia Felicitas von Württemberg-Weiltingen AD 1648-1653. Ein Beitrag zum protestantischen Ehescheidungsrecht im Zeitalter des beginnenden Absolutismus. 1984.

Band 36 Horst Schröder: Friedrich Karl von Savigny. Geschichte und Rechtsdenken beim Übergang vom Feudalismus zum Kapitalismus in Deutschland. 1984.

Band 37 Andreas Hatzung: Dogmengeschichtliche Grundlagen und Entstehung des zivilrechtlichen Notstands. 1984.

Band 38 Matthias Klasen: Das Billwerder Landrecht. Landrecht und Landgericht in den Hamburger Elbmarschen. 1985.

Band 39 Rainer Jamin: Aufbau, Tätigkeit und Verfahren der Auseinandersetzungsbehörden bei der Durchführung der preußischen Agrarreformen. 1985.

Band 40 Henry Winter: Teilschuld, Gesamtschuld und unechte Gesamtschuld. Zur Konzeption der §§ 420 ff. BGB - Ein Beitrag zur Entstehungsgeschichte des BGB. 1985.

Band 41 Hermann Eichler: Verfassungsbewegung in Amerika und Europa. 1985.

Band 42 Dagmar Bandemer: Heinrich Albert Zachariae. Rechtsdenken zwischen Restauration und Reformation. 1985.

Band 43 Eva-Christine Frentz: Das Hamburgische Admiralitätsgericht (1623-1811). Prozeß und Rechtsprechung. 1985.

Band 44 Karl Lillig: Rechtsetzung im Herzogtum Pfalz-Zweibrücken während des 18. Jahrhunderts. Ein Beitrag zur Geschichte der territorialen Rechtsbildung. 1985.

Band 45 Walter Weber: Die Entwicklung der Sparkassen zu selbständigen Anstalten des öffentlichen Rechts. Ein Beitrag zur Entwicklung des Anstaltsbegriffs im 19. Jahrhundert. 1985.

Band 46 Bärbel Baum: Der Stabreim im Recht. Vorkommen und Bedeutung des Stabreims in Antike und Mittelalter. 1986.

Band 47 Hans Popp: Die nationalsozialistische Sicht einiger Institute des Zivilprozeß- und Gerichtsverfassungsrechts. 1986.

Band 48 John Karl-Heinz Montag: Die Lehrdarstellung des Handelsrechts von Georg Friedrich von Martens bis Meno Pöhls. Die Wissenschaft des Handelsrechts im ersten Drittel des 19. Jahrhunderts. 1986.

Band 49 Volker D. Anhäusser: Das internationale Obligationenrecht in der höchstrichterlichen Rechtsprechung des 19. Jahrhunderts. 1986.

Band 50 Udo Beer: Die Juden, das Recht und die Republik. Verbandswesen und Rechtsschutz 1919-1933. 1986.

Band 51 Herbert Grziwotz: Der moderne Verfassungsbegriff und die "Römische Verfassung" in der deutschen Forschung des 19. und 20. Jahrhunderts. 1986.

Band 52 Ralf Conradi: Karl Friedrich Eichhorn als Staatsrechtslehrer. Seine Göttinger Vorlesung über "Das Staatsrecht der deutschen Bundesstaaten" nach einer Kollegmitschrift aus dem Wintersemester 1821/22. 1987.

Band 53 Dieter Dannreuther: Der Zivilprozeß als Gegenstand der Rechtspolitik im Deutschen Reich 1871 - 1945. Ein Beitrag zur Geschichte des Zivilprozeßrechts in Deutschland. 1987.

Band 54 Stephan Felix Pauly: Organisation, Geschichte und Praxis der Gesetzesauslegung des (Königlich) Preußischen Oberverwaltungsgerichtes 1875 - 1933. 1987.

Band 55 Rüdiger Schulz: Die Entstehung des Seerechts des Allgemeinen Deutschen Handelsgesetzbuches unter besonderer Berücksichtigung der Bestimmungen über die Reederei, den Schiffer und die Schiffsmannschaft. 1987.

Band 56 Reinhold Reis: Deutsches Privatrecht in den Weistümern der Zenten Schriesheim und Kirchheim. 1987.

Band 57 Jürgen Christoph: Die politischen Reichsamnestien 1918 - 1933. 1987.

Band 58 Gerhard Oberkofler/Eduard Rabofsky: Hans Kelse im Kriegseinsatz der k.u.k.-Wehrmacht. Eine kritische Würdigung seiner militärtheoretischen Angebote. 1988.

Band 60 Gerhard Köbler (Hrsg.): Wege europäischer Rechtsgeschichte. Karl Kroeschell zum 60. Geburtstag. 1987.

Band 61 Rüdiger Hütte: Der Gemeinschaftsgedanke in den Erbrechtsreformen des Dritten Reichs. 1988.

Band 62 Markus Göldner: Politische Symbole der europäischen Integration. Fahne, Hymne, Hauptstadt, Paß, Briefmarke, Auszeichnungen. 1988.

Band 63 Wolfgang Kröner: Freiheitsstrafe und Strafvollzug in den Herzogtümern Schleswig, Holstein und Lauenburg von 1700 bis 1864. 1988.

Band 64 Werner Gaile: Die Norder Theelacht. 1988.

Band 65 Karl v. Kempis: Andreas Gaill (1526 - 1587). Zum Leben und Werk eines Juristen der frühen Neuzeit. 1988.

Band 66 Wolf-Rüdiger Osburg: Die Verwaltung Hamburgs in der Franzosenzeit. 1811-1814. 1988.

Band 67 Christian Schudnagies: Hans Frank. Aufstieg und Fall des NS-Juristen und Generalgouverneurs. 1988.

Band 68 Otmar Jung: Senatspräsident Freymuth. Richter, Sozialdemokrat und Pazifist in der Weimarer Republik. Eine politische Biographie. 1989.

Band 69 Joachim Lohner: Das landeshauptmannschaftliche Gericht in Oberösterreich zu Beginn der Neuzeit. Eine Darstellung des oberösterreichischen Prozeßrechts am obersten Territorialgericht des Landes anhand der oberösterreichischen Landtafel.1989.

Band 70 Bernd Klemann: Rudolf von Jhering und die Historische Rechtsschule. 1989.

Band 71 Adalbert Langer: Männer um die österreichische Zivilprozeßordnung 1895. Zusammenspiel / Soziales Ziel. 1990.

Band 72 Robert-Dieter Klee: Die Landessuperintendentur Lauenburg. Ursprung und Entwicklung sowie Ende der Sonderstellung des Kirchenkreises Herzogtum Lauenburg durch die nordelbische Kirchenvereinigung. 1989.

Band 73 Heinrich Herrmann: Die Gehöferschaften im Bezirk Trier. 1989.

Band 74 Wilhelm Brauneder, Franz Baltzarek (Hrsg.): Modell einer neuen Wirtschaftsordnung. Wirtschaftsverwaltung in Österreich 1914 - 1918. 1991.

Band 75 Thomas Dreyer: Die "Assecuranz- und Haverey-Ordnung" der Freien und Hansestadt Hamburg von 1731. 1990.

Band 76 Bernhard Sendler: Die Rechtssprache in den süddeutschen Stadtrechtsreformationen. 1990.

Band 77 Brigitte Lehmann: Ehevereinbarungen im 19. und 20. Jahrhundert. 1990.

Band 78 Michael Sunnus: Der NS-Rechtswahrerbund (1928-1945). Zur Geschichte der nationalsozialistischen Juristenorganisation. 1990.

Band 79 Stefan Schulz: Die historische Entwicklung des Rechts an Bienen. (§§ 961 - 964 BGB). 1990.

Band 80 Gerhard Lingelbach, Heiner Lück (Hrsg.): Deutsches Recht zwischen Sachsenspiegel und Aufklärung. Rolf Lieberwirth zum 70. Geburtstag dargebracht von Schülern, Freunden und Kollegen, herausgegeben von Gerhard Lingelbach und Heiner Lück. 1991.

Band 81 Manfred Krohn: Die deutsche Justiz im Urteil der Nationalsozialisten 1920 - 1933. 1991.

Band 82 Angelika Kühn: Privilegierung nationaler Minderheiten im Wahlrecht der Bundesrepublik Deutschland und Schleswig-Holsteins. 1991.

Band 83 Georg Brun: Leben und Werk des Rechtshistorikers Heinrich Mitteis unter besonderer Berücksichtigung seines Verhältnisses zum Nationalsozialismus. 1991.

Band 84 Wolfgang Simon: Claudius Freiherr von Schwerin. Rechtshistoriker während dreier Epochen deutscher Geschichte. 1991.

Band 85 Friedrich-Carl Wachs: Das Verordnungswerk des Reichsdemobilmachungsamtes. Stabilisierender Faktor zu Beginn der Weimarer Republik. 1991.

Band 86 Jens-Uwe Petersen: Die Vorgeschichte und die Entstehung des Mieterschutzgesetzes von 1923 nebst der Anordnung für das Verfahren vor dem Mieteinigungsamt und der Beschwerdestelle. 1991.

Band 87 Ulrike Haibach: Familienrecht in der Rechtssprache. Die historische Entwicklung zentraler Ausdrücke des geltenden Familienrechts. 1991.

Band 88 Joern Christian Nissen: Die Beratungen des Seeversicherungsausschusses der Akademie für Deutsches Recht zu einem neuen Seeversicherungsgesetz (1934-1939). Ein Beitrag zur Entwicklung der allgemeinen Lehren des Seeversicherungsrechts unter besonderer Berücksichtigung des Handelsgesetzbuchs und der Allgemeinen Deutschen Seeversicherungs-Bedingungen 1919. 1991.

Band 89 Diethard Bühler: Die Entstehung der allgemeinen Vertragsschluß-Vorschriften im Allgemeinen Deutschen Handelsgesetzbuch (ADHGB) von 1861. Ein Beitrag zur Kodifikationsgeschichte des Privatrechts im 19. Jahrhundert. 1991.

Band 90 Gerhard Oberkofler: Die Vertreter des Römischen Rechts mit deutscher Unterrichtssprache an der Karls-Universität in Prag. Vom Vormärz bis 1945. Dieser Band ist noch nicht erschienen.

Band 91 Ulrich Andermann: Ritterliche Gewalt und bürgerliche Selbstbehauptung. Untersuchungen zur Kriminalisierung und Bekämpfung des spätmittelalterlichen Raubrittertums am Beispiel norddeutscher Hansestädte. 1991.

Band 92 Heinz Marcus Hanke: Luftkrieg und Zivilbevölkerung. Der kriegsvölkerrechtliche Schutz der Zivilbevölkerung gegen Luftbombardements von den Anfängen bis zum Ausbruch des Zweiten Weltkrieges. 1991.

Band 93 Kirsten Kraglund: Familien- und Erbrecht. Materielles Recht und Methoden der Rechtsanwendung in der Rechtsprechung des Oberappellationsgerichts der vier Freien Städte Deutschlands zu Lübeck. 1991.